Montparnasse

L'âge d'or

Jean-Paul Caracalla

Montparnasse

L'âge d'or

Denoël

ISBN 2.207.24449.0
B 24449.3

À ma mère (Paris, 1893-1994)

« C'est la récompense de ma vie que de sentir parfois
ma ressemblance avec une mère qui, tout me le démontre
tardivement, délicieusement, fut une femme incomparable. »
COLETTE

Prologue

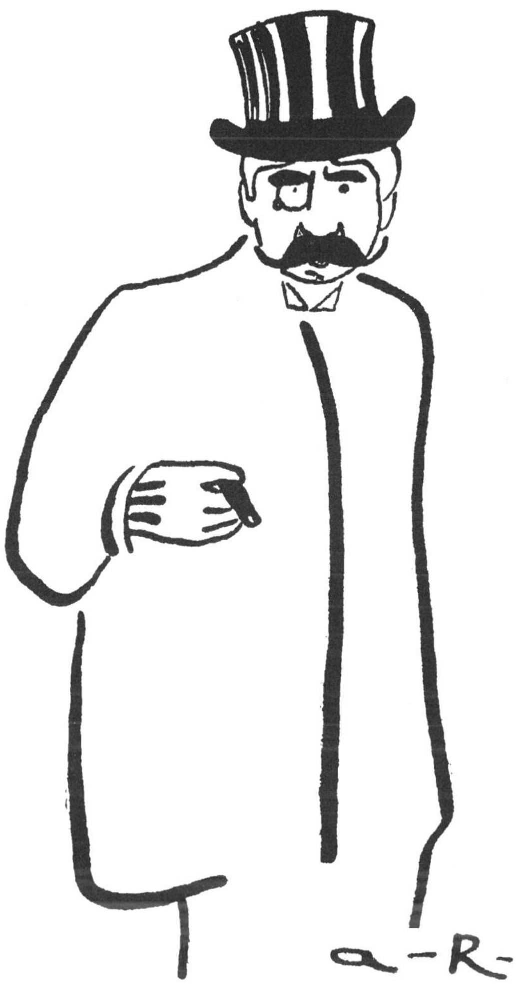

Le crépuscule du Boulevard

Lorsque Ernest La Jeunesse disparaît le 2 mai 1917, c'en est fini du Boulevard. Ce grand bougre, le plus souvent sanglé dans un veston boutonné jusqu'au cou sans chemise dessous, est « hideux et sordide dans son accoutrement de marchand de peaux de lapin » (Léon Daudet). Laid, mal rasé, une voix de fausset, les pieds plats, de grosses bagues de pierres multicolores à tous les doigts, il se coiffe d'un feutre minuscule posé sur sa tignasse rebelle. Écrivain, critique à l'ironie mordante, auteur de pastiches divertissants, *Les Nuits, les Ennuis et les Âmes de nos plus notoires contemporains*, La Jeunesse, chargé de la rubrique académique au quotidien *Le Journal*, illustre lui-même sa chronique de caricatures cocasses. Chaque jour on le voit lire ses journaux au *Cardinal*, déjeuner au *Grand U*, griffonner l'après-midi chez *Bols*, le bar hollandais où il boit son schiedam. Le soir, il assiste aux apéritifs du Napo (le *Napolitain*) où, autour de « la table à Catulle » (Catulle Mendès), se réunissent Jules Renard, Georges Courteline,

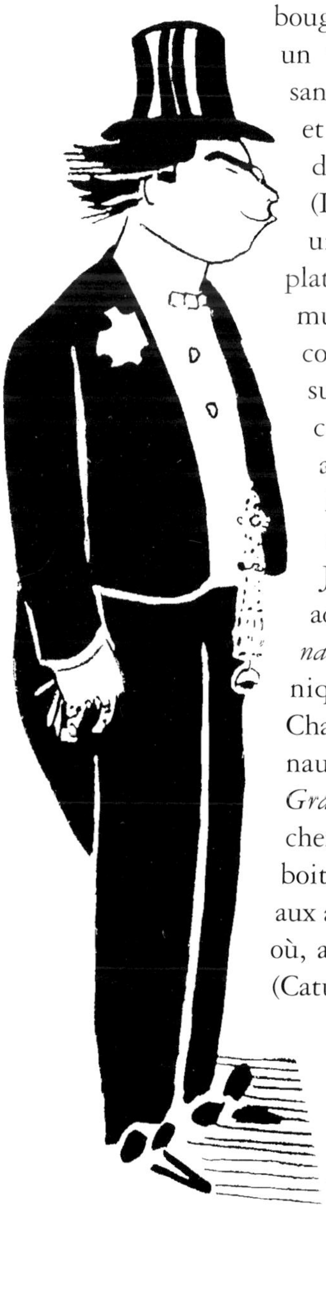

« Forain ricane, Cappiello sourit, Sem grince et Rouveyre rit », écrivait Ernest La Jeunesse en 1904. Il ajoutait qu'il estimait son dessin de bonne foi.

Un portrait d'Ernest La Jeunesse (1873-1917) tel qu'en lui-même, enfin, André Rouveyre le change, et son ami, le poète Jean Moréas (1856-1910), tournant résolument le dos à l'école décadente, il revendique le titre de symboliste avant de fonder l'« école romane ». Lorsqu'il s'exilera sur la rive gauche, le Boulevard littéraire aura vécu.

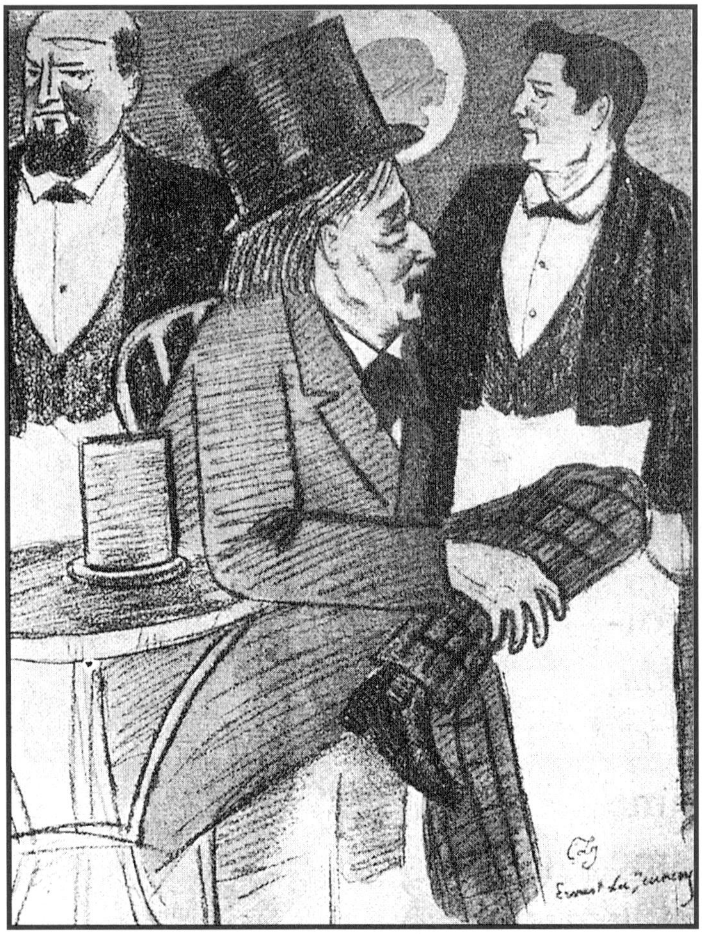

Georges Courteline (1858-1929), un fidèle de la table de Catulle Mendès au *Napolitain,* croqué ici par son ami Ernest La Jeunesse. Montmartrois, Courteline reste attaché à la Butte. Il n'est pas de ceux qui iront s'attabler aux terrasses des cafés de Montparnasse.

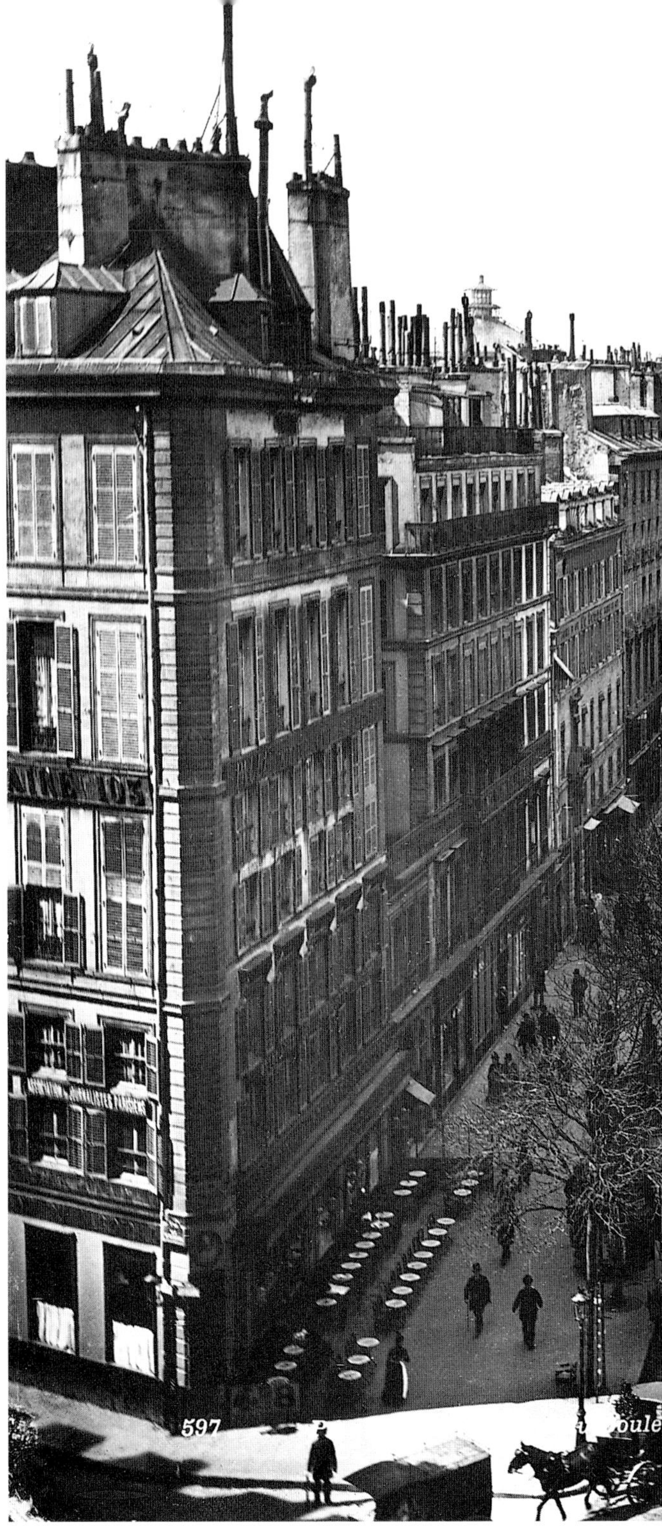

Jean Moréas, Emile Bergerat, Georges Feydeau et où quelques autres beaux esprits de ce temps passent et reviennent. Enfin il termine sa soirée, rue du Helder, au bar du *Journal,* en compagnie d'Adrien Hébrard, Paul-Jean Toulet, Curnonski... Sa disparition sonne le glas du Boulevard et des cafés littéraires de la rive droite.

La guerre des deux rives n'a pas eu lieu. Le combat entre le *Napolitain* et *La Closerie* aurait été par trop inégal. Jean Moréas s'exile rive gauche, au *Vachette* du boulevard Saint-Michel, où fréquente un jeune diplomate, épris de littérature, Jean Giraudoux ; Oscar Wilde, dandy déchu, traîne son infortune d'une rive à l'autre, Courteline, loin de Montmartre, ronchonne de devoir renoncer à ses parties de manille de l'*Auberge du clou,* sise avenue Trudaine, Georges Feydeau, lugubre, se morfond sur la banquette de velours rouge de *Maxim's.*

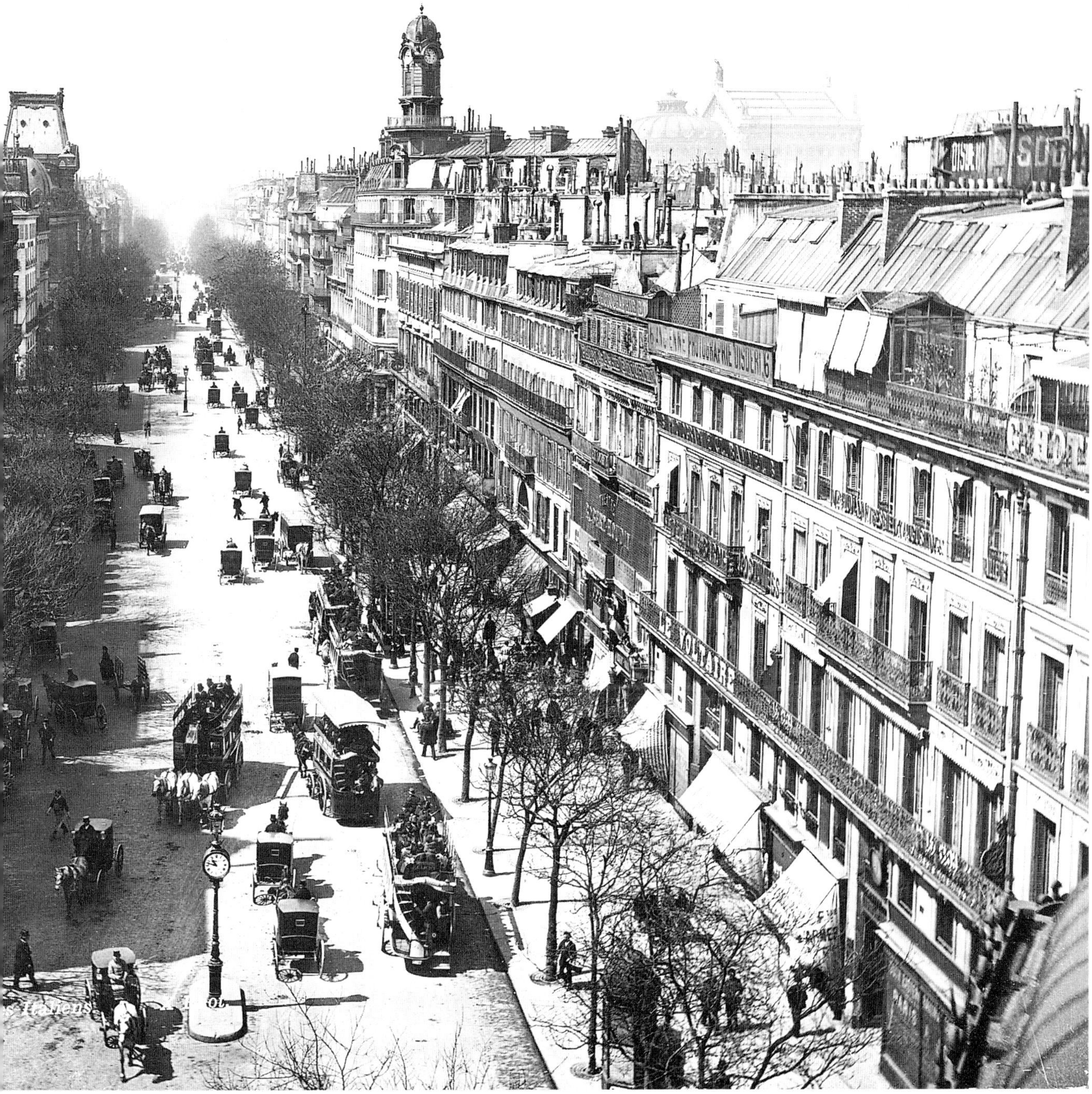

Jusqu'au début du XXe siècle, écrivains, journalistes, auteurs dramatiques, se retrouvaient chaque jour dans les cafés des Grands Boulevards. Au *Napolitain,* au *Cardinal,* au *Grand U.,* leurs mots, leurs saillies, leurs boutades, se répandaient dans le Paris frivole de la Belle Époque. Mais avant les Années folles, tandis que Montmartre est abandonné aux touristes, des artistes venus du monde entier investissent Montparnasse apportant avec eux un état d'esprit différent. *La Closerie des lilas, Le Dôme, La Coupole, Le Select,* sont les nouveaux rendez-vous cosmopolites du Paris des arts et lettres.

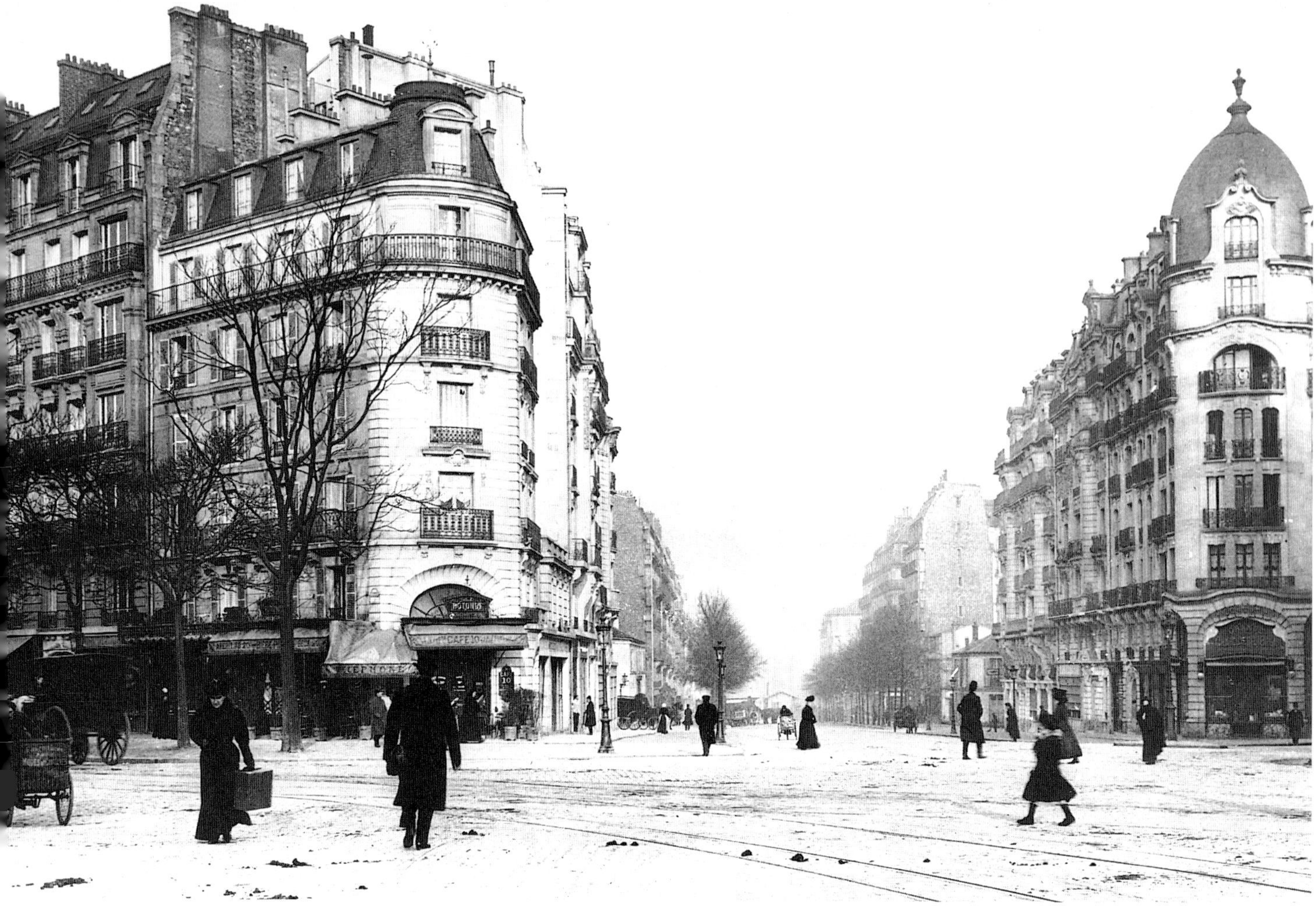

Le carrefour Raspail-Montparnasse vers 1915, après le prolongement du boulevard Raspail. À gauche, *La Rotonde* avant sa transformation par Victor Libion en 1911.

Tortoni, Brébant, le *Café anglais*, la *Maison dorée*, le *Madrid*, *Bols,* le *Grand Café*, le *Weber*, où les discussions esthétiques et littéraires vont bon train, disparaissent les uns derrière les autres, au fur et à mesure de l'extinction de leurs consommateurs les plus illustres.

À Montmartre, l'âge d'or s'achève. Au Chat-Noir, la lanterne du théâtre d'ombres s'est éteinte, dispersant ses pères fondateurs : Alphonse Allais, Maurice Donnay, Charles Cros, Mac Nab, Xanroff, Vincent Hyspa… et ses illustrateurs : Caran d'Ache, Léandre, Steinlen, Willette…

Le nouveau Montmartre, lieu de plaisir tape-à-l'œil, fait décamper les artistes de la Butte. Traversant la Seine, ils s'installent sur la rive gauche, notamment autour du carrefour des boulevards Raspail et du Montparnasse. Ils y seront vite en plus grand nombre qu'à Montmartre. Bientôt, le prolongement du boulevard Raspail entre la rue de Vaugirard et le boulevard du Montparnasse achevé — inauguré par Raymond Poincaré, nouveau président de la République, le 10 juillet 1913 — le carrefour Montparnasse-Vavin devient leur lieu d'élection.

Le 1er août 1914, la fermeture des bals Bullier et du Moulin-Rouge, suivie de l'ouverture des hostilités franco-allemandes, marque, en dépit du calendrier, le véritable terme du XIXe siècle.

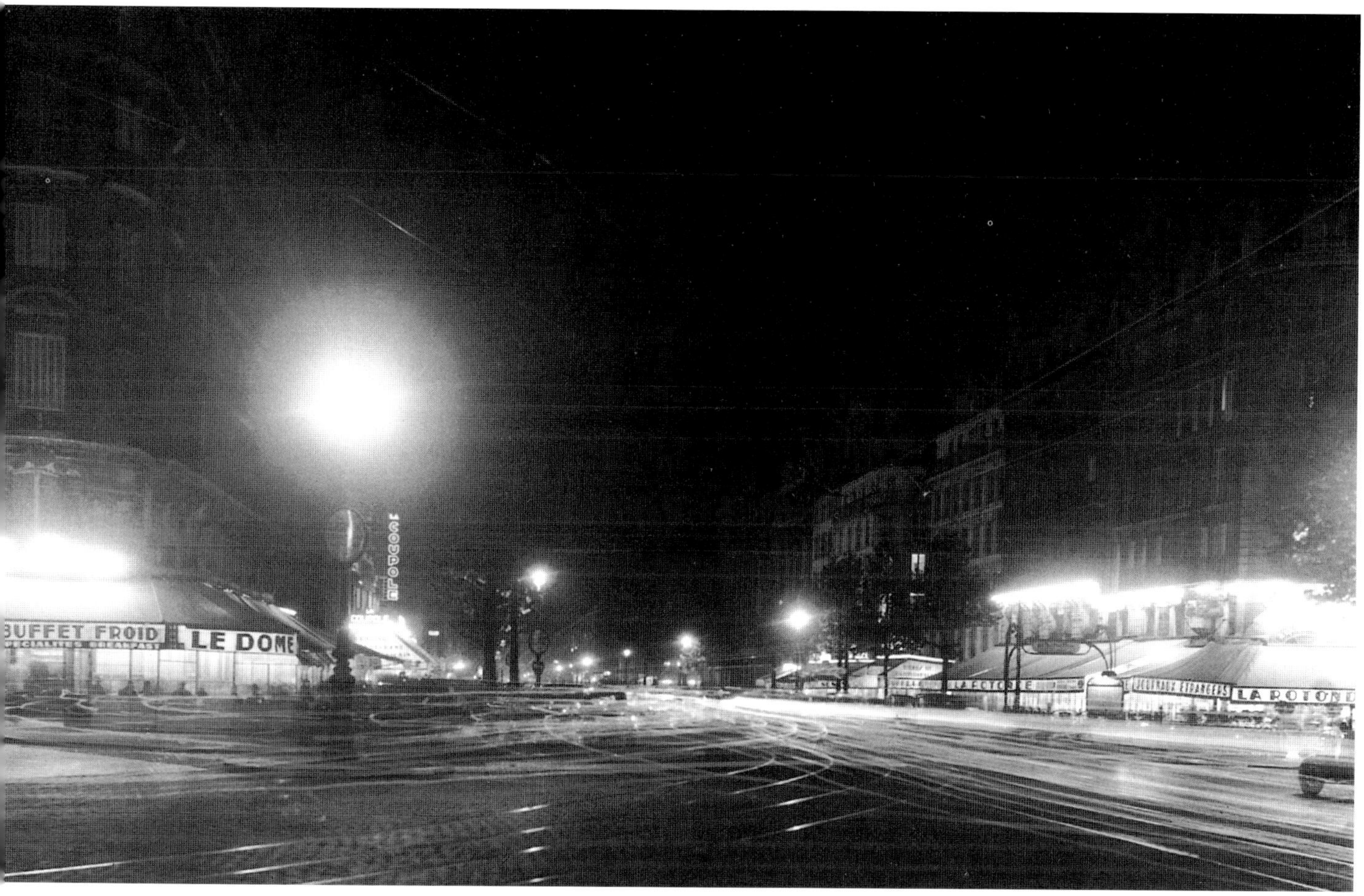

Plus connu pour l'inventivité et la créativité de ses artistes que pour son pittoresque, le carrefour des boulevards Raspail et du Montparnasse, ici en octobre 1931, constitue avec *Le Dôme, La Rotonde, Le Select* et *La Coupole,* le site inévitable pour les artistes. À la terrasse de ces cafés se sont assis la plupart des novateurs qui ont marqué le XXe siècle.

À l'autre extrémité du boulevard, *La Closerie des lilas* est fréquentée des artistes dès la fin du XIXe siècle, notamment par des peintres américains et scandinaves qui ambitionnent d'exposer aux Salons. Baudelaire, Chateaubriand, Ingres, Théophile Gautier, Emile Zola et les Goncourt aimaient s'y reposer à l'ombre des lilas. En 1908, lorsque Charles Maurras jette les bases de ce qui deviendra l'Action française, Vaugeois, Pujo et Mazet recrutent des sympathisants parmi la jeunesse intellectuelle et estudiantine fidèle de *La Closerie.*

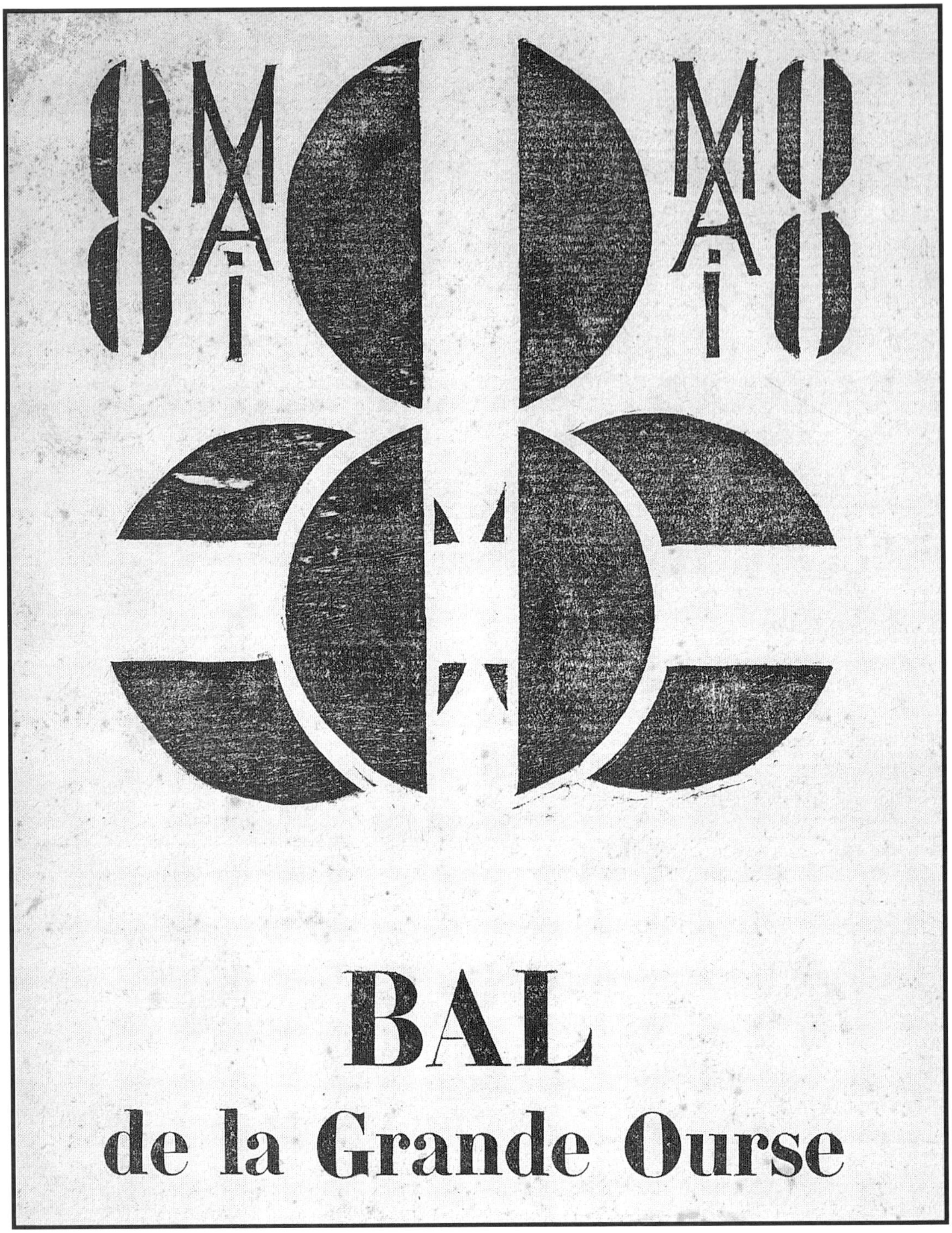

Le vendredi 8 mai 1925, de 22 heures à 6 heures, le bal de la « Grande-Ourse », organisé par l'Union des artistes russes de Paris, a lieu dans la salle Bullier. Après le bal « Transmental » de 1923, le bal « Banal » de 1924, celui de 1925 est placé sous le signe de la constellation du pôle arctique.
Les clowns Fratellini, le comique Dranem, les danseurs Maria Efremova et Jean Borlin ainsi que le ballet Synthétique de Moscou y participent. La tenue la plus fantaisiste est de rigueur.

1

Montparnasse pour aller danser

Le chemin édifiant de Montparnasse

Jadis, avant le percement du boulevard Saint-Michel, on accédait à Montparnasse, depuis le Quartier latin, en empruntant la rue Saint-Jacques et le quartier des couvents. En passant devant Saint-Jacques-du-Haut-Pas, on avait une pensée pour Mme de Longueville. Les libéralités de cette frivole assagie, sœur du Grand Condé et du prince de Conti, ont permis d'achever son édification. Après quoi, on longeait les anciens couvents des ursulines, puis celui des carmélites où sœur Marie de la Miséricorde, alias duchesse de La Vallière, favorite de Louis XIV, se réfugia dans la pénitence quand Mme de Montespan la supplanta dans le cœur du roi.

Victor Hugo a passé une partie de son enfance dans l'ancien couvent des feuillants qui précède le Val-de-Grâce, gage de gratitude d'Anne d'Autriche pour louer la providence d'avoir donné un dauphin à la couronne de France. Enfin, sur le boulevard de Port-Royal, l'ancienne maison de refuge de l'abbaye de Port-Royal-des-Champs abrite désormais une maternité. Un obus allemand y fit une vingtaine de victimes en 1918. Le boulevard Saint-Michel termine sa course au carrefour de l'Observatoire, où se font face *La Closerie des lilas* et le Centre universitaire Bullier, édifié à l'emplacement du célèbre bal. D'ici part la majestueuse allée, avec sa double rangée d'arbres taillés à la française menant, d'un côté, au palais du Luxembourg et, à l'opposé, à l'Observatoire, construit par Claude Perrault.

Deux monuments superbes du XIXe siècle ornent ce rond-point historique : la fontaine des *Quatre Parties du monde* de Carpeaux, élevée sur la ligne idéale du méridien de Paris et la statue du maréchal Ney par Rude.

Au-delà, dans la rue Boissonade, s'étend le jardin conventuel des dames de la Visitation. De sa fenêtre, Romain Rolland en admirait l'ordonnance en écrivant *Jean-Christophe,* de 1904 à 1912.

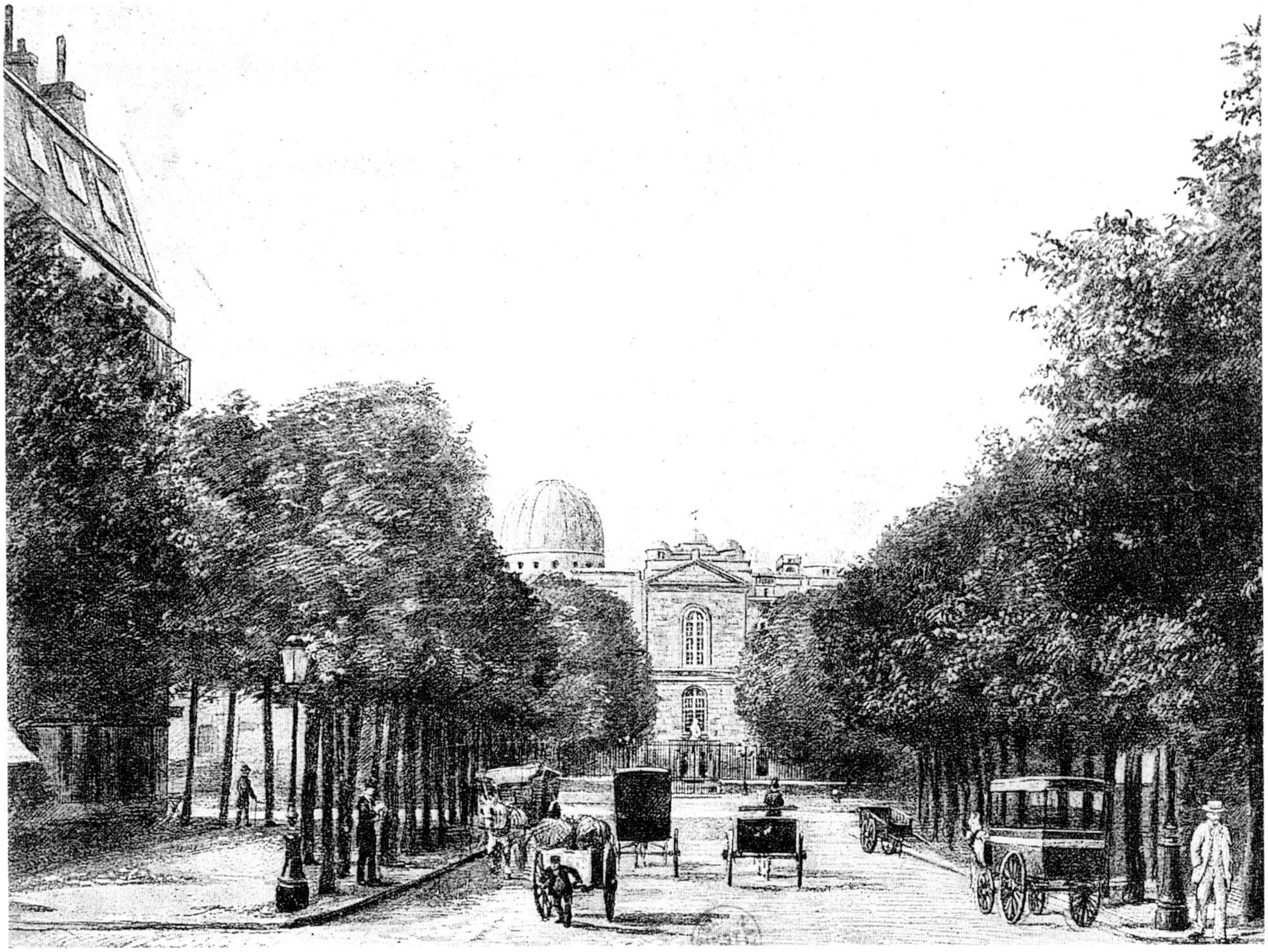

L'Observatoire édifié en 1672 par Claude Perrault (1613-1688), ici au XIXe siècle, fait face au bal Bullier et à *La Closerie des lilas.*

Grand bal chez les chartreux

Dès le début du XIXe siècle, Montparnasse avait été choisi par peintres et sculpteurs, au même titre que Montmartre et le XVIIe arrondissement. De nombreux ateliers au loyer modeste ont attiré ces artistes dans ce quartier resté champêtre. Cochers, maréchaux-ferrants, blanchisseuses, vivent là près des vergers dont Balzac, dit-on, appréciait les cerises.

On se donne rendez-vous au bal Bullier, au coin des boulevards du Montparnasse et Saint-Michel. C'est là qu'en 1838 un certain Carmaud a ouvert, dans les vestiges d'un ancien séminaire de chartreux, un bal baptisé de Chartreuse. On y danse sous une tente, sorte de grand parapluie entouré de cariatides soutenant des globes éclairés au gaz et appliqué au mur devant lequel fut exécuté, vingt-trois ans plus tôt, le 7 décembre 1815, le maréchal Ney. Parent pauvre du bal de la Grande Chaumière, son voisin, il n'a pas bonne réputation. Carmaud fait de mauvaises affaires. Une publicité tapageuse et des manifestations, aussi insolites que les grandes fêtes qu'il donne de midi à minuit, ne réussissent pas à agrandir sa clientèle, ni à la fidéliser.

François Bullier, un solide gaillard qui, dit-on, avait débuté comme allumeur de lampions au bal de la Grande Chaumière, entreprend de rénover l'établissement. Il remplace le grand parasol par une piste de danse en plein air, entourée d'arcades imitées des merveilles de l'Alhambra. Derrière cette façade hispano-mauresque s'ouvre un jardin aux bosquets touffus dans lequel peuvent rêver les poètes et s'égarer les mains des amoureux. Bullier plante, en outre, pas moins de mille pieds de lilas. Ouvert en 1847, son bal prend le nom de *La Closerie des lilas-Jardin Bullier.* Le succès obtenu un an auparavant par *La Closerie des genêts*, la pièce de Frédéric Soulié, à l'Ambigu, n'est certainement pas étranger au nom du nouveau bal. Danses nouvelles, la mazurka et la scottish remplacent le quadrille.

En dépit de prédictions pessimistes, ce lieu d'ébats en musique gagne la faveur du public ; il devient vite très en vogue.

Blouse grise et chapeau de paille, les mains derrière le dos, le père Bullier se promène au milieu de celles qu'il appelle ses brebis : Cigale, Clara Fontaine, Rose Pompon, Zélie Hoffmann, Clara Fauvette, Pauline la Folle, Olympe, Pochardinette, et d'autres comme Pomaré ou Mogador, reines des bals du Courrier-Français et des Quat'z-arts, bien connues des Parisiens pour leur conduite extravagante. Alfred Delvau (1825-1867), historien de Paris, parle de ces « belles drôlesses vêtues de robes de foulard, coiffées de chapeaux de paille à la "Paméla",

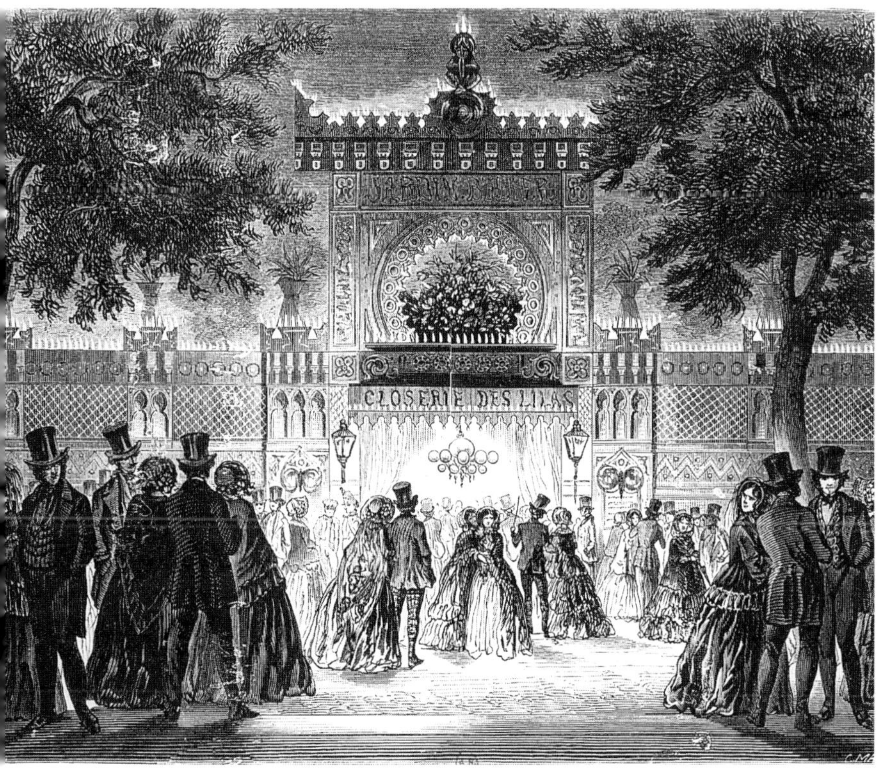

Ancien allumeur de lampions de la Grande Chaumière, François Bullier prend possession du bal des Chartreux, de mauvaise réputation, en 1847, et le rénove. Il construit un décor évoquant les merveilles de l'Alhambra, plante, dans le jardin, près de mille pieds de lilas et lui donne le nom de *La Closerie des lilas-Jardin Bullier.*

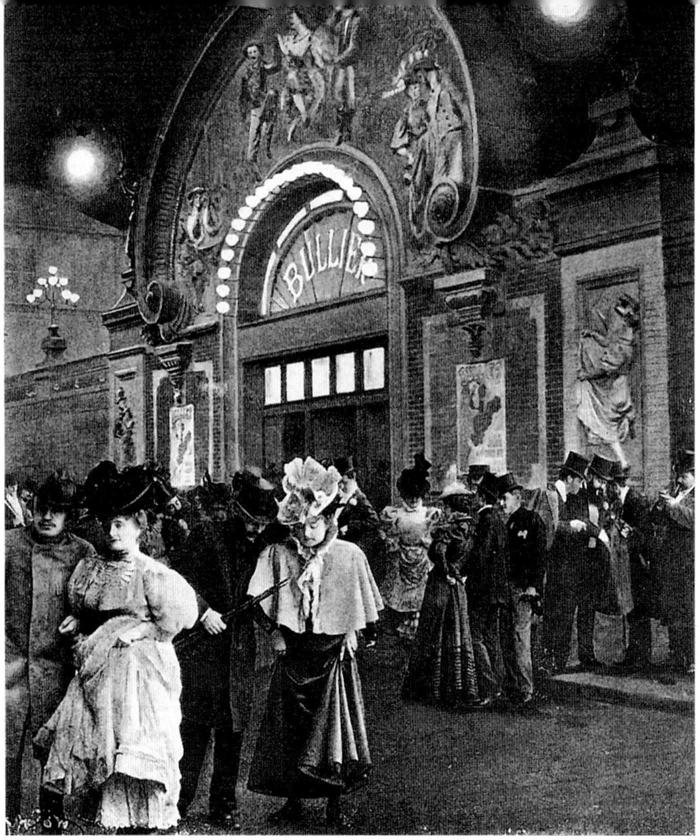

La sortie du bal Bullier au début du XXe siècle. La façade s'orne de personnages inspirés de la fantasmagorie de Jules Chéret (1836-1932), affichiste primesautier, et d'Adolphe Willette (1857-1926), dont les pierrots et les colombines illustraient les magazines de l'époque.

chaussées de cothurnes dorés sur tranche, et qui s'appelaient Henriette-Zonzon, Anita l'Espagnole, Isabelle l'Aztèque, Peau-de-Satin, Bouffe-Toujours, Nina-Belles-Dents, Finette la Bordelaise, Canard, Emma-Cabriole ». Dans leur *Journal* les Goncourt rapportent que le courriériste Claudin, passant le plus clair de son temps chez Bullier, disait avoir entendu Mogador s'écrier en arrivant : « Qu'est-ce qui me paye un bifteck ? Je reste avec lui jusqu'à demain matin. »

Courtisanes, demi-mondaines, jeunes filles du quartier, messieurs sérieux, étudiants et petits-bourgeois curieux du spectacle, s'y précipitent, trois soirs par semaine.

Paul Fort le chantera : « Bullier, dont le style ottoman, fleuri de globes électriques, plaît à toutes les demoiselles de la taverne du Panthéon, Orient pour vingt sous, harem où l'odalisque est à cinq francs quand ce n'est pas la mi-carême, Bullier dans son style ottoman accueille tous les sentiments des enfants de la République sous sa colonnade électrique. »

La réussite de François Bullier a été si éclatante qu'elle a contraint son ancien patron à fermer les portes de la Grande Chaumière en 1855.

C'était le temps de la polka

Pendant soixante-dix ans, la Grande Chaumière avait drainé par milliers les amateurs de gambille vers Montparnasse ; elle avait même concurrencé les bals Mabille de l'avenue Montaigne et le Tivoli de la rue Saint-Lazare. Situé au cœur d'un grand jardin, entouré de tonnelles et de gloriettes, le bal était devenu l'un des plus populaires de Paris. L'entrée, fixée à cinquante centimes, ne dispensait pas les hommes de régler un supplément de trente centimes par danse ; l'accès étant libre pour les dames. Les frères Goncourt racontent que, lorsque les filles allaient danser à la Grande Chaumière, leurs mères leur attachaient un mouchoir autour de la taille pour que les mains des danseurs ne salissent pas leur robe.

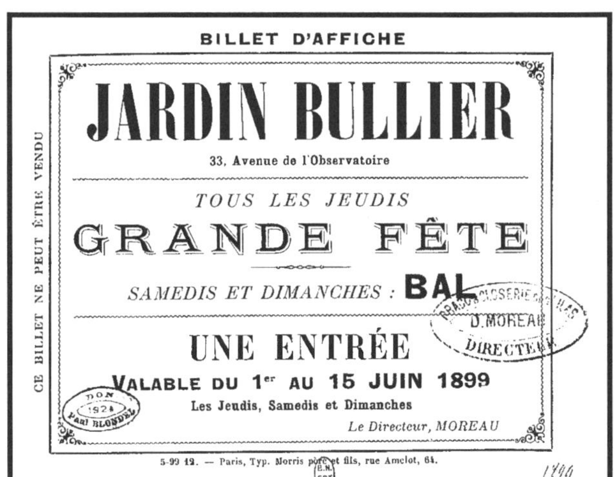

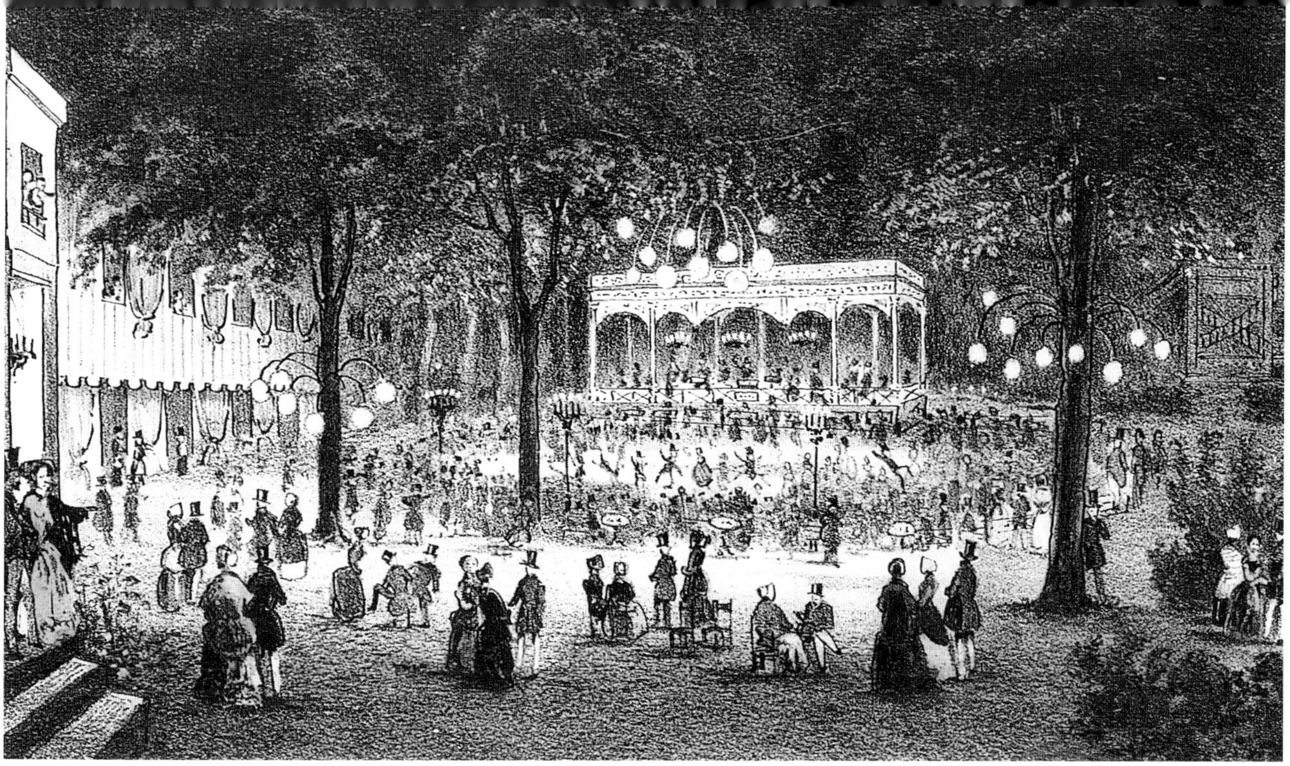

La polka fait ses débuts en 1845 à la Grande Chaumière, puis la robert-macaire, version scabreuse du quadrille, lui succède. Le cancan, créé par le fameux danseur Chicard, fera plus tard les beaux soirs du *Moulin-Rouge* avec Nini Patte-en-l'air, la Môme Fromage et Grille d'Égout. Autre attraction, les Montagnes suisses, imitées des Montagnes russes.

Lahire, son propriétaire depuis 1837, un ancien grenadier de la Garde, doué d'une force herculéenne, assurait à lui seul le service d'ordre de son établissement.

C'est à la Grande Chaumière que la polka a fait sa première apparition, en 1845 ; puis la robert-macaire, version scabreuse du quadrille. Enfin la création du cancan y fit scandale avant de faire les beaux soirs du Moulin-Rouge. Quant au « chahut », sorte de cancan jugé indécent, il fut interdit par la police. Lola Montes, alors danseuse à la Porte Saint-Martin, vint un soir, au bras du clown Auriol, danser un quadrille délirant.

La Grande Chaumière offrait à sa clientèle d'autres attractions : montagnes russes, stands de tir, terrain de jeu de boules, balançoires...

Fréquenté plutôt par des étudiants, des bohèmes, des artistes, l'amour y restait volage, mais point tarifé, comme bien souvent dans les bals de la rive droite.

La Grande Chaumière fermée, Bullier devient le bal le plus couru. Vivante expression du Quartier latin, il évolue au gré de la mode, laquelle transforme la plupart des brasseries en bars de nuit et son pseudo-Alhambra de jadis en une salle de bal peinte en vert et blanc.

Le cake-walk et le matchiche succèdent à la polka. Quand arrive le temps du tango, l'époque, hélas, n'est plus à la danse. Le 1er août 1914, l'appel sous les drapeaux le contraint à fermer ses portes.

Avant la « der des ders » se retrouvaient déjà à Montparnasse, dans des bistrots glauques, les premiers émigrés des ghettos lituaniens et des Castillans fuyant la misère de leur « pueblo ».

Le cosmopolitisme qui allait régner dans les cafés du carrefour Vavin, s'amorçait.

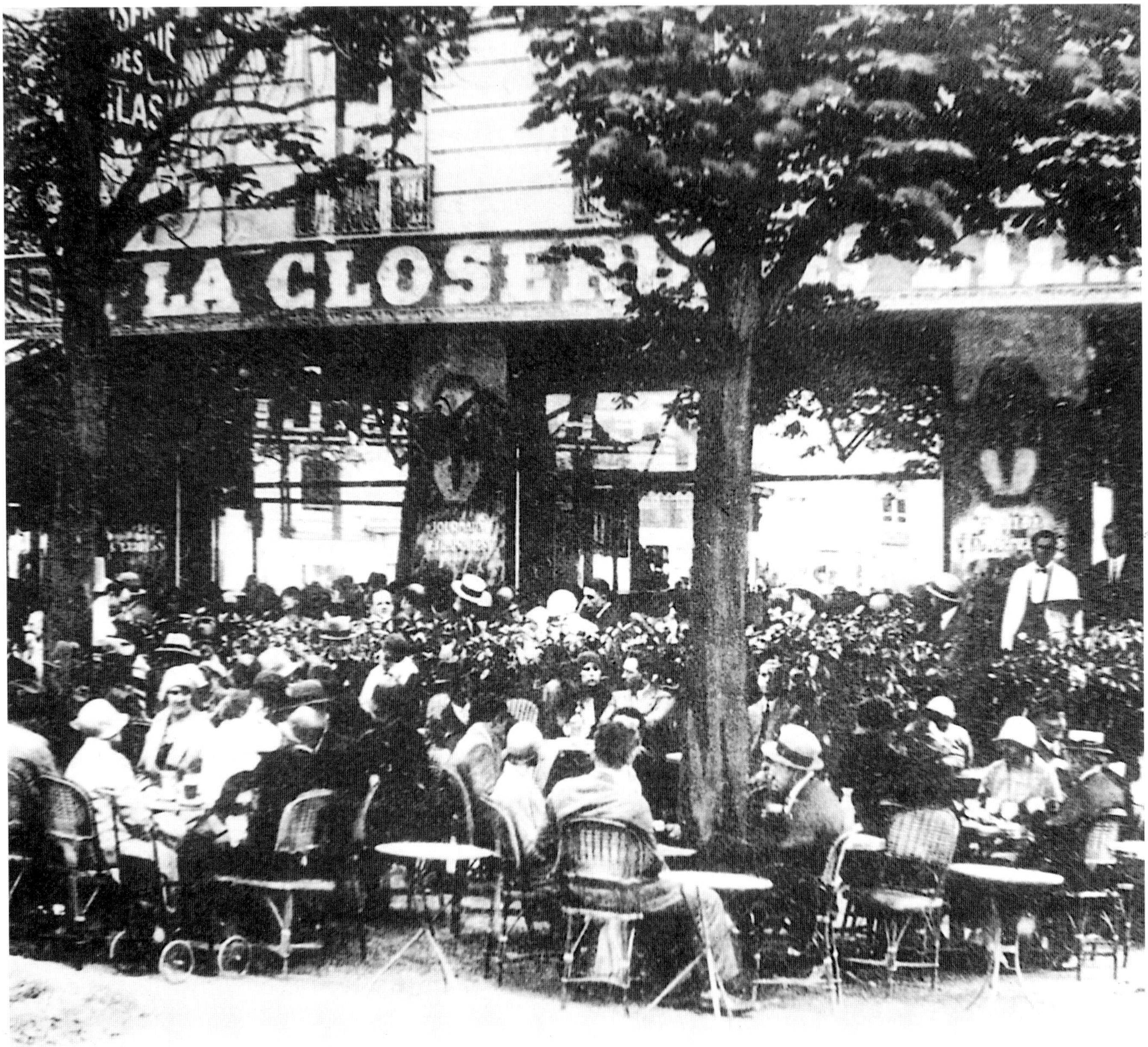

Chateaubriand, Baudelaire, Verlaine, Les Goncourt, Zola... ont aimé la félicité champêtre de *La Closerie des lilas,* ancien relais de poste sur la route de Fontainebleau. Bien que située à l'extrémité du boulevard de Montparnasse *La Closerie* sera longtemps le centre effervescent des artistes qui feront la renommée de ce quartier. Animée par des débats passionnés et des lectures publiques de poésie auxquelles participent sous la férule de Paul Fort, André Salmon, Max Jacob, Guillaume Apollinaire... C'est à *La Closerie* que les adeptes du nationalisme intégral jetteront en 1908 les bases de l'Action française fondée par Charles Maurras, et que les surréalistes se livreront à un fameux chahut pour souligner leur désaccord avec les déclarations de Paul Claudel. Il s'en prendront particulièrement à l'écrivain Rachilde, épouse d'Alfred Valette, directeur du Mercure de France, pour son attitude nationaliste.

Ci-dessus *La Closerie des lilas* vers 1925.

2

La Closerie

dont le prince est un poète

Paul Fort opte pour *La Closerie des lilas*

Jusqu'en 1890, le café *Versailles*, établi place de Rennes (rebaptisée place du 18-Juin-1940), face à l'ancienne gare Montparnasse, n'est fréquenté que par quelques artistes académiques. Le chapeau à larges bords, la barbiche et la lavallière, les distinguent de la clientèle ordinaire. Tous ne sont pas nécessairement des peintres « pompiers ». Ainsi au *Versailles*, ou à la terrasse du *Lavenue*, son voisin d'en face, voit-on le vieil Harpignies, à plus de quatre-vingt-dix ans siroter chaque soir des « perroquets », son apéritif favori, ou l'élégant Fantin-Latour dont le succès lui assure désormais une cour de jeunes artistes admiratifs.

Le 22 octobre 1895, les consommateurs des deux cafés ont la surprise de voir, vers seize heures, la locomotive du Granville-Paris jaillir de la verrière de la gare; après avoir franchi ses heurtoirs et traversé le hall, elle s'est immobilisée dans le vide, avec tender et voitures; arrivée intempestive dont est victime la marchande de journaux dont le kiosque est situé juste devant la gare. L'accident alimentera la verve des chansonniers.

Longtemps fidèle aux deux établissements, le poète Paul Fort, las du bruit des carambolages de billard et du cliquetis des joueurs de dominos, émigre au bout du boulevard du Montparnasse, pour la calme *Closerie des lilas*.

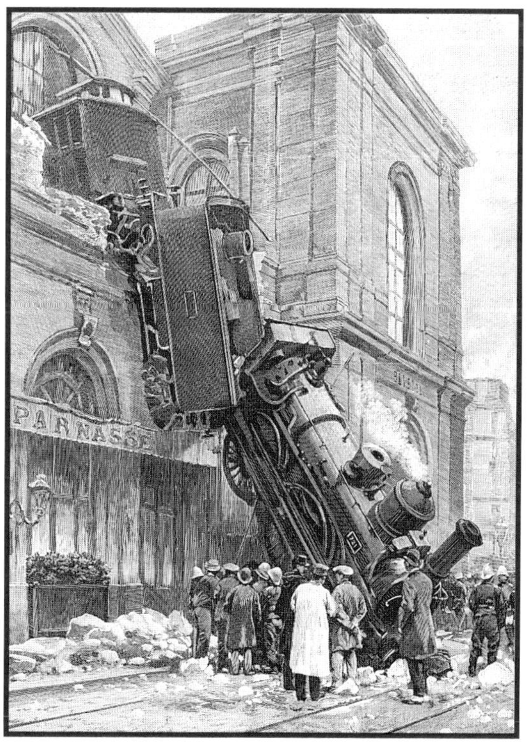

Le mécanicien du Granville-Paris était-il impatient de conduire ses passagers au *Versailles* et à *Lavenue* ?

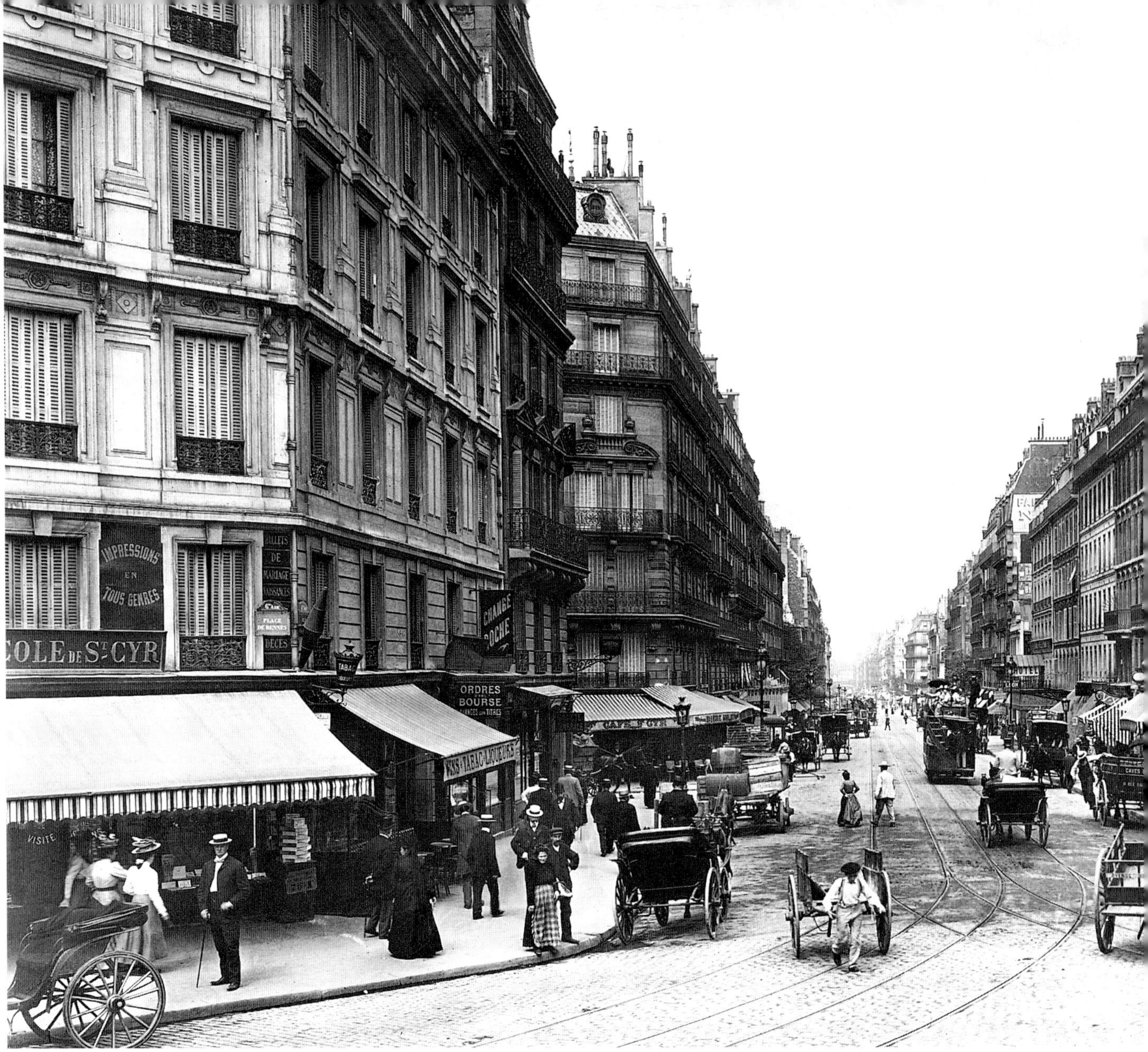

En face du café-restaurant *Lavenue,* au coin de la rue de Rennes, *Le Versailles,* son concurrent, est lui aussi très bien achalandé. Les carambolages des joueurs de billard et les cliquetis de dominos font fuir Paul Fort pour un café plus tranquille : *La Closerie des lilas.*

Dès cette époque, plusieurs centaines de jeunes Américains, étudiants de l'école des Beaux-Arts, ou fréquentant des académies ou bien encore des ateliers de maîtres s'y retrouvent. Ils espèrent, en suivant les traces de leurs aînés, exposer, un jour, leurs œuvres à Paris. Ces artistes, venus d'outre-Atlantique, représentent à cette époque la plus importante participation étrangère du Salon. Il est singulier de noter leur peu d'enthousiasme pour le mouvement impressionniste qui agite, depuis le début des années soixante, le monde de la peinture.

Les échos du succès de l'exposition, organisée par Paul Durand-Ruel à New York le 10 avril 1886, *Works in oil and pastel by the Impressionists* comptant trois cents numéros, imposeront la nouvelle école aux États-Unis

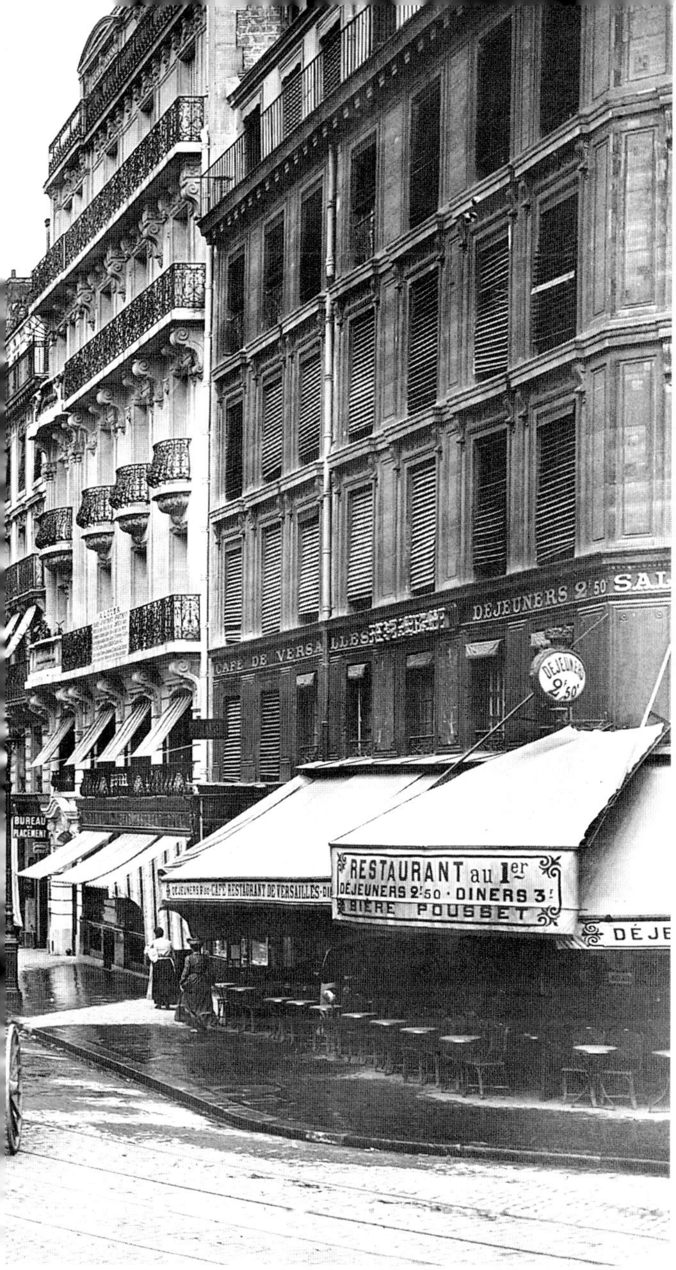

et donneront l'éveil aux Américains de Paris. Mary Cassatt, amie des impressionnistes, contribuera par la suite, efficacement, à la création des grandes collections d'outre-Atlantique.

À l'ombre des lilas en fleur

Situé à la croisée des chemins de Montparnasse et du Quartier latin, *La Closerie des lilas* — à l'origine, simple guinguette servant de premier relais sur la route de Fontainebleau — offre la plus accueillante et la mieux abritée des terrasses de Paris. Le Boul'Mich' des étudiants prend fin devant le bal Bullier, chemin qu'emprunte une jeunesse débordante de gaieté et d'enthousiasme.

La Closerie est à l'histoire des lettres et des arts, ce que le bal Bullier sera à la danse et aux fêtes. But de promenade pour le jeune et romantique Chateaubriand à l'écoute des intermittences de son cœur, elle devient plus tard lieu de détente et de félicité champêtre pour Charles Baudelaire, venu là extravaguer à l'ombre des lilas mauves et blancs de la terrasse; étape d'élection pour Ingres chaperonnant ses modèles favoris de l'Académie suisse pour mieux étudier, dans la fraîcheur des tonnelles, l'incarnat de leur teint; escale de Verlaine sur les chemins toujours recommencés de l'ivresse; terrasse privilégiée par Théophile Gautier, Jules et Edmond de Goncourt, Zola...

Comme tous les lieux publics, *La Closerie* sera souvent ébranlée par les éclats des passions déchaînées par l'Affaire (Dreyfus). Bohème (ses liaisons amoureuses lui apportent une célébrité que sa peinture, médiocre et ennuyeuse, lui refuse), Henry De Groux, peintre belge aussi redouté pour ses toiles de grands formats d'inspiration symboliste que pour ses goûts littéraires, prend la tête du mouvement dreyfusiste dans le petit milieu artistique de la rive gauche. Très en vue à *La Closerie* où il est surnommé « le dernier des romantiques », il s'est lié avec Léon Bloy, le polémiste catholique, rencontré dans un café-tabac de la place Denfert-Rochereau. Dans ce bistrot, fréquenté par des petits commerçants du quartier, leurs conversations, théologiques et spéculatives,

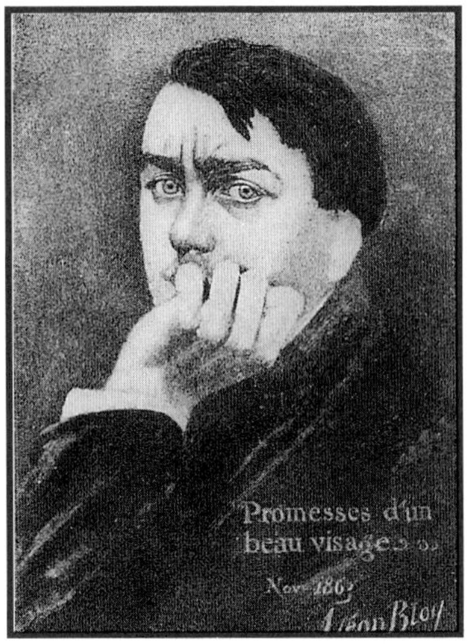

« ... Je ne sais si vous l'imaginez à dix-huit ans, tel que le représente un féroce portrait peint par lui-même, à l'huile de requin, et qu'il exhibe seulement à ses amis. » C'est ainsi que le polémiste Léon Bloy (1846-1917) parle de cet autoportrait, daté de 1863, dans son livre *Histoires désobligeantes.* À *La Closerie des lilas,* l'auteur du *Mendiant ingrat* débat sur l'affaire Dreyfus avec son fidèle ami, le peintre Henry De Groux (1867-1930), à l'occasion de conversations animées par l'absinthe. Mais au café-tabac de la place Denfert-Rochereau, où leurs talents sont indiscutés, leurs spéculations philosophico-théologiques tiennent les consommateurs candides dans une fascination absolue. La participation de ces derniers à un projet chimérique des deux péroreurs (l'ouverture d'un collège religieux de jeunes filles) se soldera par une perte sèche des fonds qu'ils auront investis.

fascinent les consommateurs. Les deux péroreurs s'y entretiennent d'un projet qui leur tient à cœur : ouvrir un pensionnat religieux de jeunes filles. Pour commanditer leur établissement, ils font appel à la dévotion de leur public et à son bas de laine. On imagine l'excentricité du projet de ces deux inconscients, inexpérimentés et incompétents. Quelques semaines plus tard, c'est la déconfiture et la fin de leurs ambitions pédagogiques.

À *La Closerie des lilas,* leur divergence sur l'Affaire brouille bientôt les deux compères. L'auteur du *Mendiant ingrat* ne suit pas De Groux dans ses engagements avec les dreyfusards qui préconisent « la justice et la vérité ». Débats de plus en plus animés à mesure que les verres d'absinthe défilent.

Avec son physique de barde breton (étonnant pour un Belge), Henry De Groux est peut-être un des tout derniers représentants de cette Bohème, dont Murger a raconté la vie malaisée. Son dreyfusisme lui confère une aura, renforcée par la diffusion de sa fameuse lithographie du portrait d'Émile Zola, éditée après la publication, le 13 janvier 1898, du « J'accuse » dans *L'Aurore* de Clemenceau. La planche remporte un succès considérable auprès des partisans de la révision du procès. Plus d'un l'épingle chez lui pour afficher son camp.

À *La Closerie*, Vaugeois, Pujo, Mazet, et plusieurs adeptes du nationalisme intégral, jettent les bases de ce qui deviendra, en 1908, l'Action française fondée par Charles Maurras. Ce dernier préfère, quant à lui, retrouver son petit état-major, formé de Léon Daudet et de Jacques Bainville, au *Café de Flore,* dont il est le voisin. Il y est assuré du calme et de la tranquillité que nécessite son ouïe déficiente. Il demeure en liaison permanente avec ses disciples, mieux placés que lui pour rassembler des sympathisants

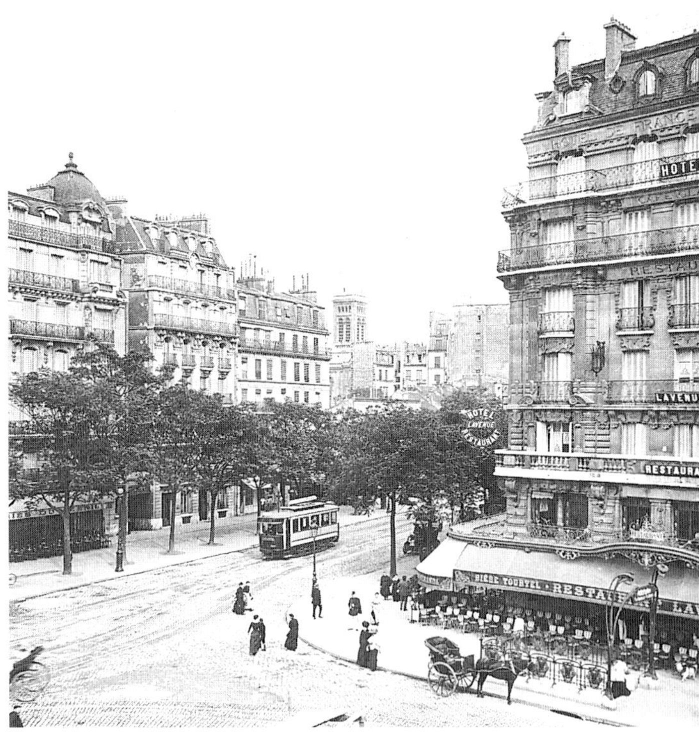

La place de Rennes en 1905, aujourd'hui place du 18-Juin-1940. Au *Lavenue,* à l'angle du boulevard du Montparnasse et de la rue du Départ, le peintre Harpignies, âgé de plus de quatre-vingt-dix ans, venait chaque soir siroter son « perroquet ».

qu'ils vont recruter à *La Closerie*, où se retrouve l'élite d'une jeunesse qui, après les remous de l'affaire Dreyfus, reste indécise dans ses engagements politiques.

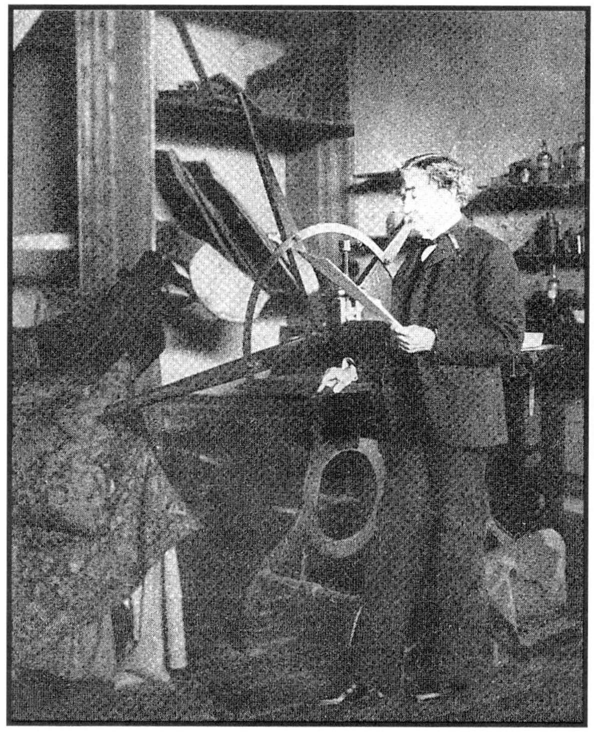

Américain ayant appris le français à Saint-Pétersbourg, le peintre et graveur, James Abbott McNeill Whistler (1834-1903), vient s'établir à Paris en 1855 et ne quittera plus l'Europe.
Dandy raffiné et brillant, il entre à l'académie Gleyre, se lie avec les peintres et les écrivains de l'époque, fréquente *La Closerie des lilas.* Il s'installe à Londres en 1859, mais fait des séjours fréquents à Paris où il est encouragé par Baudelaire, Manet, Courbet. Amis des peintres préraphaélites, des poètes Swinburne et Wilde, sa peinture subit l'influence, à ses débuts, de Courbet, puis des impressionnistes et du japonisme. L'entrée au musée du Louvre de son tableau *Portrait de la mère de l'artiste, harmonie en gris et noir,* peint dans les années 1871-72, marque la consécration officielle de son œuvre. On le voit ici contrôlant le tirage d'une épreuve sur la presse de son atelier du 86, rue Notre-Dame-des-Champs.

Peintres et poètes, bohèmes et dandys à *La Closerie*

En 1901, le poète américain Stuart Merril présente à Paul Fort deux colosses de la peinture norvégienne Edvard Diriks et Christian Krohg. Arrivés à Paris en 1880, ils sont rejoints par d'autres peintres scandinaves comme Erik Werenskiold, Frits Thaulow — beau-frère de Gauguin — et Gerhard Munthe. Ils tiendront une place importante dans la vie artistique et sentimentale de Montparnasse.

Avant eux, les habitués du café *Guerbois* (Manet, Jongkind, Gauguin et son ami l'auteur dramatique suédois Strindberg, Monet, Renoir, Bazille, Sisley — tous élèves contestataires de Charles Gleyre — Cézanne, le sculpteur Bourdelle) croisent le peintre et graveur américain James Abbott McNeill Whistler. Ce jeune dandy — il parle le français appris à Saint-Pétersbourg — est inscrit à l'École impériale et spéciale de dessin — aujourd'hui l'école des Arts décoratifs. Lui aussi fréquente l'atelier de Gleyre, avant son départ pour Londres. Il partagera sa vie entre l'Angleterre et la France. Excentrique raffiné et fin, il s'est lié non seulement avec les impressionnistes, mais aussi avec Baudelaire, qui l'encourage, Oscar Wilde, Mallarmé, Swinburne.

En 1903, Paul Fort, animateur de *Vers et Prose*, a établi ses assises dans une *Closerie* moderne, un immeuble nouveau s'est substitué à l'ancienne guinguette. Il y organise, chaque mardi, des lectures de poésie dont le succès est immédiat. Jeunes écrivains, musiciens français et étrangers, viennent assister à ces réunions, où la voix des poètes a bien du mal à dominer le tohu-bohu des conversations et des bruits de vaisselle. À l'occasion on peut y voir Max Jacob monter sur une table pour déclamer un poème burlesque, ponctué entre les strophes d'une gigue infernale. Atrabilaire, Paul Léautaud note dans son *Journal littéraire*.

« Je me suis laissé aller ce soir à la réunion de *Vers et Prose* à *La Closerie des lilas*, ayant encore reçu une invitation de Paul Fort. C'est bien la première et la dernière fois. J'ai d'abord commencé à hésiter pendant une demi-heure, comme j'avais fait l'année dernière, au café *Voltaire*, ne voyant personne de connaissance. À la fin voyant arriver Guy-Charles Cros, qui nous a promis des documents pour *Les Poètes d'aujourd'hui*, je me suis décidé. Moréas est arrivé et nous avons bavardé ensemble. Il était certainement un peu ivre. Il pouvait à peine parler. (...) Le reste était des gens que je ne connais pas ou que je n'avais nulle envie de voir. (...) Paul Fort était aussi un peu ivre, parlait tout de travers. Tout ce petit monde ne quitte guère le café. De cinq à huit, apéritifs. De neuf à une heure, bavardages et consommations. Le plus surprenant, c'est qu'ils n'ont pas l'air de s'embêter. »

Ces réunions de *Vers et Prose* sont parfois orageuses. C'est encore Léautaud qui raconte que, le mardi 17 mai 1911, un poète, dont l'œuvre n'a jamais franchi le seuil d'une anthologie : Sylvain Bonmariage, fait grand bruit au sujet de vers qu'il a envoyés au *Mercure de France*, vers que lui a retournés Léautaud. Le recueil porte une note manuscrite : « Du Lamartine pédéraste. »

« C'est l'écriture de Léautaud, criait Bonmariage, je le sais. Je ne veux rien faire pour Vallette mais Léautaud, c'est un peureux, je le sais. Je le tuerai. Je le tuerai, c'est une infamie. Une note non signée. Je le tuerai. » La note n'était pas de Léautaud mais de Louis Dumur.

« Probablement, ajoute l'auteur du *Petit Ami*, était-il ivre. J'ai bien ri ce matin de la colère de Bonmariage. »

Paul Fort est sans doute à l'origine de la rencontre historique entre la rédaction de *La Plume*, revue poétique plus ou moins rivale, et la sienne, réunion placée sous la présidence d'Alfred Jarry.

Ce n'est pas sans quelques réticences que les collaborateurs et les fidèles de *La Plume*, qui siègent au *Soleil d'or* du boulevard Saint-Michel, ont accepté de changer leurs habitudes à l'invitation de Paul Fort.

Finalement, André Salmon et Guillaume Apollinaire, poètes vedettes de *La Plume*, suivis de Max Jacob, Guy-Charles Cros, Louis Mandin, Alexandre Mercereau... ne sont pas mécontents de présenter leurs œuvres aux fameux mardis poétiques de *La Closerie*.

Paul Fort, prince des poètes

Son génie de l'animation, sa jeunesse passionnée, son lyrisme naturel, tout destine Paul Fort à assumer la charge de prince des poètes vacante à la disparition de Léon Dierx, en 1912. Haute dignité où se sont illustrés naguère Verlaine en 1894, puis Mallarmé en 1896.

Francis Carco le croise à *La Closerie :*

« Les longs cheveux de Paul Fort, son sombrero, sa cravate noire, sa petite veste boutonnée jusqu'en haut, tranchaient par leur simplicité sur les ornements de couleurs que des femmes de tout rang et des Suédois, des Russes, des Espagnols racolés au hasard, étalaient sous nos yeux (...) Son regard, vous scrutant jusqu'à l'âme et vous

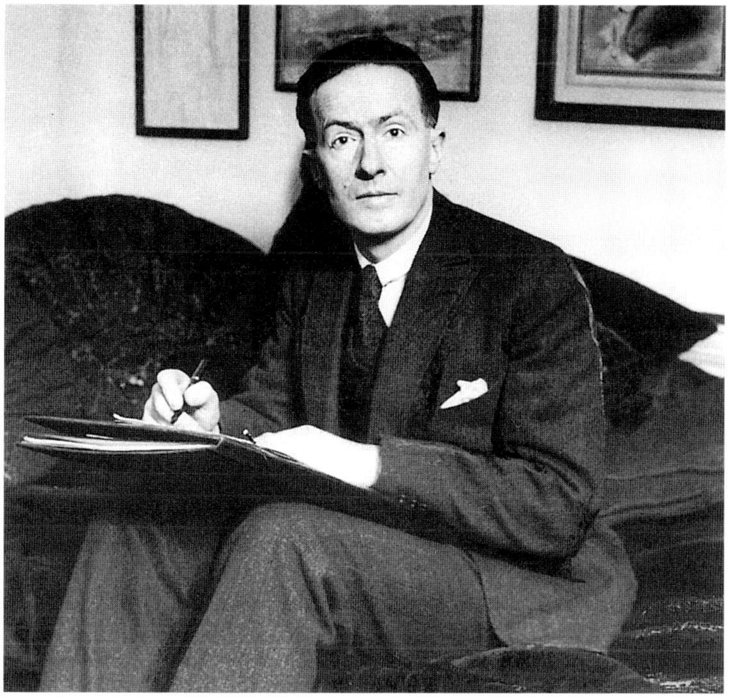

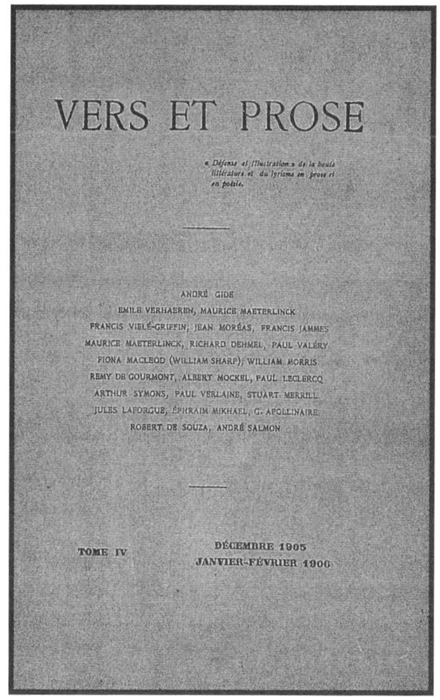

VERS ET PROSE

« Défense et illustration » de la haute littérature et du lyrisme en prose et en poésie.

ANDRÉ GIDE
EMILE VERHAEREN, MAURICE MAETERLINCK
FRANCIS VIELÉ-GRIFFIN, JEAN MORÉAS, FRANCIS JAMMES
MAURICE MAETERLINCK, RICHARD DEHMEL, PAUL VALÉRY
FIONA MACLEOD (WILLIAM SHARP), WILLIAM MORRIS
REMY DE GOURMONT, ALBERT MOCKEL, PAUL LECLERCQ
ARTHUR SYMONS, PAUL VERLAINE, STUART MERRILL
JULES LAFORGUE, ÉPHRAIM MIKHAEL, G. APOLLINAIRE
ROBERT DE SOUZA, ANDRÉ SALMON

TOME IV

DÉCEMBRE 1905
JANVIER-FÉVRIER 1906

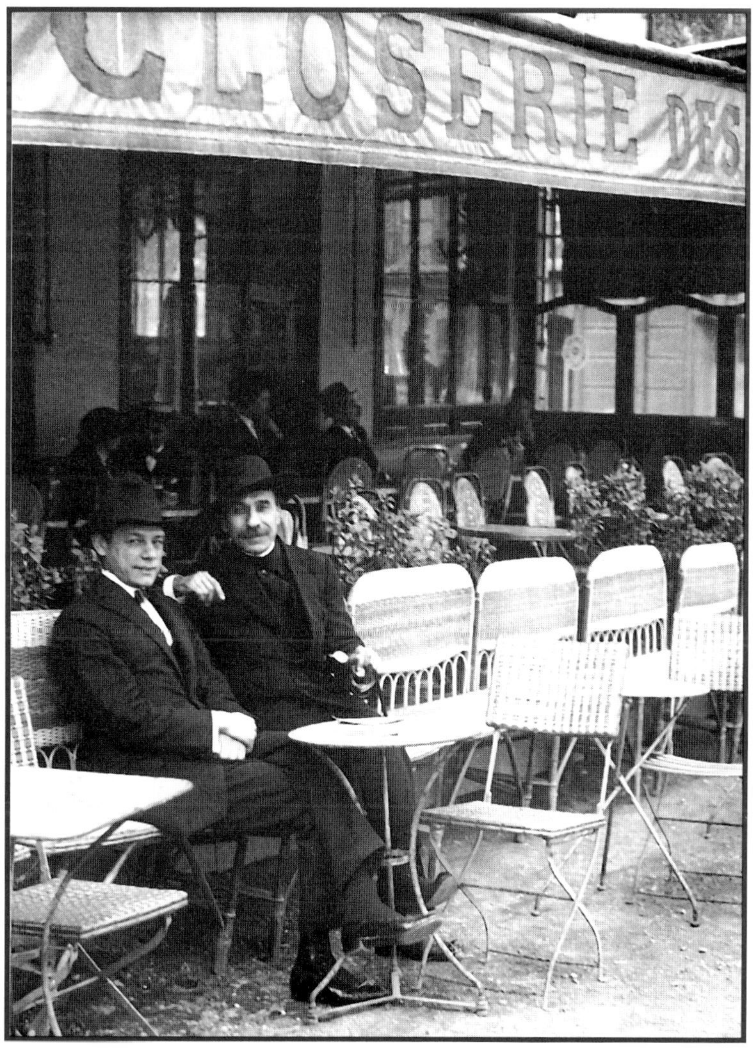

La terrasse de *La Closerie des lilas* en 1910 est le rendez-vous de la bohème littéraire. André Salmon, Guillaume Apollinaire, Max Jacob, suivis d'un jeune diplomate épris de littérature, Jean Giraudoux (ci-dessus) sont, eux, des fidèles du *Soleil d'or,* café du boulevard Saint-Michel. Paul Fort (en 1920), prince des poètes, les invite à lire leurs œuvres, aux mardis poétiques de *La Closerie.* Il appellera, en 1928, Valéry, déjà auréolé du prestige de l'Académie française, comme codirecteur de sa revue *Vers et Prose.*

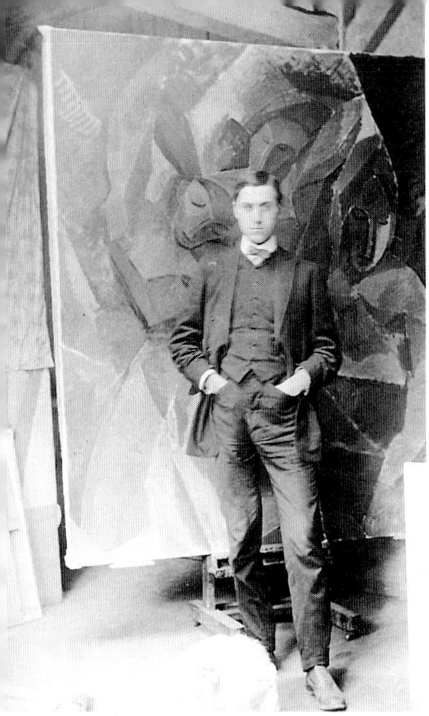

André Salmon (1881-1969). Poète, écrivain, critique d'art, ami de Guillaume Apollinaire, de Pablo Picasso, de Max Jacob, d'Amedeo Modigliani, publie ses premières œuvres dans *Vers et Prose,* la revue de Paul Fort et s'engage dans un combat en faveur de l'art moderne aux côtés de Picasso, Braque, Derain, Vlaminck et apporte son soutien aux peintres de l'école de Paris. Ses *Souvenirs sans fin,* parus chez Gallimard de 1955 à 1961, constituent un témoignage précieux de l'histoire d'un demi-siècle de la vie intellectuelle de Paris. Ici en 1908 dans l'atelier de Picasso au Bateau-Lavoir devant le tableau *Trois Femmes* (musée de l'Ermitage, Saint-Pétersbourg).

communiquant le feu qui l'habitait, accompagnait toutes ses paroles d'une alerte griserie. »

Le jour de son élection, Mistral déclare bien haut : « Je vote pour la cigale du Nord. » Le nouvel élu, par 388 voix contre 95 à Henri de Régnier, est officiellement intronisé au cours d'un banquet présidé par Jean Richepin. Le ban et l'arrière-ban de Montparnasse se réunissent ce jour-là à Luna Park, le nouveau centre d'attractions de la porte Maillot, un lieu très à la mode. Copié sur le modèle américain, il attire chaque jour une foule de Parisiens et de provinciaux. L'euphorie étant générale, le poète de *La Chanson des gueux* commence alors, dans une belle envolée, le panégyrique de l'impétrant. Malencontreusement, la cloche annonçant le départ d'une course de chameaux, programmée ce jour-là, vient l'interrompre :

« Mon cher Prince, Mesdames, Messieurs... »

Le départ de la course semble laborieux. La cloche vient, à nouveau, stopper son envolée lyrique. On ricane dans les rangs. Mais Richepin n'est point homme à renoncer à son discours.

« Ah ! ces sacrés chameaux quand ils s'en mêlent ! » marmonne-t-il.

Le calme revenu, il noie Paul Fort de louanges, dont l'une (ce n'est pas la moindre) laisse entendre que ce couronnement n'est qu'un premier pas vers un autre sacre, plus glorieux encore, dont les attributs sont le bicorne et l'épée. Paul Fort reçoit cette avalanche d'éloges et de promesses, avec une satisfaction contenue, non sans ressentir, toutefois, les premiers frissons de la fièvre académique. À vingt ans, le nouveau prince n'avait-il pas déjà créé le théâtre des Arts pour monter, sans moyens financiers, des pièces de Shakespeare, d'Ibsen, de Maeterlinck ? Entreprise qui, poursuivie par Lugné-Poe, deviendra le théâtre de l'Œuvre.

D'origine champenoise, Paul Fort nourrit une conception de la poésie plus vivante, plus diversifiée que celle de ses aînés. Révélée dès les premiers volumes de ses *Ballades françaises*, elle manifeste néanmoins un attachement à la tradition. Ses pairs reconnaissent ce « page de Shakespeare » (Maeterlinck) comme le rénovateur d'une poésie très française, personnelle et authentique.

« Tout sous ma plume s'organise en poème », écrit le fondateur de *Vers et Prose*, qui favorisa la publication des œuvres de jeunesse d'Apollinaire et de Salmon.

La vie matérielle du poète sera semée d'épreuves. Vivre de son art

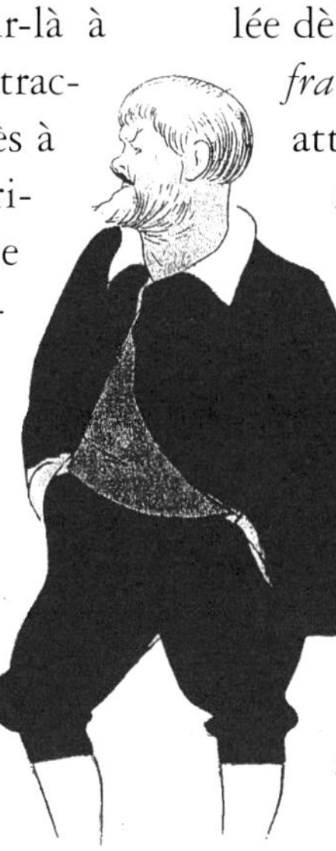

Poète de *La Chanson des gueux,* romancier de *La Glu,* Jean Richepin (1849-1926), vu par Cappiello.
Après une vie errante, il se fixe à Paris, fréquente la bohème littéraire et préside le banquet donné à *Luna Park* en l'honneur de Paul Fort, nouveau prince des poètes, en 1912.

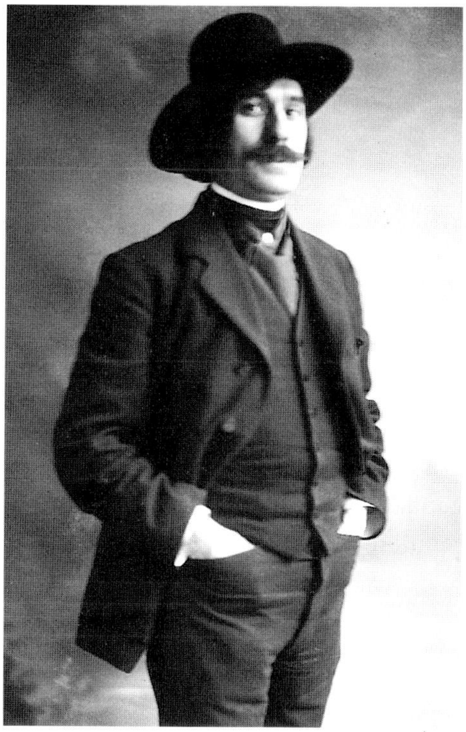
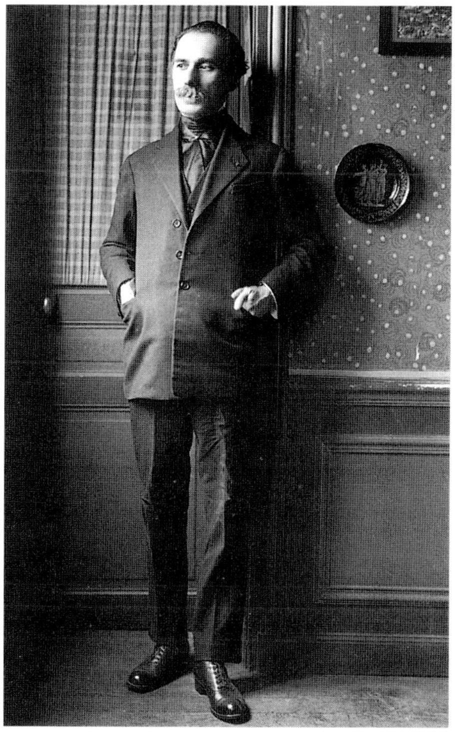

Fondateur, animateur de la revue *Vers et Prose,* Paul Fort (1872-1960) tient ses assises à *La Closerie des lilas,* à partir de 1903, où il organise des lectures de poésie auxquelles participent : Apollinaire, Max Jacob, André Salmon, Guy-Charles Cros.
« Son talent est une manière de sentir autant qu'une manière de dire » (Remy de Gourmont).
Paul Fort en tenue de poète, puis en bourgeois dans son appartement 34, rue Gay-Lussac à Paris.

n'est pas aisé, alors que l'on a la charge d'une nombreuse descendance. C'est un monarque sans fortune, régnant sur une principauté de troubadours désargentés. Ne possédant aucun moyen financier pour faire vivre un magazine littéraire comme *Vers et Prose*, revue d'excellente présentation, imprimée sur un papier de qualité, il doit se résoudre, pour publier son premier numéro, à vendre ses livres et une partie de son mobilier.

Paul Fort, poète dont on ne retient aujourd'hui que quelques vers (« Si tous les gars du monde... », « Le bonheur est dans le pré... »), est l'un des principaux artisans du rayonnement littéraire de *La Closerie*.

André Gide s'y montre peu, son visage pâle aux moustaches mongoliques ne passe pas inaperçu. Une simplicité peu naturelle, des manières paternelles envers les poètes jeunes, laissent soupçonner qu'il convoite, dans le secret, le fauteuil de directeur de conscience de la jeunesse littéraire sur lequel trône Maurice Barrès. Ses passions, dont il présente la défense et l'illustration dans *Corydon*, exerceront, par son refus de toutes règles étrangères à l'individu, une fascination auprès des jeunes gens, avides de ferveur ainsi que d'une liberté totale des mentalités et des mœurs.

Hourvari surréaliste à *La Closerie*

Le banquet donné en l'honneur du poète Saint-Pol-Roux le 2 juillet 1925, à *La Closerie des lilas*, a tourné court. Après l'hommage rendu à l'auteur de *Lazare* par *Les Nouvelles littéraires*, le groupe surréaliste, qui tient ce disciple de Mallarmé pour l'un des précurseurs de la poésie moderne, accepte de participer à ces agapes, non sans en blâmer le caractère par trop désuet.

Quelques jours plus tôt, Paul Claudel, dans une interview publiée par *Comœdia*, déclarait que les mouvements littéraires de l'époque ne pouvaient conduire à « une véritable rénovation de la création. Ni le dadaïsme, ni le surréalisme, qui ont un seul sens : pédérastique ».

La réponse ne se fait pas attendre. Le jour même du banquet offert à Saint-Pol-Roux, un tract imprimé sur papier rouge sang fustige l'auteur de *L'Échange*. Violente diatribe dans laquelle le groupe déclare : « Il ne reste debout qu'une idée morale, à savoir qu'on ne peut être à la fois ambassadeur de France et poète. Nous saisissons cette occasion pour nous désolidariser publiquement de tout ce qui est français en paroles et en actes (...) Catholicisme, classicisme gréco-latin, nous vous abandonnons à vos bondieuseries infâmes (...) Écrivez, priez et bavez; nous réclamons le déshonneur de vous avoir traité une fois pour toutes de cuistre et de canaille. »

Arrivant en avance à *La Closerie*, les membres du groupe s'empressent de glisser, sous les assiettes des convives, un exemplaire de ce poulet, tout chaud et fortement épicé.

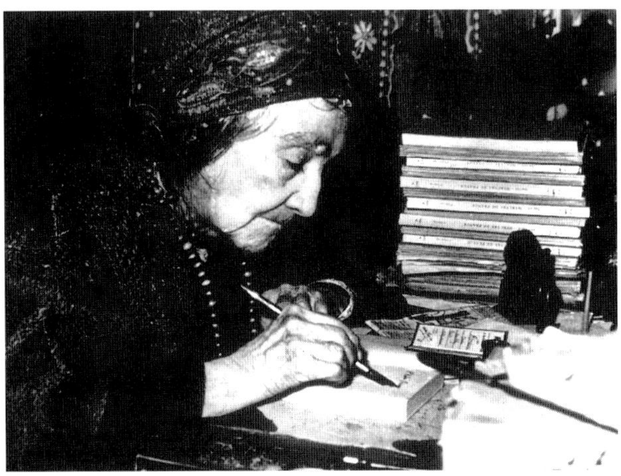

Sous le nom de Rachilde (1860-1953), Mme Alfred Vallette écrit des romans, des essais, sur des cas psychologiques aujourd'hui bien démodés. Cible des surréalistes, ses déclarations d'un nationalisme primaire, lors du banquet offert en l'honneur du poète Saint-Pol-Roux, le 2 juillet 1925 à *La Closerie des lilas*, seront la cause d'un chahut indescriptible mettant à sac l'établissement. Victime de cette situation vaudevillesque, Rachilde est arrêtée par les agents de police qu'elle avait fait appeler pour la secourir.

Mme Rachilde, auteur de *Monsieur Vénus* et épouse d'Alfred Vallette, directeur du *Mercure de France*, liée au mouvement symboliste, préside la table d'honneur en compagnie de Lugné-Poe et des frères J.-H. Rosny. André Breton n'avait guère apprécié la réponse qu'elle avait faite à une enquête d'un journaliste de *Paris-Soir*. À la question « Un Français peut-il épouser une Allemande? » elle avait répondu qu'un mariage entre un Français et une Allemande était non seulement intolérable mais inenvisageable. Pensant à son ami Max Ernst, Allemand francophile, Breton se réservait de lui dire, à l'occasion, ce qu'il pensait de son patriotisme absurde et grotesque.

À la table d'honneur, Rachilde prend la parole pour un discours de circonstance. Le ton en est monotone et à peu près inaudible. Florent Fels et André Masson commencent à s'impatienter. Fels dit à haute voix : « Elle nous emmerde. »

Breton entend l'apostrophe et s'empresse d'ajouter haut et fort : « Il y a longtemps que cette dame nous emmerde. »

Le pauvre Saint-Pol-Roux, venant de son manoir breton de Coecilian, peu au courant des mœurs littéraires parisiennes, navré du manque de civilité de ces jeunes énergumènes, s'empresse de réclamer un peu de galanterie. On lui crie : « La galanterie, on l'emmerde. »

Puis, brusquement, comme obéissant à un signal, les amis d'André Breton montent à l'assaut de la table d'honneur dans un tumulte indescriptible. Tandis que des invités paniqués vont alerter la police, Breton ouvre une fenêtre avec une telle violence qu'elle sort de ses gonds. On crie « Vive l'Allemagne! » Des badauds surpris par les hurlements s'attroupent autour du café.

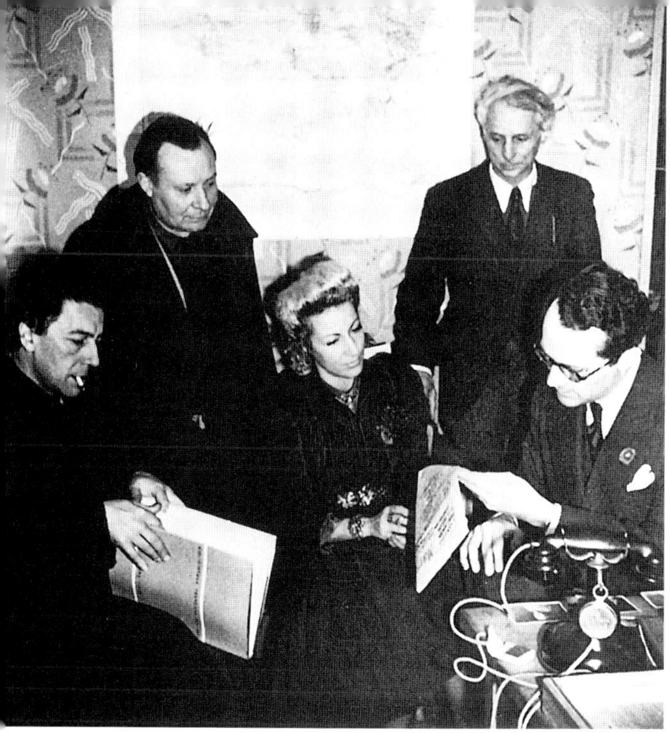

Quelques-uns des perturbateurs du banquet de Saint-Pol-Roux : de gauche à droite : André Breton, André Masson, Jacqueline Breton, Max Ernst, à Marseille en 1941, avant leur départ pour les États-Unis dans le bureau du Comité de secours aux intellectuels dirigé par Varian M. Fry, assis à droite.

« Que se passe-t-il ?
– Ce sont des fêtards qui font la noce.
– Quelle honte, alors qu'il y a des veuves de guerre et des orphelins ! »

Michel Leiris plonge d'une fenêtre dans la foule aux cris de « À bas la France ! ». Il évite de justesse de se faire lyncher ; on aperçoit Desnos agrippé à une tringle à rideaux se balançant dans le vide, tandis qu'Aragon se met à la recherche du poète et historien d'art Camille Mauclair pour le gifler. Le bon Saint-Pol-Roux tente de ramener le calme mais il prêche dans le désert…

Dans une salle voisine, le critique d'art Adolphe Basler, le peintre Per Krohg, et le poète Louis de Gonzague Frick, fêtent l'anniversaire de leur ami le peintre Rudolf Levy. Entendant le vacarme, Gonzague Frick quitte sa table et s'indigne : « Comment, on injurie mes amis, Messieurs les surréalistes », alors, d'un geste ample de sa canne, il brise un des grands miroirs de l'établissement. Leiris, reconnu sur le boulevard Montparnasse, est entouré par une foule hostile. « Tout le monde en bas, on lynche Leiris », s'écrie Aragon. La police, appelée à la rescousse, dégage alors le pauvre Leiris plutôt mal-en-point.

Breton racontera plus tard : « L'humour voulut, dans la confusion générale, que ce fût Rachilde, alors au comble de l'agitation, qui fut arrêtée. »

Les oubliés de *La Closerie*

La Closerie n'a pas seulement réuni des personnages aussi illustres et légendaires qu'Alfred Jarry, Léon-Paul Fargue, Philippe Berthelot, Jean Giraudoux, Charles-Louis Philippe, Marguerite Audoux, Jean Moréas, Stuart Merrill, Laurent Tailhade, Charles Morice ; d'autres, dont les noms, estompés aujourd'hui, ont connu une notoriété, un moment, à des titres divers : créateur de *La Plume* (cette grande revue de la rive gauche au temps où se perpétuait la guerre des deux rives achevée avec la mort du Boulevard), Karl Boès par ailleurs éditeur de *Force ennemie* de John-Antoine Nau, premier prix

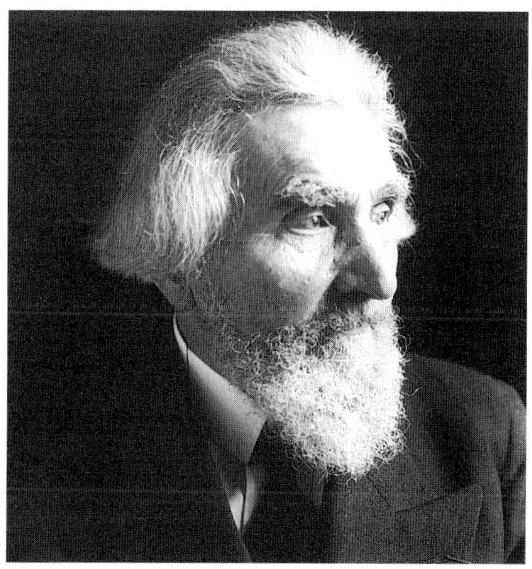

Le poète Saint-Pol-Roux (1861-1940), disciple de Mallarmé, venant de sa Bretagne, assistera impuissant au hourvari des surréalistes.

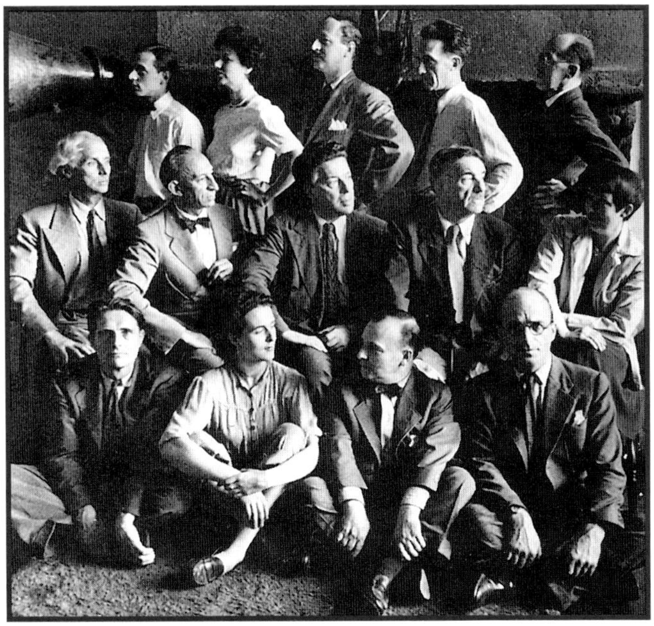

New York 1942. La guerre exile les surréalistes aux États-Unis. Tous ont connu le Montparnasse des Années folles. En haut de gauche à droite, les peintres : Jimmy Ernst, Peggy Guggenheim (égérie du surréalisme et collectionneuse), Pavel Tchelitchev, Marcel Duchamp, Piet Mondrian. Au milieu, les peintres : Max Ernst, Amédée Ozenfant, André Breton (écrivain, auteur des *Manifestes du surréalisme*), Fernand Léger, une inconnue. En bas, les peintres-graveurs : Stanley-William Hayter, Leonora Carrington, Frédéric Kiesler, Kurt Seligmann.

Goncourt en 1903 ; Eugène Montfort, directeur-fondateur de la revue littéraire *Les Marges*, rédacteur en chef éphémère de la *N.R.F.* — Gide envoie au pilon le numéro un, furieux de l'article signé de Jean-Marc Bernard sur « L'impuissance littéraire de Mallarmé » — René Dalize, rédacteur en chef de la revue *Les Soirées de Paris*, fondée par André Salmon et André Billy ; Fernand Divoire, poète et journaliste à *L'Intransigeant* ; Jean Mollet, factotum d'Apollinaire (reconnaissant ses mérites, le poète le fit baron).

Le monocle vissé à l'œil, la bedaine imposante, Jean Mollet est le prince des écornifleurs chez les artistes les plus connus de l'époque. Apothéose de sa carrière de parasite qualifié, le 11 juin 1959, Raymond Queneau lui remet la Plaque Suprême de la Grande Gidouille lors de sa promotion à la dignité de vice-curateur du Collège de Pataphysique. Titré « Sa Magnificence », il préside des agapes joyeuses ; il passe enfin de l'office au salon. Il s'éteint à plus de quatre-vingt-cinq ans, dans une maison de retraite de Saint-Maurice.

Mecislas Golberg (1869-1907), juif polonais, détracteur des notions établies, fondateur de *Sur le trimard*, une feuille socialo-anarchisante. « Un étrange bohème d'aspect famélique » (Gide), visionnaire extravagant, son œuvre a été et reste oubliée. En dépit d'une misère endémique, il éleva seul un fils naturel, Mecislas Charrier, un pauvre enfant tuberculeux et débile. Lequel, arrêté pour complicité dans l'affaire de l'attaque du train n° 5 Paris-Marseille, finit sur l'échafaud à l'âge de vingt ans.

Mecislas Golberg se voyait à la fin de sa vie, comme « un loup édenté impotent ». Ce loup a beaucoup mordu, notamment dans la critique d'art où son influence a été prépondérante auprès de louveteaux comme André Salmon, André Rouveyre ou Florent Fels. Apollinaire en lui rendant un hommage élogieux et admiratif, une semaine avant sa mort, écrit que cet « étrange philosophe lyrique judéo-polonais » était devenu une sorte de « maître à penser » qu'on venait consulter dans son modeste pavillon comme Voltaire dans son ermitage de Ferney.

Niederhausen-Rodo, « Rodo » pour ses familiers, sculpteur helvétique, ami intime de Paul Verlaine, nabot barbu de l'espèce nain de jardin aux plaisanteries accablantes, il était connu pour posséder un gosier à la pente stupéfiante. Bon garçon, bourru et sensible, fidèle à l'art de l'auteur de *Sagesse* il sculpta le buste du *Pauvre Lélian*, érigé dans le jardin du Luxembourg à Paris. Rodin estimait son mérite.

Bien que n'ayant jamais connu Rimbaud, Pierre Dufour, alias Paterne Berrichon, s'enorgueillissait d'être son beau-frère, beau-frère posthume en quelque sorte : il avait épousé la sœur du poète, mort quelques années auparavant. Plus Berrichon que paterne lorsqu'il s'agissait de l'œuvre de l'auteur du *Bateau ivre*, il interdit, pendant trente ans, à quiconque de toucher à cette propriété familiale, considérée par lui comme son fonds de commerce. Ses contemporains lui imputent tous les défauts : « imposteur, menteur, hypocrite ». Baderne Patachon (son pseudonyme burlesque ne pouvait manquer d'être l'objet de facéties aussi douteuses que lui) reste attaché au nom d'Arthur Rimbaud pour son édition des œuvres complètes du poète.

On s'étonne de trouver sa signature dans des publications aussi renommées que *La Revue blanche* et le *Mercure de France*. Sa production poétique, indigente et illisible, est oubliée depuis longtemps. On ne peut cependant ignorer l'imprévisible bonhomme du paysage littéraire montparnassien.

Tant d'autres, à qui la mode avait donné un semblant de lustre, sont aujourd'hui passés à la trappe. Sans doute n'avaient-ils que du talent (peu) ou bénéficiaient-ils d'un petit pouvoir. Ce sont les suiveurs, les sans-grade, l'armée des clients, somme toute, de *La Closerie*.

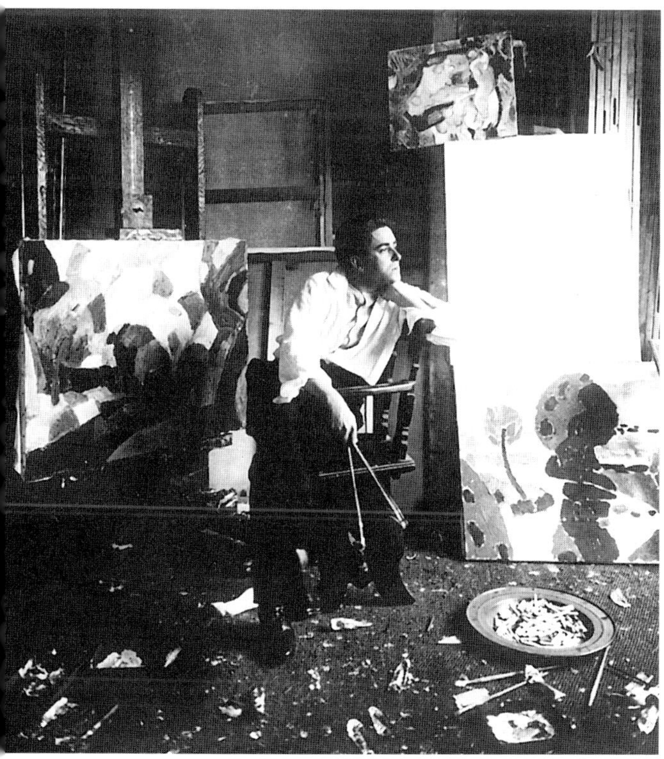

Francis Picabia (1879-1953), photographié le 9 juillet 1911 dans son atelier de l'avenue Charles-Floquet. Successivement peintre impressionniste, cubiste, fauve, il rejoint la Section d'or en 1911 avec Villon, Kupka, Léger. En 1915, il rencontre Marcel Duchamp à New York et concocte avec lui les bases de l'insurrection dadaïste. Brouillé avec ses anciens amis, il rejoint André Breton et les surréalistes. Après avoir créé les décors et les costumes du ballet *Relâche,* il revient à l'art figuratif, puis renoue avec la peinture abstraite. En 1945, il en sera l'un des principaux initiateurs. Tour à tour riche et fastueux, pauvre et misérable, c'est un individualiste, se moquant de lui-même et méprisant les autres. Il ne cesse de surprendre et, pour cela, reste un artiste inclassable. On ne le voit guère à Montparnasse où son influence se fera néanmoins sentir chez les surréalistes de *La Closerie des lilas.*

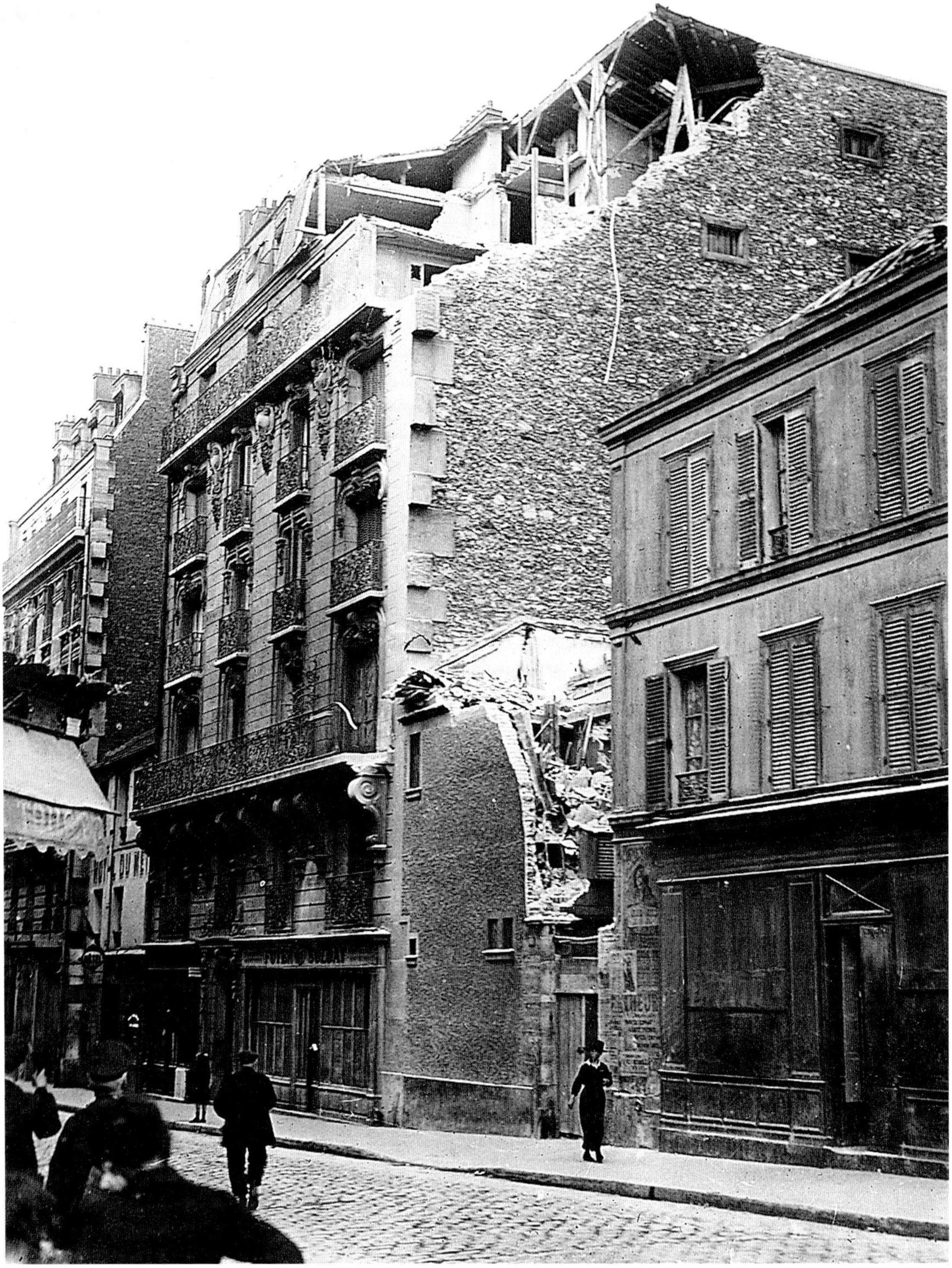

Installée à Crépy-en-Laonnais, « la grosse Bertha » (prénom du la fille de Krupp, industriel allemand d'Essen), canon de longue portée, tire sur Paris entre les mois de mars et août 1918.
Un obus atteint l'église Saint-Gervais pendant l'office du Vendredi saint, faisant 91 morts.
Le 1er et le 2 juin 1918, des obus endommagent plusieurs immeubles de la rue de Montparnasse.

3

Ombre et lumière de la guerre

Ce siècle avait dix ans

En 1910, le président Armand Fallières entre dans la seconde moitié de son septennat. Il a fait peindre son portrait par Léon Bonnat, « le peintre des redingotes » comme le veut la tradition. Modéré et cependant très attaché au progrès, le président inaugure chaque année sans déplaisir le Salon des artistes français qui consacre la renommée (provisoire) des Bouguereau, Meissonier, Rochegrosse, Cormon, Gervex... ; et de certains monomaniaques comme ce Jean Vibert, cantonné dans la peinture des ecclésiastiques rigolards ; William Didier-Pouget, apprécié pour ses champs de bruyère dans la brume ; ou Paul-Charles Chocarne-Moreau pour ses portraits d'adolescents : pâtissiers, ramoneurs, enfants de chœur...

En dépit de cet académisme périmé et décadent, 1910 annonce dans le secret l'aube d'une renaissance dans le domaine des arts : le Douanier Rousseau expose au Salon des indépendants *Le Rêve de Yadwigha* (il meurt peu après, le 2 septembre) ; la galerie Druet présente, rue Royale, la première exposition des œuvres de Georges Rouault ; Wassily Kandinsky prospecte, dans ses *Improvisations*, les champs inexplorés de l'abstraction. Duchamp, Duchamp-Villon, La Fresnaye, Léger, Metzinger, Picabia... participent au Salon d'automne, tandis que la publication du *Manifeste technique de la Peinture futuriste*, de Marinetti, propose une réforme radicale de l'art de peindre.

Shéhérazade, au théâtre du Châtelet, marque le retour à Paris des Ballets russes de Serge de Diaghilev. Les somptueux décors et costumes de Bakst, leurs couleurs flamboyantes, leur exotisme opulent, n'iront pas sans exercer une influence sur les diverses disciplines artistiques.

1910 : Moïse Kisling quitte, à dix-neuf ans, sa Pologne natale pour Paris ; Marie Vassilieff, élève de Matisse, figure familière de Montparnasse, participe à la création d'une académie pour les jeunes artistes russes de

Marie Vassilieff (1894-1957) arrive à Paris en 1907. Boursière de la tsarine, elle suit les cours de l'académie Matisse, participe, en 1910, à la création de l'académie russe pour ses jeunes compatriotes non francophones. Elle quitte l'académie en 1912 et, en pleine guerre, alors qu'elle ne perçoit plus sa pension, ouvre, cité du Maine, une cantine pour venir en aide aux artistes étrangers. Petite femme dynamique, exubérante, elle anime les fêtes d'atelier de ses danses cosaques. Bientôt, tout Montparnasse défile chez elle, Picasso, Braque, Léger, Kisling, Survage, Zadkine, Modigliani... Elle gagne bien sa vie en confectionnant des poupées de cuir et de tissus pour la boutique de décoration du couturier Paul Poiret. Le cosy-corner est à la mode, les poupées posées entre les coussins du divan sont du dernier chic.

Pendant les longues soirées de guerre, tandis que les alertes aériennes font hurler les sirènes, la cantine de Marie est le rendez-vous des artistes. On lit des poèmes, on écoute de la musique, on danse. Les voisins troublés signalent à la police « ce dangereux foyer révolutionnaire » et dénoncent Marie Vassilieff comme une autre Mata-Hari. Arrêtée, elle est vite relaxée quand elle présente une lettre du général Joffre la félicitant pour le chaleureux accueil qu'elle réserve aux poilus dans sa cantine.

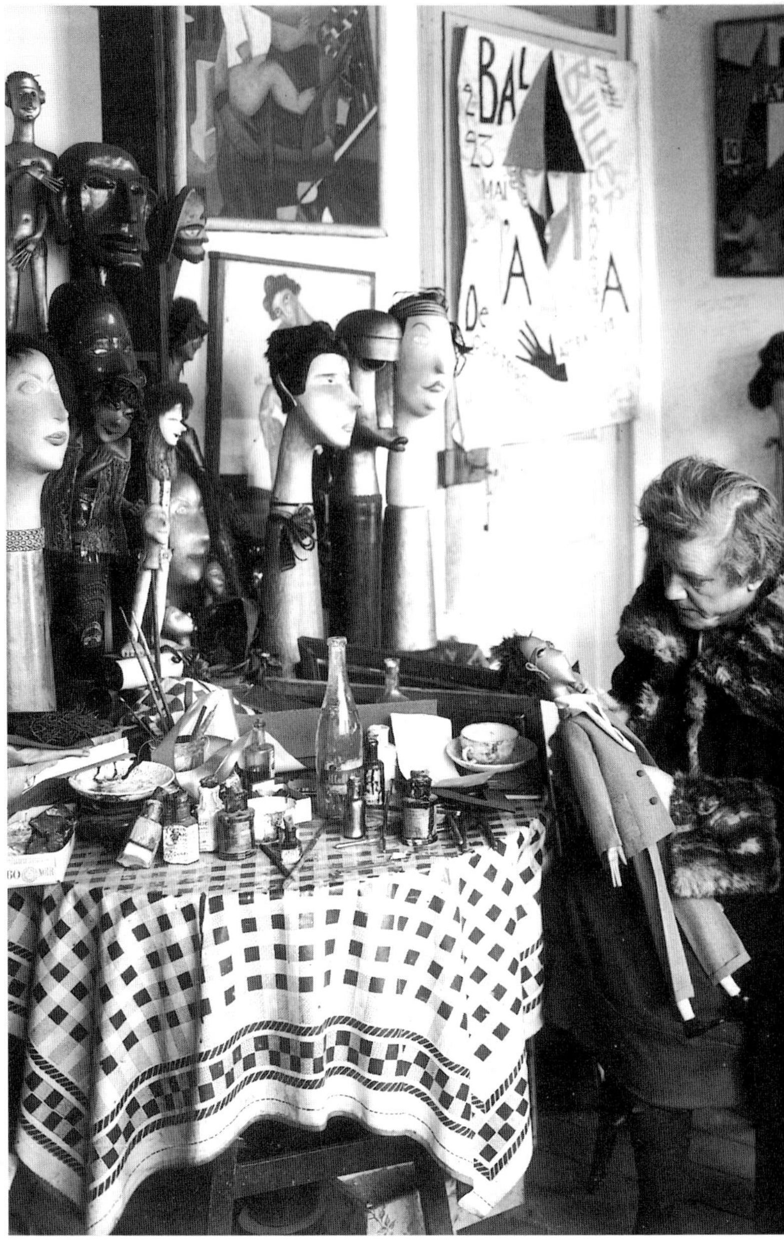

Paris ne parlant pas le français ; Kahnweiler, cette année-là, achète toutes les œuvres de Fernand Léger ; Marc Chagall peint *La Noce* et se lie d'amitié avec Blaise Cendrars.

Le 7 février, tout Paris se précipite au théâtre de la Porte-Saint-Martin pour une représentation considérée comme un événement national. « Ce sera une bataille où l'honneur de ce pays est engagé ! » prophétise un ministre. Sur la scène, transformée en basse-cour, Lucien Guitry et Mme Simone jouent pour la première fois *Chantecler*, la nouvelle pièce en quatre actes et en vers d'Edmond Rostand. Le lendemain, la presse titre sur le fiasco de la représentation. L'échec est ressenti douloureusement dans un Paris lacustre : au petit matin, la Seine est sortie de son lit. Depuis le 20 janvier, elle se répand dans la capitale. Les inondations de 1910 commencent.

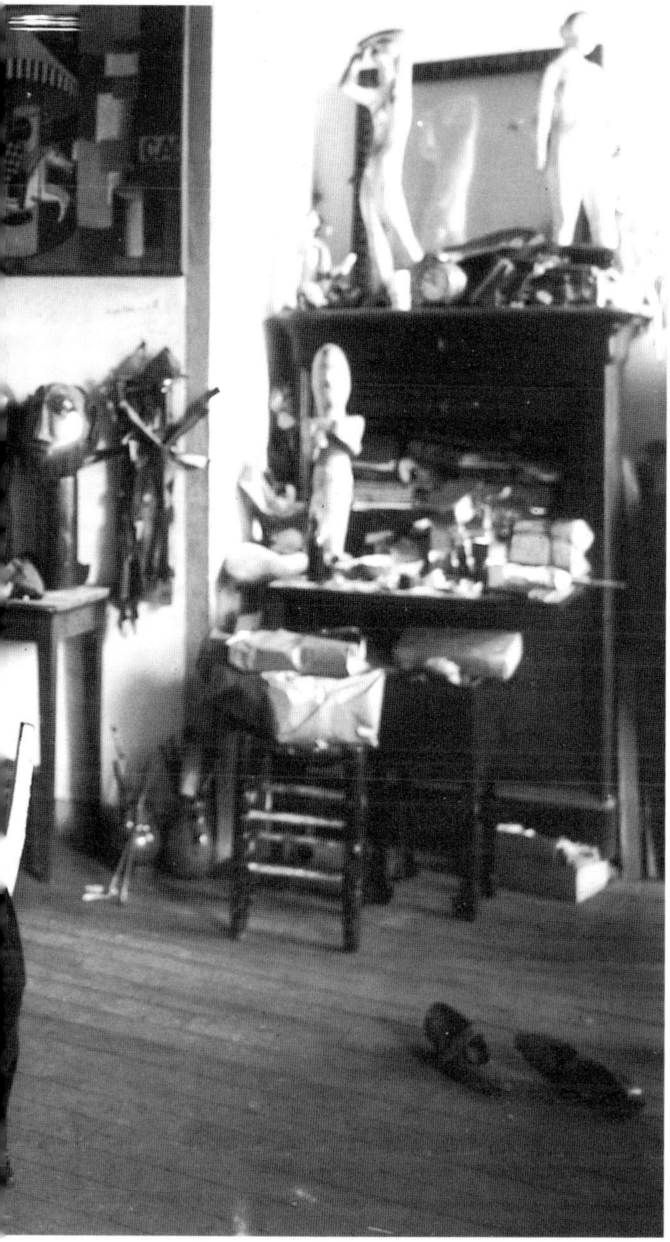

À Berlin ! Pour la revanche...

Au début du mois d'août 1914, la déclaration de guerre change la vie à Montparnasse du jour au lendemain. Comme les autres, peintres, écrivains ou journalistes sont mobilisés.

Tandis que des artistes étrangers, comme Cendrars, Kisling, Kupka, s'engagent à la Légion, d'autres retournent chez eux. Les Allemands, devenus indésirables, ont disparu.

Montparnasse n'est plus dans Montparnasse, mais au front. Les Braque, Derain, Léger, La Fresnaye, Dunoyer de Segonzac et bien d'autres crapahutent dans la gadoue sous les obus ; il en va de même pour Mac Orlan, Salmon, Carco. Apollinaire, en attendant sa naturalisation française, est affecté en Argonne ; le peintre russe, Serge Férat également ; Per Krohg chausse les skis dans une unité sanitaire norvégienne basée dans les Vosges.

L'Armée refuse l'engagement de Modigliani, Ortiz de Sarate, Ehrenbourg, pour raison de santé, Diego de Rivera pour son ulcère variqueux, Mané-Katz pour sa taille vraiment trop petite. Brancusi, comme Picasso, reste à Paris, Foujita est à Londres d'où Pascin s'apprête à gagner les États-Unis à bord du *Lusitania.*

Ne demeurent à Montparnasse que de jeunes ressortissants de pays neutres. Ils paradent à la terrasse des cafés, au grand dam des femmes de soldats et des vieilles personnes angoissées par les événements. Insensibles aux drames que la guerre entraîne ils augurent un sort défavorable aux armées françaises, commentent, en public, les idées sur « l'inégalité des races » du comte de Gobineau ou épiloguent sur *Au-dessus de la mêlée* de Romain Rolland. Certains Slaves se déclarent favorables à la défaite des armées du tsar par celles de son cousin Guillaume II. À *La Rotonde*, Libion s'efforce de faire taire les défaitistes. Quant à la police, elle prie Lev Davidovitch Bronstein, dit Trotski, d'aller jouer aux échecs ailleurs.

Tous ceux qui se battent ne reviendront pas indemnes de la guerre : Kisling et Braque sont blessés, Léger est gazé, Cendrars

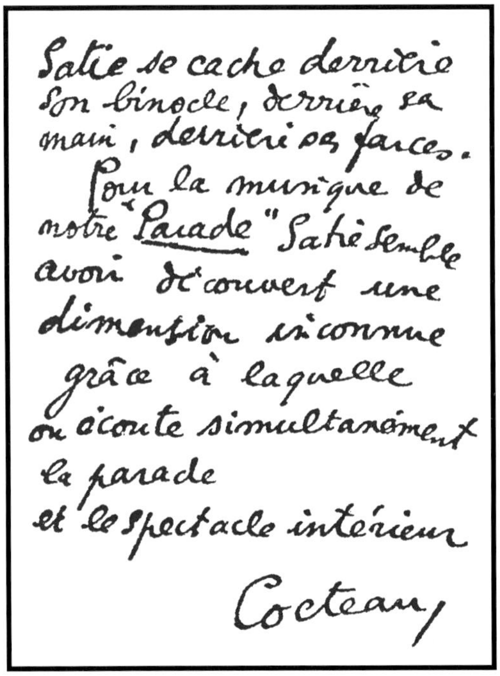

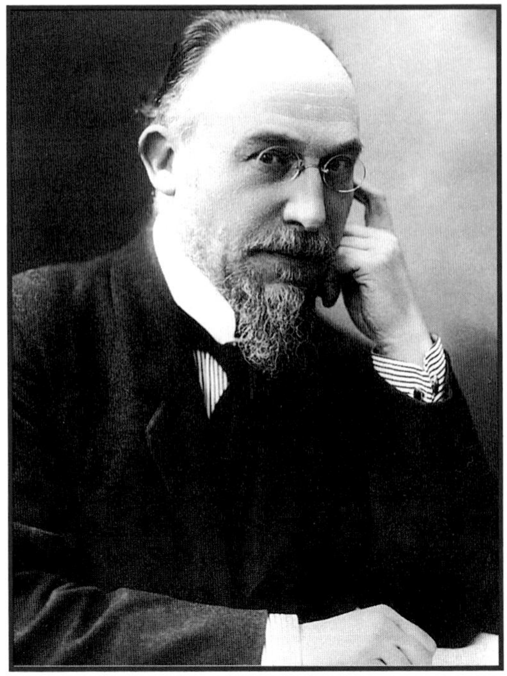

Poète de 25 ans, Jean Cocteau, auteur de *Parade,* animateur des récitals de poésie de Lyre et Palette, parrain du Groupe des Six, est l'ami de Pablo Picasso, de Darius Milhaud, de Serge de Diaghilev et de Léonide Massine. En rendant hommage à Erik Satie, il salue le musicien de *Socrate,* dont l'auteur s'efface trop souvent derrière l'humour mystificateur du compositeur des *Airs à faire fuir* et des *Embryons desséchés.* Mêlé à tous les mouvements d'avant-garde, le jeune Cocteau est, dès cette époque, une personnalité illustre de Montparnasse.

perd son bras droit. Le 9 novembre 1918, Guillaume Apollinaire, trépané à la suite d'une blessure de guerre est emporté, pendant sa convalescence, par l'épidémie de grippe espagnole à l'âge de trente-huit ans.

C'est en vain que, le 11 novembre, la foule crie dans les rues : « À bas Guillaume ! » L'empereur d'Allemagne a abdiqué depuis le 9, le jour même de la mort du poète d'*Alcools* qui, dans le délire de son agonie, a cru que ces clameurs s'adressaient à lui.

Les impromptus de la rue Huyghens

Dans la cour du 6 de la rue Huyghens, Emile Lejeune, un peintre genevois, lié d'amitié avec Pierre Dubreuil et Marcel Gromaire, organise des concerts pendant l'hiver 1914-15 dans la salle réservée à la sculpture de l'académie Colarossi. Il possède un atelier dans cette même cour, loué jusqu'alors à des peintres américains qui, dès le début du conflit, ont dû regagner les États-Unis. Il récupère son atelier et, sur les conseils de son compatriote Blaise Cendrars, le baptise, non sans quelque pompe, Centre d'Art et de Poésie. Cette vaste pièce de vingt mètres de long sur six mètres de large est une sorte de remise éclairée par une verrière, qu'il faut camoufler en raison du black-out. Une centaine de chaises du jardin du Luxembourg sont louées pour asseoir les spectateurs, qui, stoïques, assisteront, sans chauffage et sans aucun confort, aux premières soirées. En 1964, après plus d'un demi-siècle, Lejeune se souviendra : « Une seule lampe à gaz d'essence, dominant la

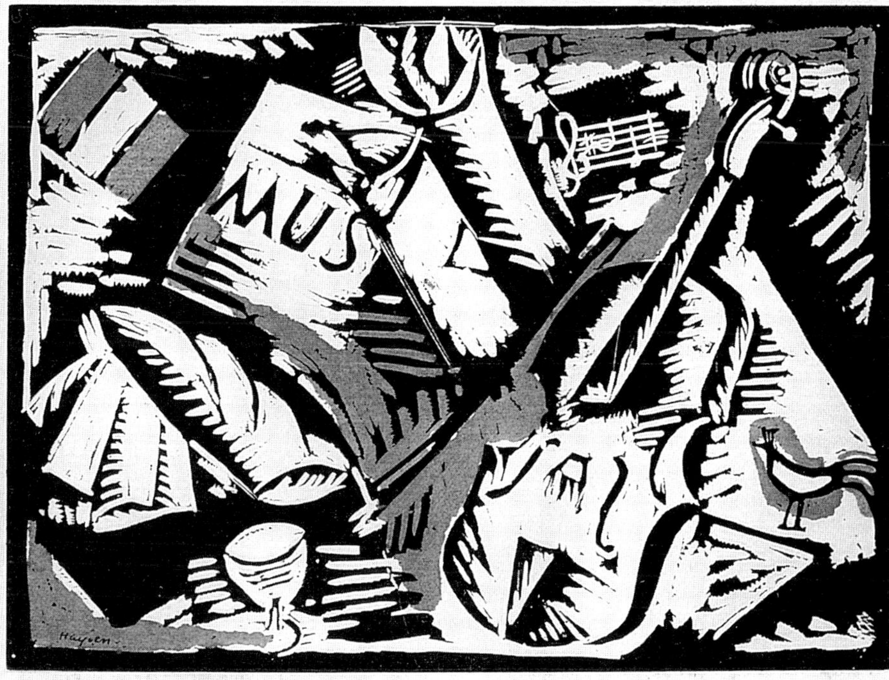

" LYRE ET PALETTE "
6, Rue Huyghens, XIVe
(Carrefour Raspail et Montparnasse)
Concert privé du Mardi 18 Avril 1916, à 8 h. 1/2 très précises
FESTIVAL ERIK SATIE ET MAURICE RAVEL

PROGRAMME

Œuvres d'ERIK SATIE

Causerie de M. ROLAND-MANUEL

I. *a)* 1re Gymnopédie (1888).
b) 2e Sarabande (1887).
c) Prélude pour le Fils des Etoiles (1891).
M. RICARDO VINES

II. Morceaux en forme de Poire (1903) :
Manière de commencement - III - II.
M. RICARDO VINES et L'AUTEUR

III. *a)* 3 Poëmes d'Amour (1915).
b) Le Chapelier (René Chalupt), 1re audition.
Daphénéo (M. Godebski), 1re audition.
Madame JANE BATHORI

IV. Choses vues à droite et à gauche sans lunettes (1914)
pour piano et violon :
a) Choral hypocrite.
b) Fugue à tâtons.
c) Fantaisie musculaire.
MM. MARCEL CHAILLEY et RICARDO VINES

V. *a)* Chapitres tournés en tous sens (1913) :
a) Celle qui parle trop.
b) Le Porteur de grosses pierres.
c) Le Regret des Enfermés (Jonas et Latude).
b) Descriptions Automatiques (1913) :
a) Sur un vaisseau.
b) Sur une lanterne.
c) Sur un casque.
M. RICARDO VINES

Œuvres de MAURICE RAVEL

I. *a)* Ondine.
b) Oiseaux tristes.
c) Jeux d'eau.
M. RICARDO VINES

II. *a)* Sainte (Stéphane Mallarmé).
b) Deux épigrammes de Marot :
d'Anne qui me jecta de la neige.
d'Anne jouant de l'Espinette.
Madame JANE BATHORI

III. Pavane pour une Infante Défunte.
(Transcription pour violon et piano)
M. MARCEL CHAILLEY

IV. Histoires Naturelles (J. Renard) :
Le Paon - Le Grillon - Le Cygne
Le Martin-Pêcheur - La Pintade.
Madame JANE BATHORI

V. Alborada del Graciozo.
M. RICARDO VINES

Ce programme est vendu au profit de " L'APPUI AUX ARTISTES "

Le programme de *Lyre et Palette,* illustré d'une gravure sur bois d'Henri Hayden. Donné rue Huyghens le 18 avril 1916, ce concert privé est consacré à un festival Erik Satie et Maurice Ravel. Participent à ce concert le pianiste Ricardo Vines, la chanteuse Jane Bathori, le violoniste Marcel Chaillet ; il est précédé d'une causerie du musicologue Roland-Manuel. À cette époque les deux compositeurs s'estiment. Est-ce un sentiment de jalousie, devant les succès du compositeur du *Boléro,* qui fera dire ironiquement à Satie, au moment où Ravel décline sa décoration : « Ravel refuse la Légion d'honneur mais toute sa musique l'accepte » ?

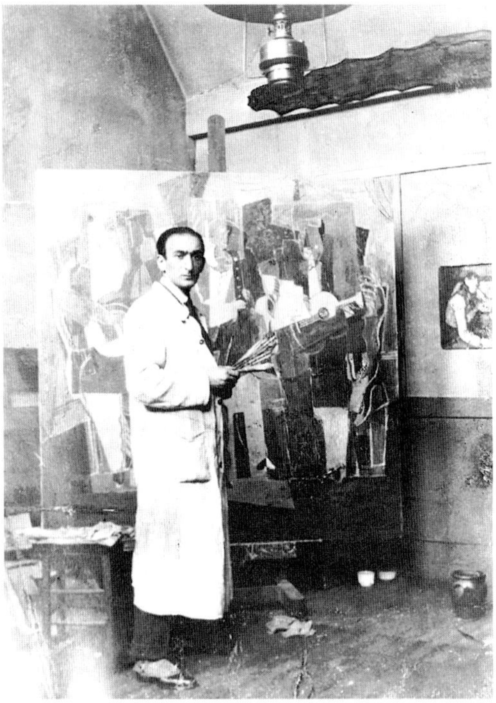

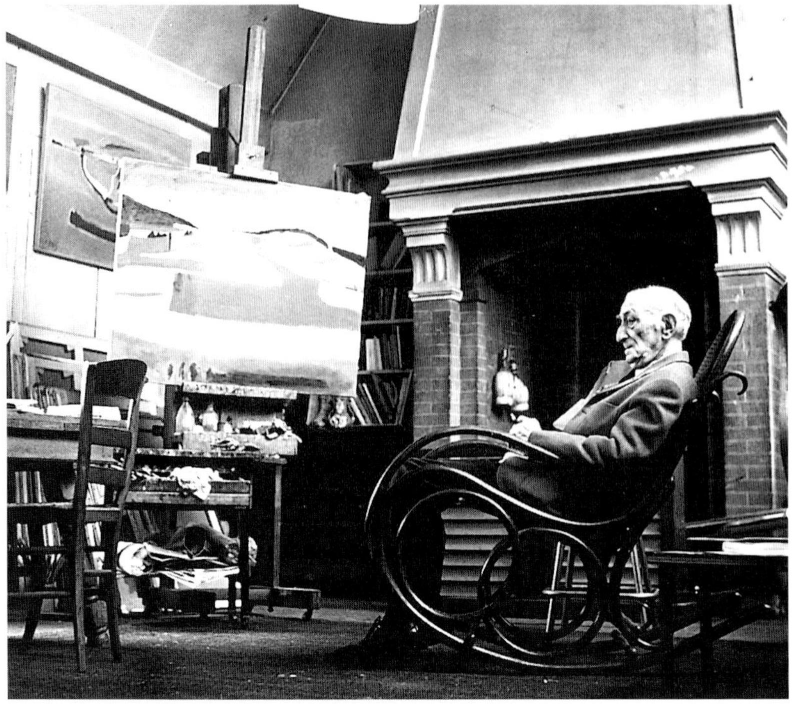

Élève de l'École polytechnique et de l'école des Beaux-Arts de Varsovie, Henri Hayden (1883-1970), peintre français d'origine polonaise, abandonne la science pour la peinture. En 1907, il arrive à Paris pour une année mais ne quittera plus guère la capitale. Après une période où il subit l'influence de Cézanne, il s'oriente vers le cubisme. Solitaire, il se lie plus tard avec Lipchitz, Gris, Metzinger, Severini et Picasso. En 1919, ses *Trois Musiciens* (au musée national d'Art moderne) est l'un des tableaux les plus importants de sa période cubiste qui s'achèvera en 1922. En travaillant dans le Midi, en Bretagne et dans le Lot, le sentiment de la nature modifie sa vision picturale. Des commandes de l'État l'aident à passer plusieurs années d'incertitude. À partir de 1940, bien que restant fidèle à la réalité, il utilise son expérience cubiste pour imaginer une transposition synthétique de la nature qui trouvera son aboutissement dans des compositions épurées, soutenues par un chromatisme intense mais subtil.
Hayden dans son atelier de Montparnasse en 1916, devant son tableau *Les Trois Musiciens* en cours d'achèvement. Au-dessus de lui, on distingue la peau de serpent, porte-bonheur offert par Max Jacob. Dans son atelier du 205 *bis* boulevard Raspail, il aime se délasser dans un rocking-chair, son siège favori.

partie centrale, laissait les occupants de l'estrade du fond dans une pénombre qui procurait à l'ensemble une atmosphère favorable à l'écoute de la musique. En outre, partant du podium et menant à la soupente, un escalier de bois toujours garni des amis des exécutants complétait le pittoresque de nos soirées. »

Pour la partie poétique, Cocteau et Cendrars, sous le label « Lyre et Palette » qui annonce clairement l'ambition des organisateurs, consacrent, en 1916, l'une de leurs premières soirées à Guillaume Apollinaire, Pierre Reverdy, Max Jacob, André Salmon ; Jean Cocteau vient, lui-même, lire des poèmes de sa nièce âgée de six ans. En 1955, irrité par la publicité faite autour de Minou Drouet, pseudo-poète de huit ans, il dira : « Tous les enfants ont du génie sauf Minou Drouet. »

Les poètes de *Lyre et Palette* vivent dans le plus grand dénuement. Adrienne Monnier rapporte que Cendrars, revenant de la guerre, sans le sou, avait porté au *Mercure de France* un poème qu'on avait accepté. Comme il demandait une petite avance, on lui répondit que les poèmes n'étaient jamais rétribués au *Mercure*. « Eh bien, répondit-il, foutez-le en prose et donnez-moi cent sous. »

Rue Huyghens, chaque concert, chaque soirée poétique, devient un événement mondain. On y voit arriver, à bord de luxueuses limousines, les mécènes du moment : Paul Poiret, Jacques Doucet, Gustave Kahn... Sur les murs sont exposés des tableaux de René Duret, Gabriel Fournier, Moïse Kisling, Henri Matisse, Ortiz de Zarate...

Au cours de l'année 1916, dans le cadre de Peinture et Musique, autre volet du Centre d'Art, un concert entier est consacré aux seules œuvres d'Erik Satie. Le maître d'Arcueil vient exécuter lui-même : *Choses vues à droite et à gauche (sans lunettes)*, *Chapitres tournés en tous sens*, *Morceaux en forme de poire*, et en première audition *Les Trois Valses distinguées du précieux dégoûté*. Picasso illustre le programme d'un portrait de Cocteau.

Le soir, en regagnant Arcueil à pied Satie envisage, chemin faisant, de composer un opéra pour chiens. Il inscrit sur son carnet : « La scène représente un os. »

Pour le festival Satie-Ravel organisé le 18 avril 1916, le programme s'orne d'une gravure sur bois d'Henri Hayden. Le concert auquel participent le pianiste Ricardo Vines, la chanteuse Jane Bathori, le violoniste Marcel Chaillet, est précédé d'une causerie de Roland-Manuel. André Lhote illustre le programme de la deuxième exposition de peinture présentant des toiles de Friesz, Hayden, Kisling, Lhote, Matisse, Modigliani, Picasso, Severini, Vlaminck.

Tous ces artistes, instrumentistes, compositeurs, peintres, sont en passe de devenir très célèbres.

De jeunes compositeurs, admirateurs d'Erik Satie, viennent écouter et commenter les œuvres du maître. Il les appelle drôlement « les nouveaux jeunes ». Quelques semaines après la tumultueuse première du ballet *Parade*, le 6 juin 1917, Georges Auric, alors âgé de dix-huit ans, donne *Pièce en trio*, Arthur Honegger présente *Trois Poèmes* sur des textes d'Apollinaire, et Louis Durey, *Carillons pour piano à quatre mains*, cela en première audition.

Juste après la guerre, d'autres pièces de ces nouveaux jeunes seront présentées par Darius Milhaud, Germaine Taillefer, Francis Poulenc. Des concerts leur sont, en outre, consacrés au Vieux-Colombier. Sous le label « Concerts des jeunes », la chanteuse Jane Bathori organise des manifestations et ne cesse de leur témoigner son intérêt. Cocteau suit leur évolution. Il se démène pour les imposer dans plusieurs concerts publics. Dans un article, signé Collet, de *Comœdia* de janvier 1920, le journaliste titre : « Les cinq Russes et les six Français », référence aux compositeurs russes unis sous l'étiquette de « groupe des Cinq » (César Cui, Modeste Moussorgski, Alexandre Borodine, Nicolaï Rimski-Korsakov, et son fondateur Mili Balakirev). Auric, Germaine Taillefer, Honegger, Poulenc, Durey, Milhaud, seront désormais associés sous cette étiquette dans l'histoire de la musique du XXe siècle.

Jean Cocteau, leur parrain, s'incarne en une sorte d'imprésario du groupe. Les œuvres de ces compositeurs, bien que totalement hétérogènes pour ce qui concerne

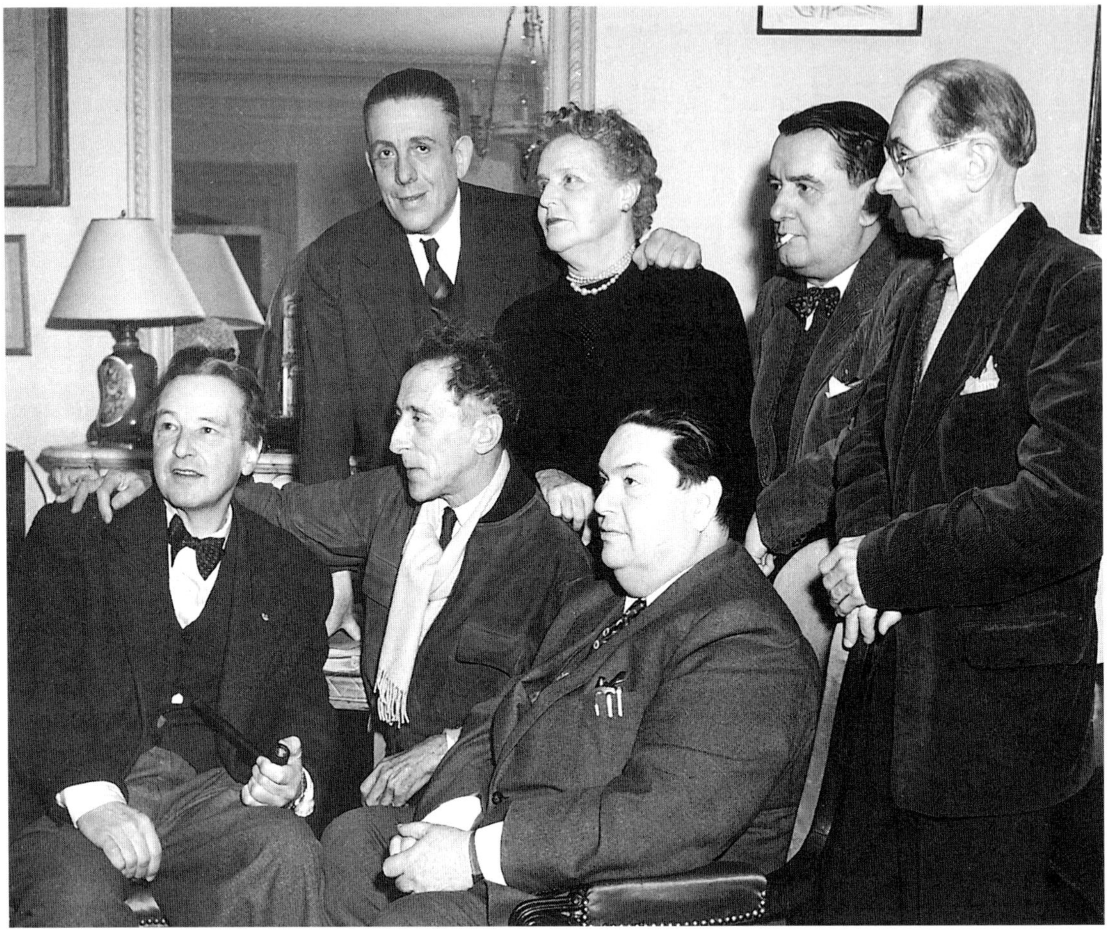

Pendant la Première Guerre mondiale, six jeunes musiciens, épigones d'Erik Satie, se font connaître au Centre d'Art et de Poésie, créé dans l'atelier du peintre suisse, Emile Lejeune, rue Huyghens. Blaise Cendrars, son compatriote, est à la base du projet. Jean Cocteau impose au public ces jeunes compositeurs en 1918. Un journaliste, dans son article, les baptise « Groupe des Six », à l'imitation du Groupe des Cinq russe. Depuis ils sont réunis sous ce nom dans l'histoire de la musique.
Vers 1950, Gérald Maurois photographie le Groupe des Six au complet. En haut, de gauche à droite : Francis Poulenc, Germaine Taillefer, Georges Auric, Louis Durey, Arthur Honegger, Jean Cocteau, Darius Milhaud.

leur écriture musicale et leur inspiration, n'entraveront cependant jamais les relations cordiales qu'ils entretiendront jusqu'à la fin de leurs vies.

Calliope et Euterpe ne sont pas les seules muses honorées rue Huyghens. Un petit homme trapu, Albin Michel, originaire de la Haute-Marne, les célèbre toutes dans sa maison d'édition située près du boulevard Edgar-Quinet.

Ernest Flammarion avait inculqué au jeune Albin Michel les premières notions de librairie, sous les arcades du théâtre de l'Odéon, à la place où lui-même avait débuté chez Charles Marpon en 1874. Librairie fameuse, en plein vent, où l'on

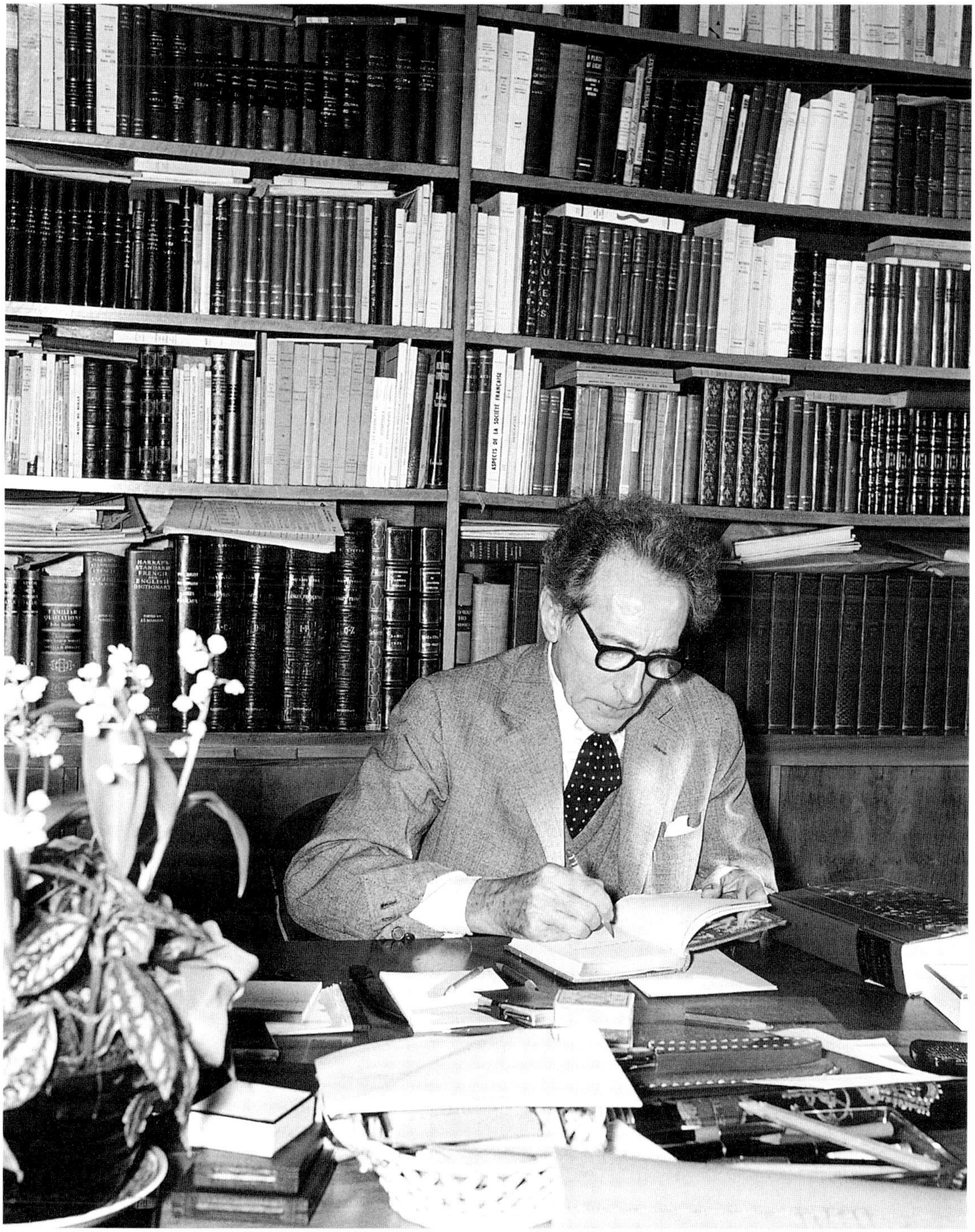

Dans l'atelier du peintre suisse Emile Lejeune, rue Huyghens, Blaise Cendrars (1887-1961) et Jean Cocteau (1889-1963) fondent *Lyre et Palette,* des soirées poétiques consacrées aux œuvres d'Apollinaire, Reverdy, Max Jacob et des deux fondateurs. Sur les murs les peintres de Montparnasse sont à l'honneur : Kisling, Matisse, Fournier… C'est bientôt un événement mondain, on y voit Jacques Doucet, Paul Poiret, Gustave Kahn, et quelques autres mécènes de l'époque.

compulsait les dernières nouveautés dans les courants d'air. Lorsqu'en hiver l'encre gelait dans les encriers, se souvenait Albin Michel, les comptes se faisaient au crayon.

Après son mariage, il quitte la librairie Flammarion pour se lancer, seul, dans la librairie et l'édition. Après les premières déconvenues, le jeune éditeur passe par une période de découragement mais la rencontre fortuite de Félicien Champsaur (1858-1934), prolifique romancier populaire, lui apporte le succès tant attendu. Il quitte la rue des Mathurins et installe ses bureaux, en 1910, au-dessus d'un ancien entrepôt, 22, rue Huyghens. Passant de la rive droite à la rive gauche, il désamorce le conflit latent qui opposait, disait-on, la butte Montmartre et le mont Parnasse. Son œcuménisme éditorial aura raison de ces rivalités d'arrière-garde. Aujourd'hui, la maison d'édition, qui demeure dans le giron familial, poursuit son expansion rue Huyghens. La calme petite artère, entre le carrefour Montparnasse et le cimetière, isole les vivants des morts. Les entrées et sorties des élèves du lycée Paul-Bert animent la rue qui honore un savant hollandais du XVIIIe siècle qui découvrit l'anneau de Saturne.

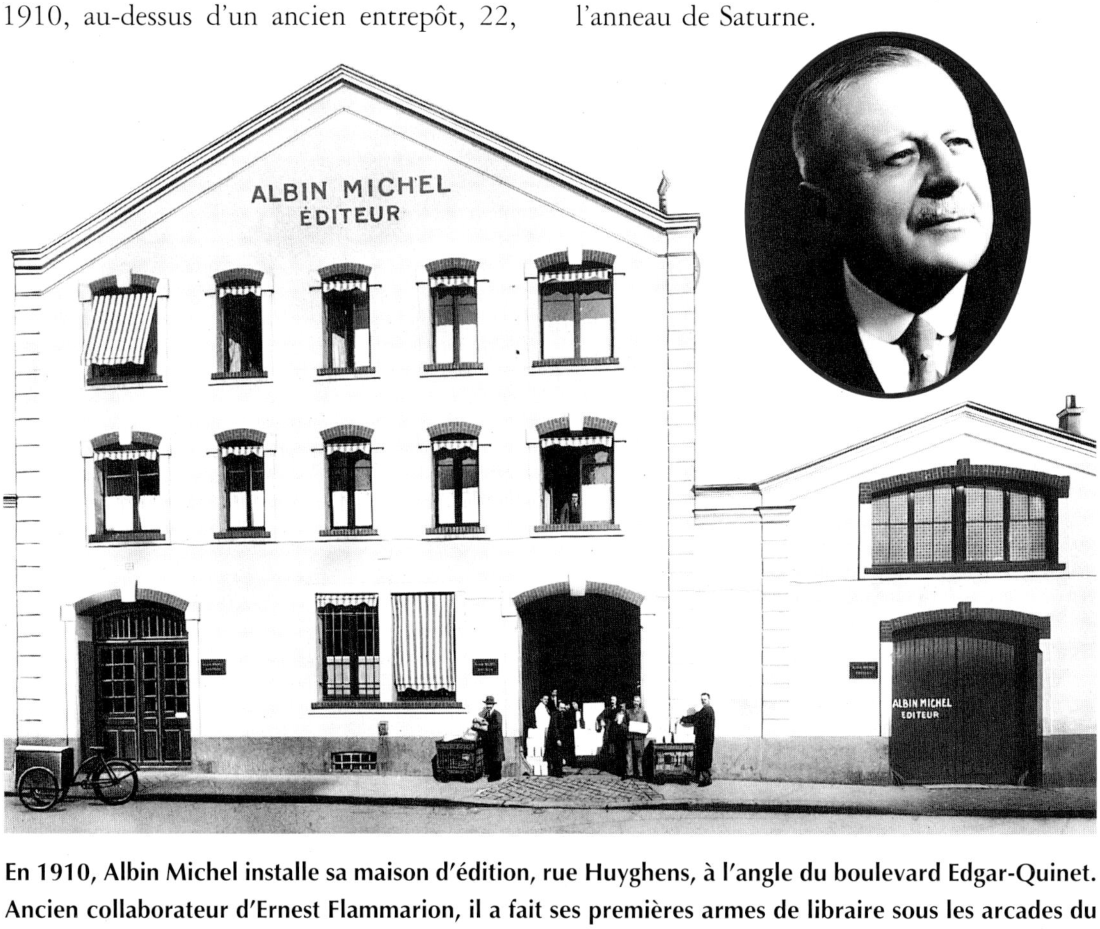

En 1910, Albin Michel installe sa maison d'édition, rue Huyghens, à l'angle du boulevard Edgar-Quinet. Ancien collaborateur d'Ernest Flammarion, il a fait ses premières armes de libraire sous les arcades du théâtre de l'Odéon.
Sa rencontre avec Félicien Champsaur, prolifique romancier populaire, lui apportera le succès. Son œcuménisme éditorial désamorce la rivalité des Montmartrois et des Montparnassiens.

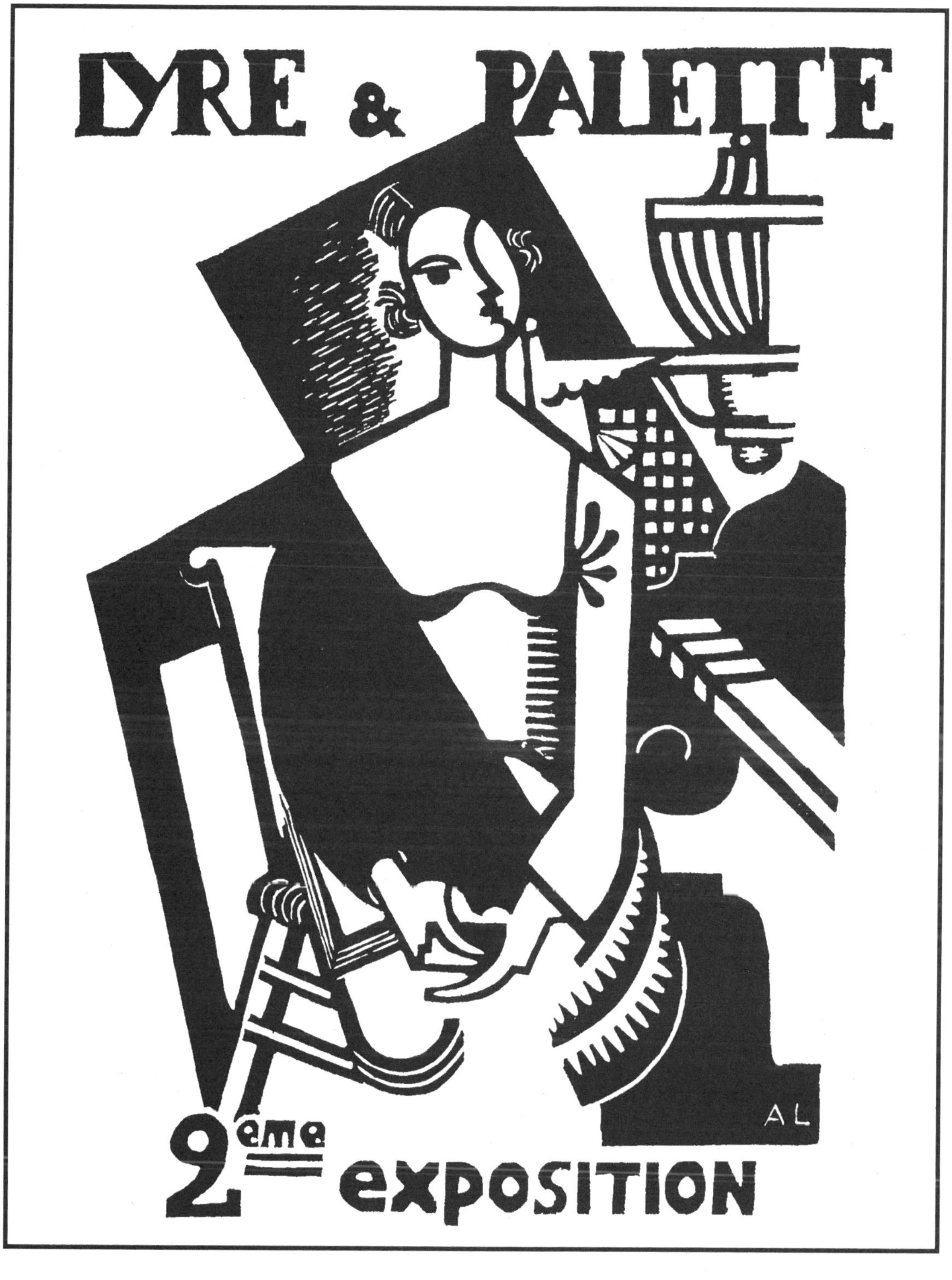

L'illustration du programme de la deuxième exposition de *Lyre et Palette* est d'André Lhote (1885-1962). Peintre, écrivain, critique d'art de la N.R.F. et fidèle de la rue Huyghens, il a instruit de nombreux peintres dans son académie de la rue d'Odessa.

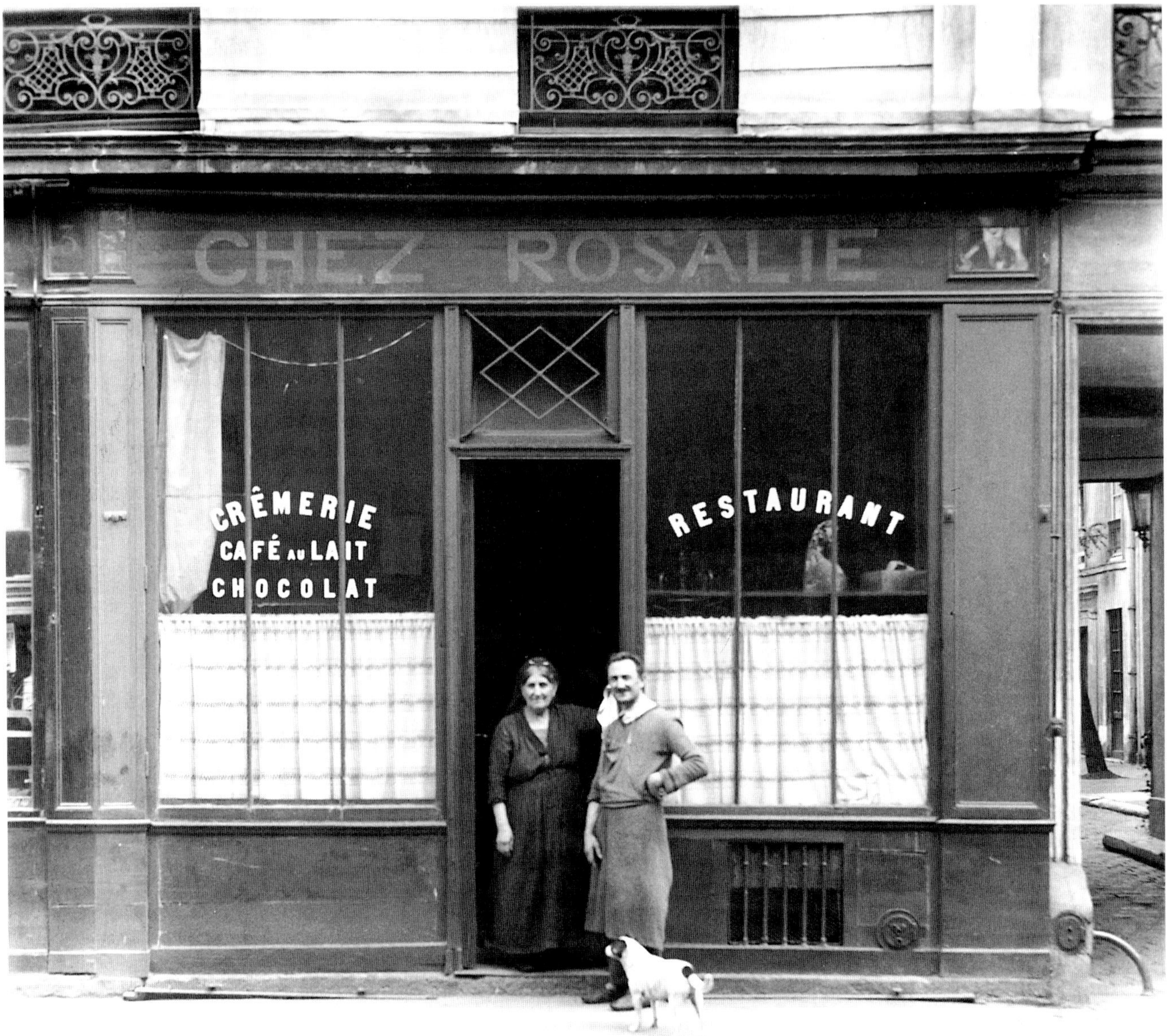

Belle et appétissante Romaine, Rosalie Tobia, d'abord servante en maison bourgeoise, devient le modèle favori du peintre Bouguereau. Lorsque, l'âge venant, ses formes s'empâtent, et qu'elle ne peut plus poser, pour le maître des pompiers, *Les Vierges consolatrices,* ni *Les Naïades sortant de l'onde,* elle décide de se recycler dans la restauration. Elle achète, 3, rue Campagne-Première, le fonds d'une petite boutique dans laquelle quatre tables à plateau de marbre et seize tabourets formeront le mobilier de son restaurant qu'elle baptise *Chez Rosalie.* Utrillo et Modigliani y prennent, un jour, une cuite mémorable. Les artistes démunis de Montparnasse trouvent chez elle de quoi ne pas mourir de faim. Elle refuse de servir les snobs qui espèrent se mêler, chez elle, à la bohème. Modigliani, compatriote de Rosalie, est le favori de la maison ; une amitié, orageuse et sincère, les unira jusqu'à la mort du peintre en 1920.

Rosalie et Luigi, son fils, sur le pas de la porte du restaurant de la rue Campagne-Première.

4

Mastroquets et aubergistes

L'Italienne à Paris

Lorsqu'elle arrive de son Italie natale à Montparnasse en 1887, Rosalie Tobia est une belle et appétissante Romaine. Placée chez la princesse Ruspoli comme domestique, elle entre ensuite au service d'Odilon Redon, pose pour un ami du peintre, puis Bouguereau en fait son modèle attitré. Celui qui se disait disciple de Raphaël, symbolise, pour ce cœur simple, l'autorité absolue de la peinture française. Elle aime à se contempler sur les tableaux de Bouguereau que J.K. Huysmans qualifiait de « maître dans la hiérarchie du médiocre », observe avec complaisance son corps voilé d'une gaze vaporeuse, ou « bouguereauté » (Degas) d'ailes nacrées. Elle est, jusqu'à la mort de son peintre, en 1905, la Vierge consolatrice, la Naïade mythologique aux formes voluptueuses appréciées de ces messieurs du Salon.

L'âge venant, l'académie de Rosalie s'empâte. La nymphe du pompier pense alors à se recycler dans une profession où ses rotondités copieuses ne seront pas obstacle mais atout. Elle opte pour la restauration.

Elle se porte acquéresse d'une petite crémerie, sise au 3 de la rue Campagne-Première, qu'elle baptise *Chez Rosalie.* Elle achète pour 45 francs (800 francs de 1997) le fonds de cette petite boutique sombre avec ses quatre tables à plateaux de marbre, ses tabourets, et son antre sur cour faisant office de cuisine. Rosalie va y régner pendant vingt ans.

À l'entrée, fruits, légumes, compotes, fromages italiens, sont disposés sur une table surmontée d'une ardoise annonçant le menu du jour tracé à la craie.

Mère courage, laborieuse, bourrue, emportée, bienveillante, et bonne pour les artistes, sa réputation dépasse vite, non seulement les frontières montparnassiennes mais celles de la France. Les nombreux artistes étrangers venant chez elle vantent, dans leurs pays d'origine, son osso buco, ses tagliatelles, sa lasagne al forno, ses ravioli à la bolonaise aux prix modiques, et ses vins de pays : barolo, valpolicella, frascati, lambrusco, chianti. Sa crémerie-restaurant fait l'objet d'articles et de reportages dans les journaux ; on y célèbre les soirées de *Chez Rosalie*, la pourvoyeuse au grand cœur de la rue Campagne-Première, où les palabres se prolongent tard dans la nuit.

L'endroit ne paye pas de mine, mais les murs abondent en témoignages reconnaissants de peintres qui, souvent, la payent d'une gravure, d'un dessin, d'un tableau.

Un homme jeune, barbu, les joues creuses, hirsute et visiblement ivre, entre un jour chez Rosalie. Il commande un verre de vin rouge, le boit et règle. Il en demande un deuxième, puis un troisième, sans réussir à étancher sa soif. Il prie, alors, qu'on aille lui acheter chez le marchand de couleurs voisin des « caramels de couleur », ces rectangles de couleur dont on se sert pour l'aquarelle. On lui en apporte. Il les met dans sa bouche. Puis, quand il estime qu'il sont suffisamment ramollis, il les humecte de salive et se met à peindre directement sur le mur deux esquisses de Montmartre : Utrillo signale son passage chez Rosalie en offrant, à Montparnasse, un souvenir de la Butte.

Utrillo a grande estime pour Modigliani qui entre à l'instant. L'estime des deux peintres est réciproque. L'accolade chaleureuse et fraternelle des deux peintres est aussitôt suivie de copieuses libations. L'un et l'autre, sans un sou en poche, ne songent à payer. Ils boivent tant que Rosalie s'inquiète de voir défiler les litres de vin, sans qu'aucun d'eux ne fasse le geste de les régler. Elle demande son dû et somme les deux ivrognes d'aller cuver leur vin ailleurs.

« Regardez donc ce que je viens de peindre sur votre mur, marmonne en chancelant celui que les poulbots de Montmartre appelaient Litrio.

– Je ne vais pas découper le mur pour payer mon vin », hurle-t-elle. Furibonde, elle se déchaîne, les injurie, les houspille et, en italien, leur déverse toutes les richesses du vocabulaire d'une harengère du Trastevere.

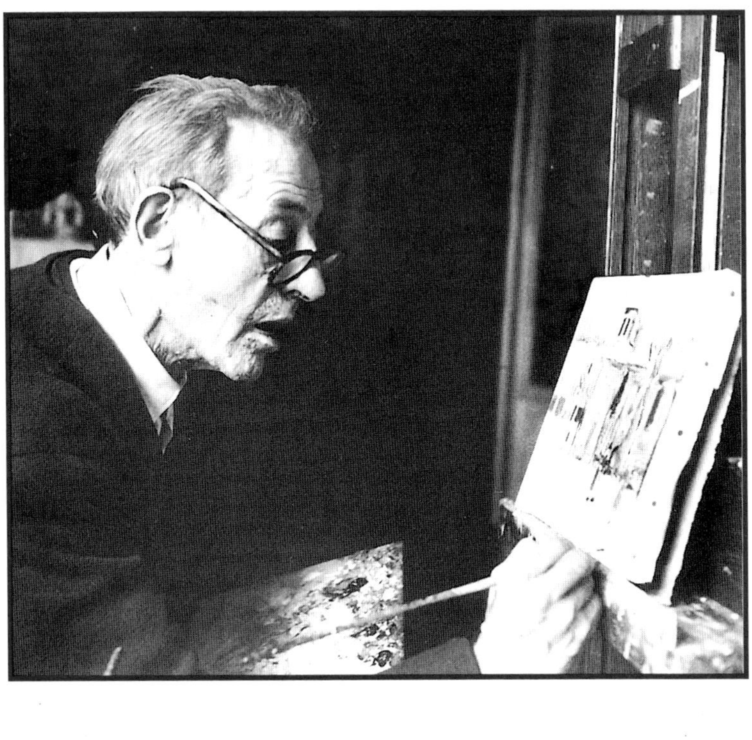

Maurice Utrillo (1883-1955) de passage à Montarnasse peint sur le mur du bistrot de Rosalie un paysage de Montmartre. Ses retrouvailles avec Amedeo Modigliani, copieusement arrosées, se termineront en bagarre. Ce portrait des années 50, montre celui que les poulbots de Montmartre appelaient Litrio achevant un tableau dans son atelier du Vésinet. Très surveillé par une épouse qui veille sur sa santé, il n'a droit désormais qu'à un unique verre de vin lorsqu'il a terminé son ouvrage.

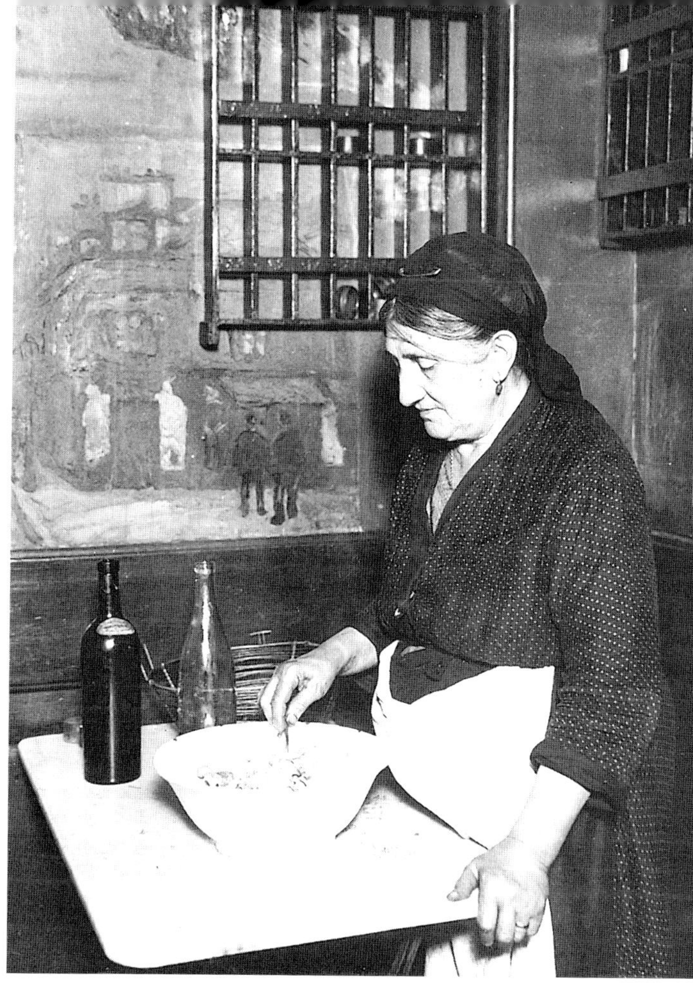

Dans sa minuscule cuisine, Rosalie prépare à la demande la salade à l'*olio d'oliva.*

Ameutés, les passants s'attroupent devant le bistrot. Les deux compères, pendant ce temps, s'encensent réciproquement :

« Tu es le plus grand peintre que je connaisse.

– Non, le plus grand peintre c'est toi.

– Je te dis que c'est toi. »

Le ton monte, soudain ils en viennent aux mains. En poussant des hurlements, ils renversent tables et sièges, mettent sens dessus dessous le petit local de Rosalie.

Les agents alertés arrivent sur les lieux, menacent les deux énergumènes de les embarquer au commissariat de police. À ce moment, Utrillo, émergeant un instant de son ivresse, prononce les mots magiques qui vont éviter aux deux pochards l'humiliante montée dans le panier à salade suivi d'un séjour au commissariat de la rue Delambre : « Lé-on Za-ma-ron », bredouille-t-il.

Léon Zamaron est un nom illustre à Montparnasse. Préfet de Paris, il est chargé du contrôle des étrangers et vient en aide aux artistes en situation irrégulière. Amateur d'art et collectionneur, il est l'ami des peintres. Il les rencontre à *La Rotonde* lorsqu'il quitte son bureau de la Préfecture de police. Les agents de l'ordre public connaissent la frénésie du patron pour la peinture : pas question d'inquiéter les peintres, ils sont sous sa protection.

Les murs du bureau de M. le Préfet témoignent de leur reconnaissance : ils sont couverts d'œuvres signées Soutine, Modigliani, Valadon, Utrillo, Krémègne, Kikoïne, Chagall, Foujita... tous les grands de l'École de Paris.

Utrillo revient souvent chez Rosalie, sans conserver le moindre souvenir de l'esclandre qu'il a provoqué. Il y retrouve, outre Modigliani, des peintres, dont le géant norvégien Diriks, des poètes comme Paul Fort, André Salmon...

Il est indispensable de plaire à Rosalie pour s'attabler chez elle. Alors, elle fait volontiers crédit, nourrit les chiens errants, s'apitoie sur les rats, pauvres bêtes affamées — ils lui dévoreront les carnets de dessins de Modigliani qu'elle entrepose dans sa cave —, mais un soir engueule Kiki, le modèle des peintres, de ne consommer qu'une soupe à six sous, quitte le lendemain à lui offrir son déjeuner.

Avec Modigliani, préféré de la patronne, les rapports sont affectueux mais singuliers. De la même origine, ils s'emportent aussi vite l'un que l'autre ; leur naturel les incline à passer promptement du miel au vinaigre. Entre eux, c'est toujours la *commedia* ; un

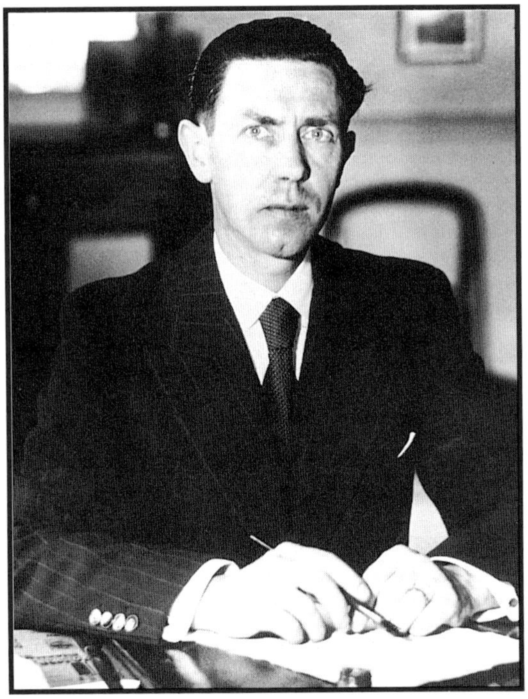

Le commissaire est bon enfant, Léon Zamaron, commissaire de police, collectionneur, ami et protecteur des peintres, harmonisera bien souvent conflits et discordes au sein de la communauté des artistes de Montparnasse.

verre de trop et c'est la *tragedia*. Modi arrache ses dessins qu'il a fixés au mur, les réduit en morceaux, jette les bouteilles à travers l'*albergo*. Les injures, en italien, pleuvent pendant l'orage. Le lendemain, c'est l'embellie. On se jure affection et amitié. Le bel Amedeo place d'autres dessins sur le mur, jusqu'au prochain mélodrame.

« Tu dois nourrir les artistes, répète-t-il à Rosalie.

– Et pourquoi les nourrir ?

– Parce qu'un artiste ne peut gagner sa vie. Il peint... Le reste ? Pffft !... Est-ce qu'on sait ? Vois. » Il accroche alors au mur une de ses études superbes de nu puis questionne en riant : « Tu aimes ça ?... vraiment ?

– Allons, assieds-toi là et mange », bougonne Rosalie.

Rosalie sans rancune, mais sachant mal dissimuler ses sentiments, n'entre pas qui veut chez elle, notamment les snobs ; ils sont priés d'aller voir ailleurs, sa cuisine et ses vins ne sont pas pour eux. Incapable de feindre l'indifférence, elle prend parti dans les discussions de ces hôtes, ce qui ne manque pas d'engendrer des conflits avec sa clientèle.

Veuve d'un homme des Abruzzes, elle a un fils, Louis, qui l'aide dans l'exploitation du restaurant. On y accueille vingt-quatre personnes, pas une de plus. Rosalie multiplie les services ; quand elle est de belle humeur, c'est trois à quatre fois dans la soirée qu'elle renouvelle les couverts. Mais lorsqu'elle a dépassé la soixantaine, elle se fatigue plus vite. Certains jours les clients sont trop nombreux à attendre une table. Alors la pauvre Rosalie invoque la Madone : « *Madonna !* On me prend pour la domestique, s'écrie-t-elle, ces femmes sont plus jeunes que moi, qu'elles aillent faire la cuisine à leur mari ou à leur amoureux. Elles trouvent plus facile de se faire servir par une vieille. Allez-vous-en, il n'y a plus rien pour personne ! » Des élégantes se présentent, elle les renvoie. « Que venez-vous faire chez la vieille Rosalie, ce n'est pas assez chic pour vous ! » Puis elle houspille ceux qui tardent à partir : « Vous ne voyez pas que d'autres attendent, il faut bien que chacun mange ! »

En connaisseuse, elle ne ménage pas ses conseils aux fauchés endémiques : « Il faut se restreindre quand on n'a pas le sou. »

Bel axiome pour des gens qui manquent du nécessaire.

Mais, les artistes ne l'écoutent pas. Ils savent qu'ils trouveront toujours chez Rosalie de la soupe et du pain, avec la complicité attentive de celle qui a vécu, elle aussi, la misère.

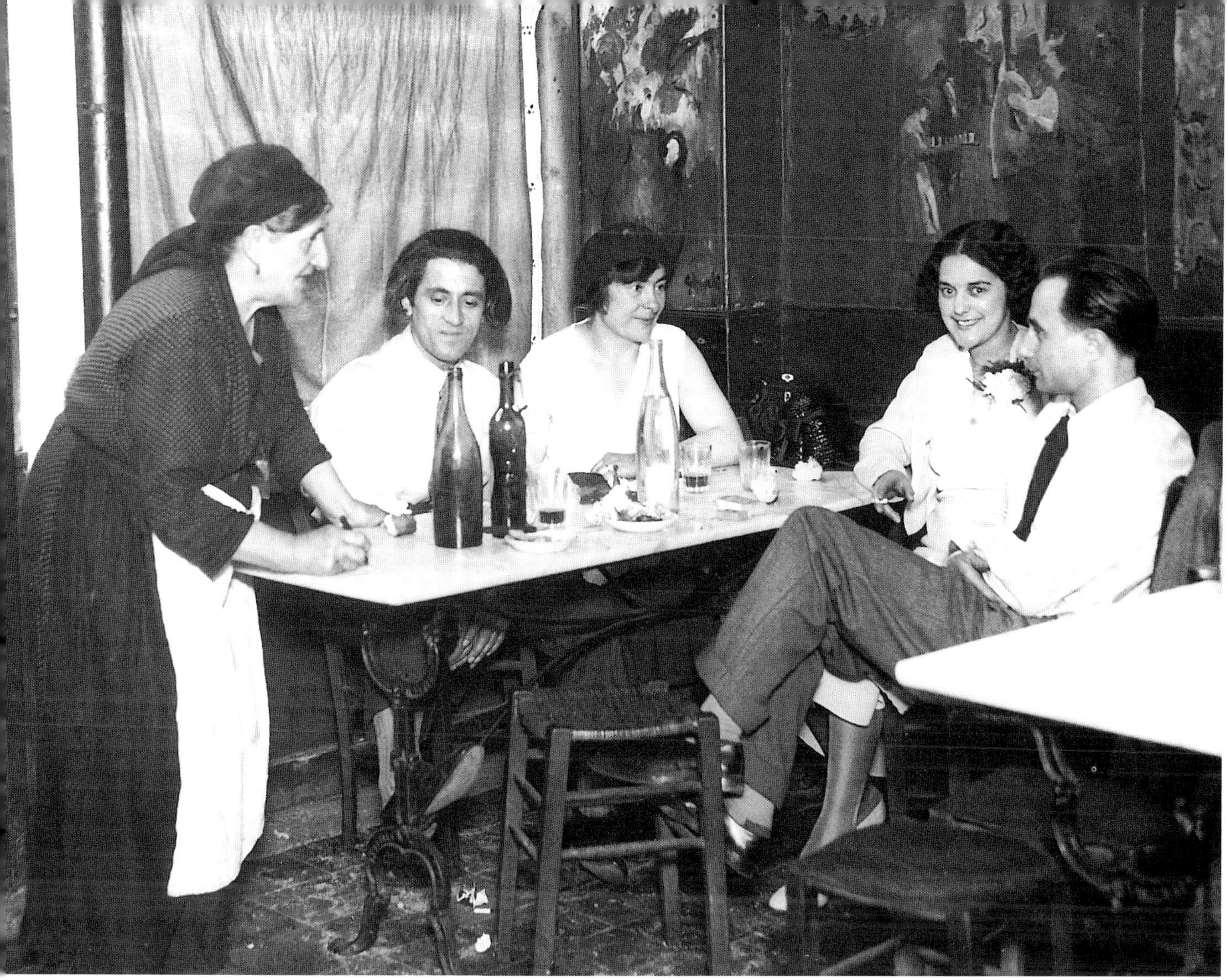

Rosalie prend la commande à l'une des quatre tables qui composent son restaurant.

Le dernier des marchands de vin

Apollinaire se montre d'un pessimisme excessif en proférant cette funeste prophétie à l'annonce du départ du père Baty de son restaurant. Sorte d'auberge de campagne, sise au coin des boulevards Raspail et du Montparnasse, la qualité des vins du père Baty fait négliger les imperfections de sa cuisine.

Dissimulant sa gaucherie sous un air bourru, ce natif de Nohant a débuté dans la vie comme apprenti pâtissier. L'événement le plus marquant de sa jeunesse berrichonne, dont il tire une fierté légitime, est d'avoir porté une grosse tourte à la « bonne dame » du village. A-t-il été remarqué, ce jour-là, comme un petit personnage éventuel de roman par George Sand ? Sa complète ignorance de l'œuvre de l'auteur de *La Mare au diable* lui épargne toute spéculation sur le sujet.

Avec cet air grognon qui ne le quitte guère, le père Baty reçoit dans son restaurant le Tout-Montparnasse des arts et des lettres. Giraudoux l'amadoue en lui révélant

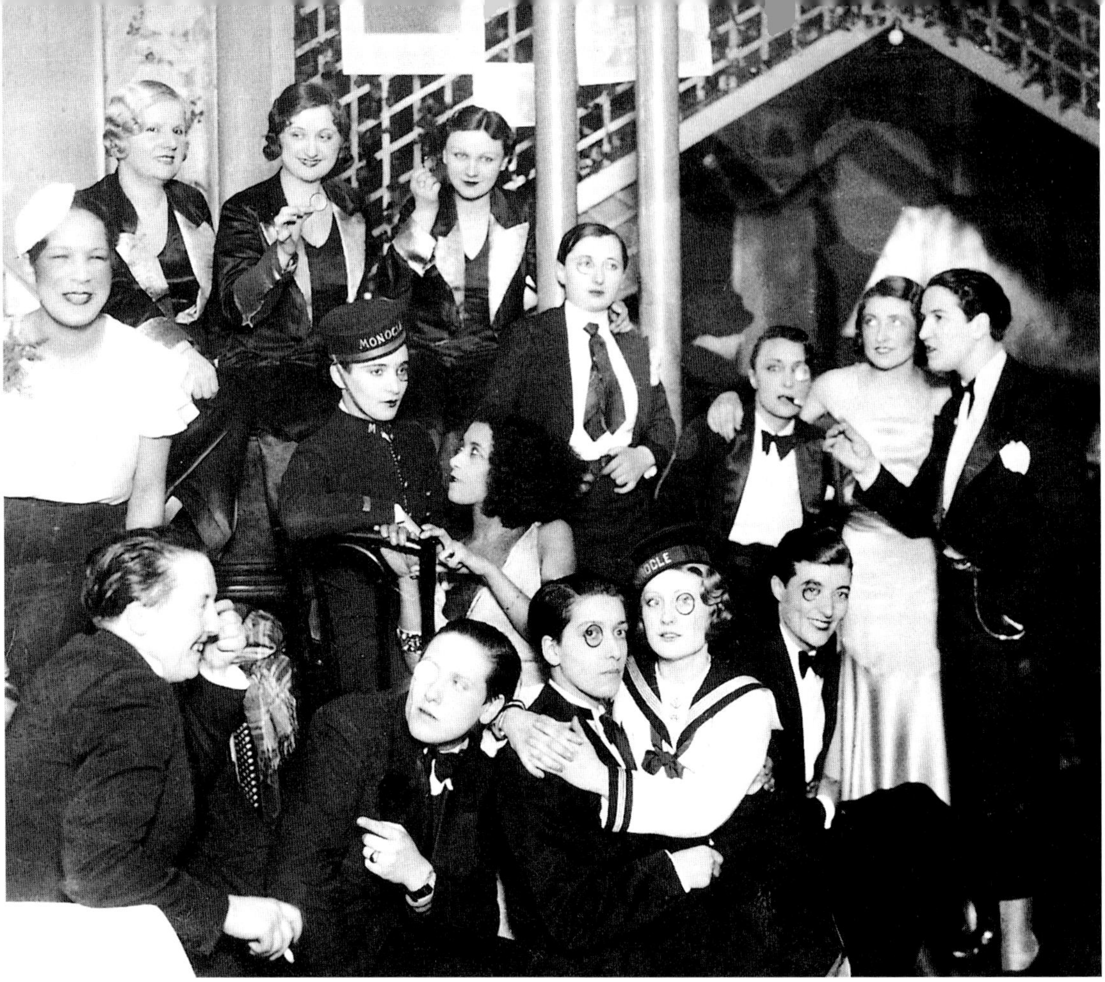

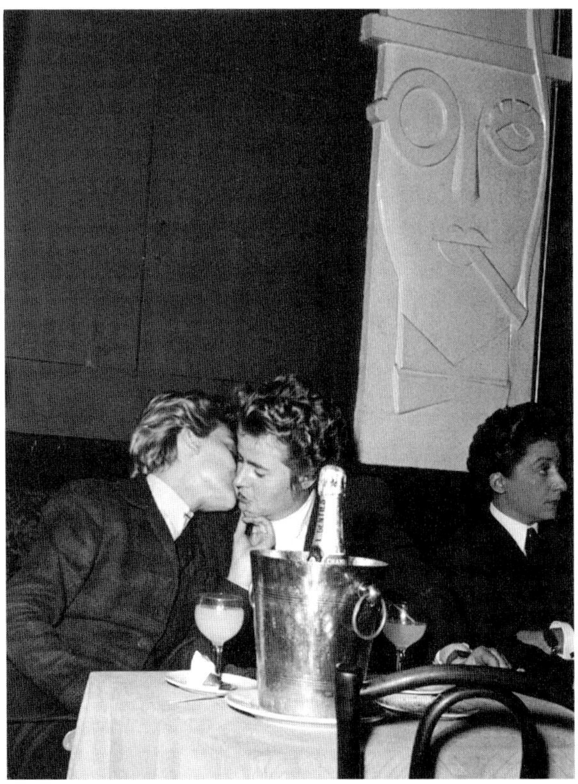

Monocle, cabaret du boulevard Edgar-Quinet, rendez-vous d'une clientèle féminine, voue un culte exclusif à Sapho. Ici, on ignore le sexe opposé, et l'on y danse au son d'un orchestre de dames. Elles s'y font de tendres confidences entre deux coupes de champagne.

les amours ardentes de George Sand ; Apollinaire y entraîne les renégats de Montmartre, Salmon et Carco ; tandis que Cocteau écoute les propos édifiants de Max Jacob, nouveau membre de l'église militante. Le peintre Charles Guérin, émerveillé par les boutades et les saillies du dessinateur-graveur Bernard Naudin, en oublie de boire son vouvray pétillant, puis assure à la cantonade qu'une bouteille à chaque repas est la juste mesure d'un honnête homme.

Le peintre Diriks, quant à lui, n'a jamais oublié le beaune, à quatre francs la bouteille, vidée un soir chez Baty. Communiquant son enthousiasme à ses amis et connaissances de sa lointaine Scandinavie, il est, depuis, le placier le plus actif des vins de Bourgogne en Europe du Nord.

Chez Baty, le client oublie le fricot médiocre en buvant un châteauneuf-du-pape gouleyant, un beaune admirable, un montlouis exquis, et ce, à petits prix. Le patron éprouve pour sa cave une sollicitude inquiète. On le voit dans la salle humer le vin des clients en chauffant le verre dans sa main pataude et remplacer la bouteille si, au nez ou au palais, il ne l'estime pas suffisamment accompli.

Une fille morte prématurément, un fils tué à la guerre, le père Baty n'a personne à qui confier la clef de sa cave. Il se retire dans sa petite villa de la Marne, évoquant, dans la solitude, les chaudes soirées de Montparnasse et l'ardoise que Trotski lui a laissée.

Si le Tout-Montmartre déserte peu à peu la Butte pour Montparnasse, Achille, l'ancien garçon et disciple de Baty, repreneur du fonds, n'en a cure. À quelque temps de là, il s'installe en haut de la rue Lepic. L'élève ayant, dit-on, surpassé le maître, on voit alors, en dépit de la vogue, certains amateurs de grands vins reprendre le chemin de la Butte : *Bonum vinum laetificat cor hominis* et pour cela qu'importe le lieu.

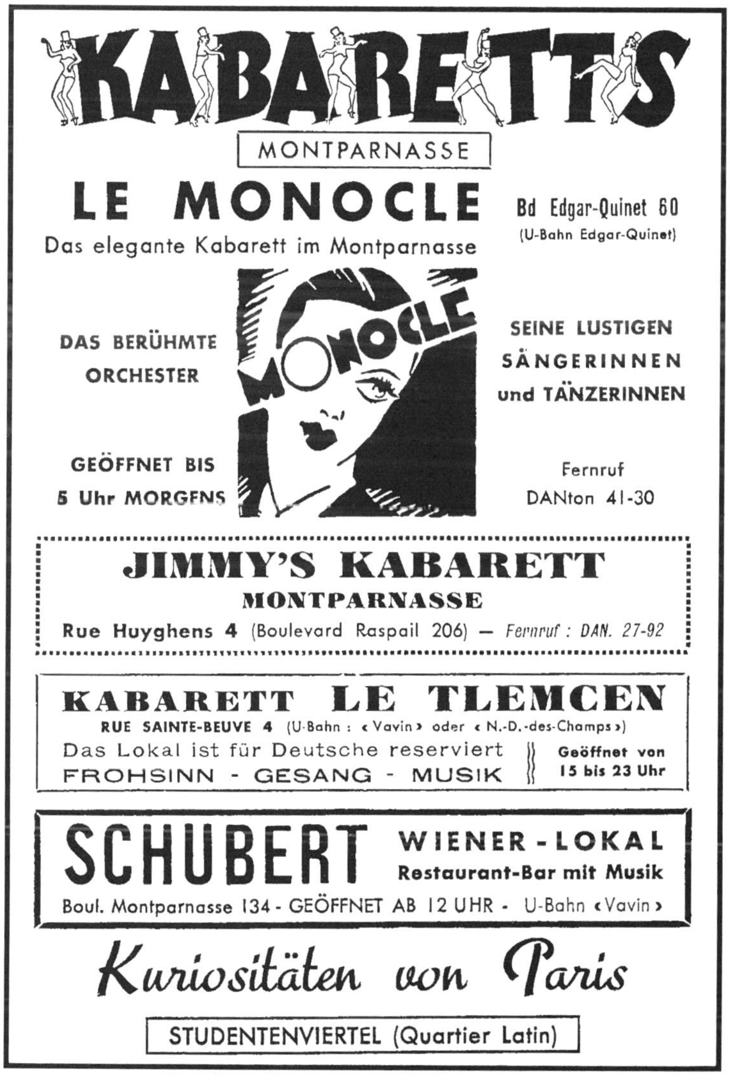

Une page de publicité pour des « kabaretts » de Montparnasse, à l'attention des Allemands, toujours très friands des « bétites madames de Pariss ».
On danse aussi au Jockey et au Bal nègre le charleston. Joséphine Baker, au théâtre des Champs-Élysées a conquis Paris. Vedette de la Revue nègre, elle lance la danse qui fera fureur pendant les Années folles.

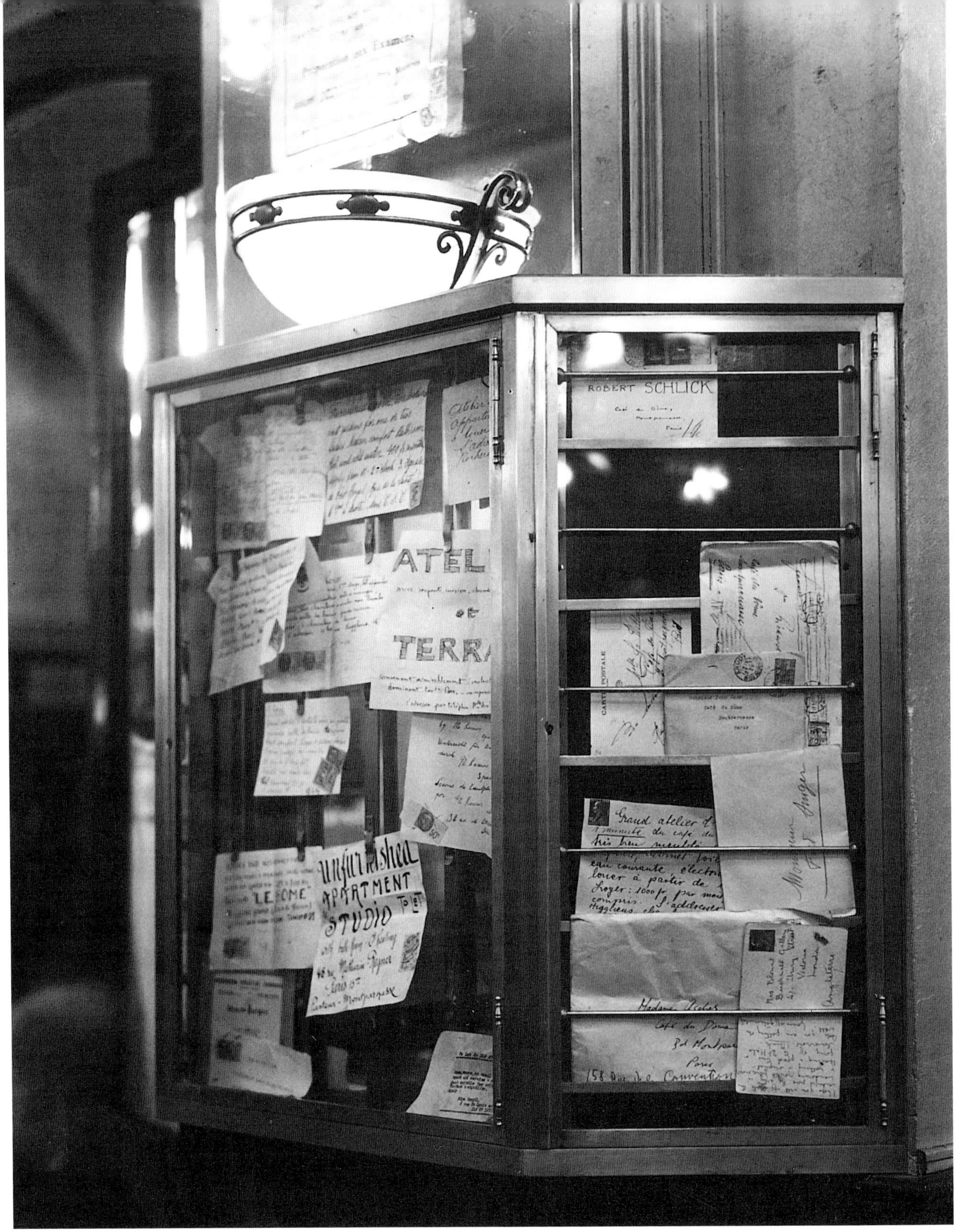

Pour les artistes en voyage ou n'ayant pas de domicile fixe, cette boîte aux lettres du *Dôme,* mise à la disposition des artistes, servait non seulement de truchement, de poste restante, de messagerie, mais aussi de panneau d'affichage pour les annonces de location d'ateliers.

5

Les Empereurs de la limonade

« Le dôme obscur des nuits, semé d'astres sans nombre »
Victor Hugo

Si la guerre de 1870 avait fait fuir les artistes allemands de Paris, le succès d'après guerre des peintres de l'école impressionniste dans les grandes villes germaniques redonne à la capitale française un prestige considérable et le signal du retour des peintres d'outre-Rhin à Montparnasse.

Les premiers arrivés se retrouvent dans l'arrière-salle du *Dôme* pour des parties de billard. Ils s'y réunissent chaque jour et forment une sorte d'association sans but défini, si ce n'est celui de rester entre soi, et de se rendre, en délégation, pour fêter le nouvel arrivant à la gare de l'Est, et l'amener illico au café du *Dôme.*

André Warnod, donne une bonne définition du café ; il note dans ses souvenirs : « *Le Dôme* offrait l'expression la plus brutale de Montparnasse avant que *La Coupole* n'ouvrît ses portes. C'était à la fois la maison commune, la place publique, l'auberge, le forum, l'hôtel des ventes, le ghetto, la cour des miracles. (…) Tout cela grouillait, papotait, jacassait dans le bruit des soucoupes et des cuillers, le choc des verres sur la table, des appels aux garçons, le brouhaha de mille conversations (….) Le café était un refuge, un quai d'embarquement, la station de chemin de fer où on attend un train qui n'arrivera jamais. »

En 1903, alors qu'ils venaient de découvrir l'œuvre de Van Gogh dans les expositions de la sécession de Munich et de Berlin, le peintre Rudolf Levy, connu des milieux artistiques munichois, et Walter Bondy, un Pragois ayant étudié la peinture à l'Académie de Munich, sympathisent au *Dôme.* Leur rencontre va constituer le noyau du groupe des « dômiers », comme on les nomme, auxquels vont se joindre : Wilhelm Rudolf Hermann alias Wil Howard, illustrateur, éditeur de la revue *Le Témoin,* les peintres Albert Weisgerber (tué au front en 1915, près de Fromelles), Friedrich Ahlers-Hestermann, Hans Purrmann, Richard Goetz (émigré aux États-Unis, puis

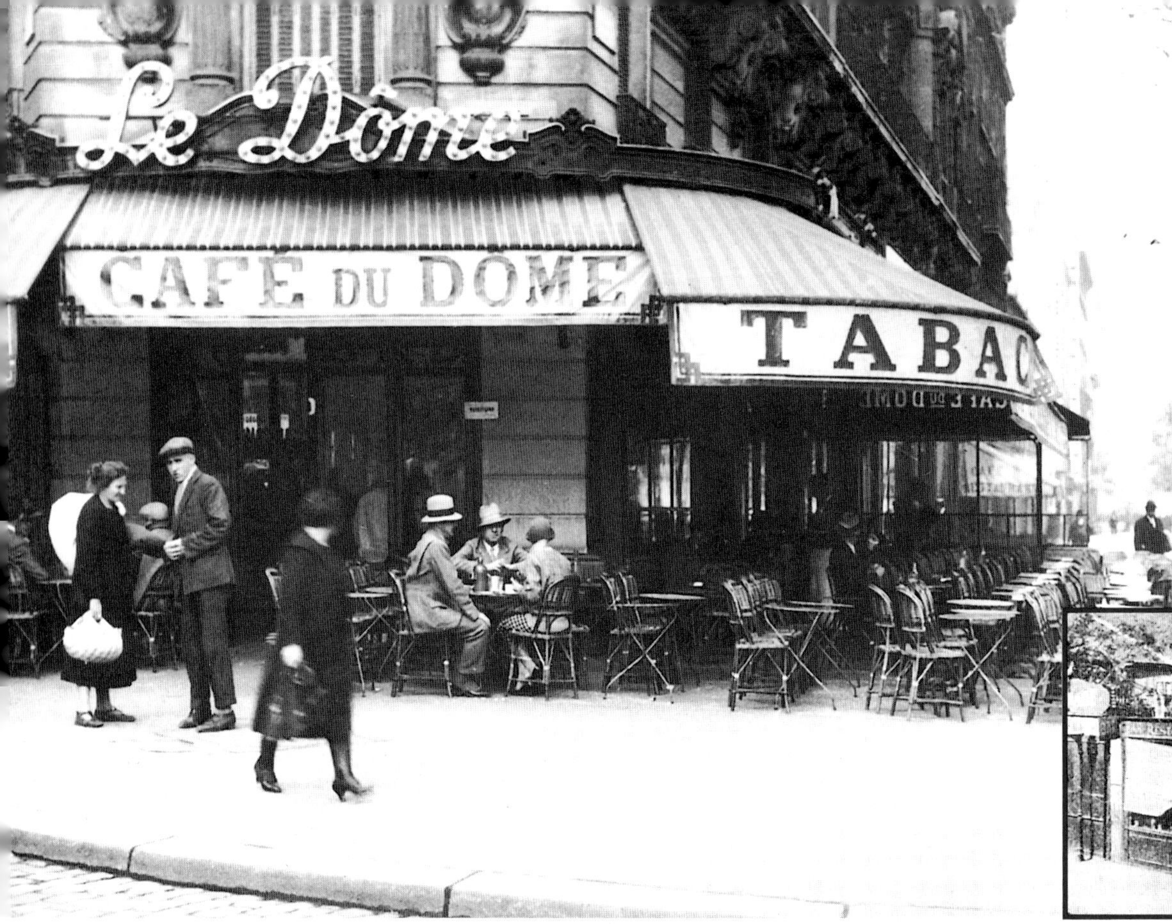

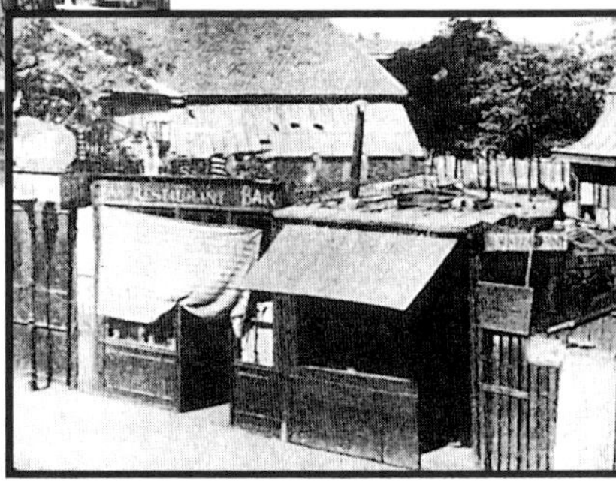

Baraques, échoppes, et autres mastroquets occupaient, à la fin du XIXe siècle, l'emplacement actuel du *Dôme.* Sa terrasse est le rendez-vous d'une clientèle cosmopolite surnommée les dômiers.

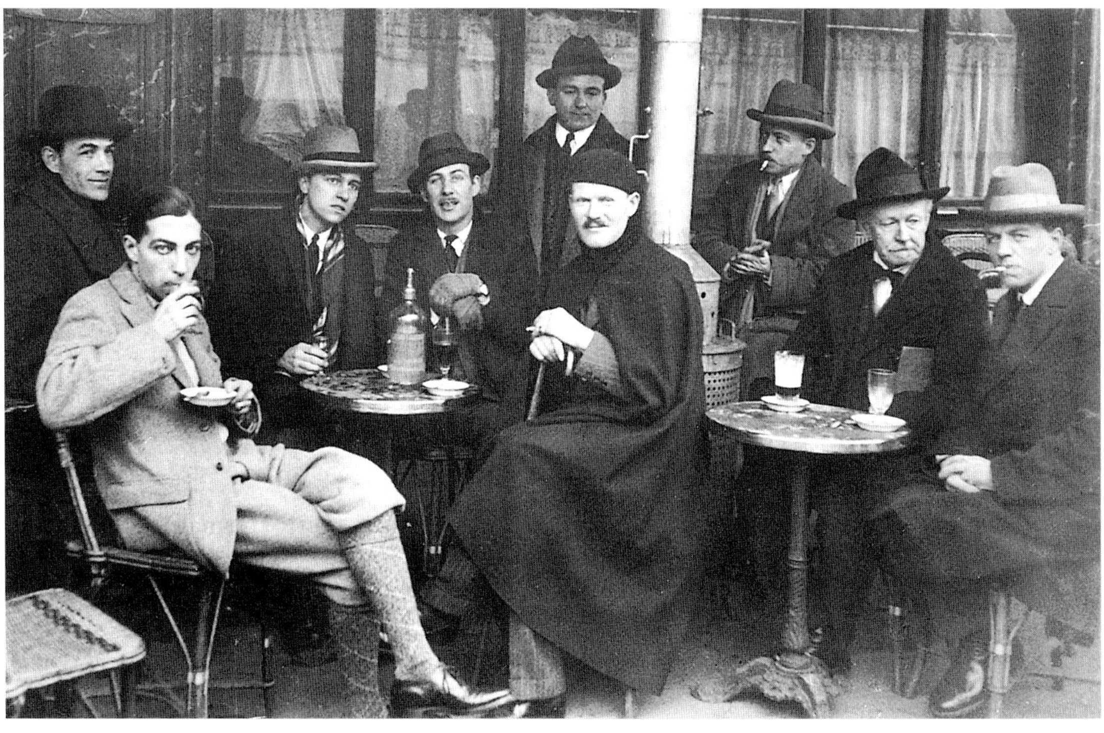

À la terrasse, une brochette d'artistes américains dont la notoriété parisienne n'a pas dépassé les frontières du *Dôme.* De gauche à droite : Fischer, peintre de Los Angeles ; Meziki, portraitiste ; Norman Beau, chanteur de Boston ; John Mitchell, écrivain de Detroit ; John B. Greene, portraitiste de New York ; M. Kronin, fresquiste de Boston ; G. W Parker, paysagiste ; A.J. Eaton, paysagiste de Hartford et John Gibson, pianiste.

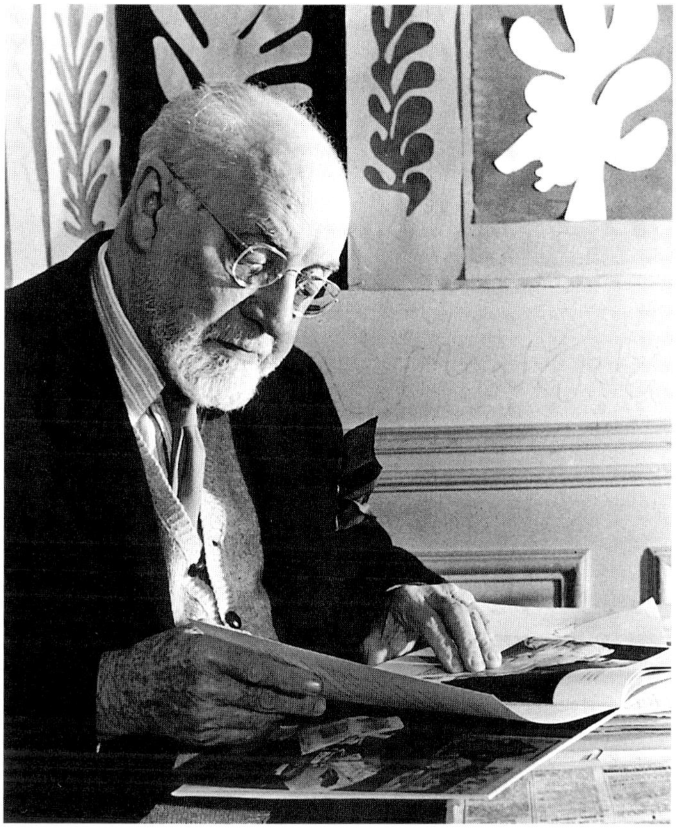

À l'académie Julian, puis à l'école des Beaux-Arts, où il entre dans l'atelier de Gustave Moreau, Henri Matisse (1869-1954) rencontre Rouault, Camoin, Marquet. Fervent du musée du Louvre, il y exécute de nombreuses copies. Son art, à cette époque, est encore très classique. Par un disciple de Monet, il découvre l'impressionnisme. Sa palette, aux tonalités sourdes, s'éclaircit. Il choisit alors d'exprimer la lumière qui rehausse les tons, rend les formes nettes en les simplifiant. Il admire l'œuvre de Cézanne dont il subit l'influence. Dans sa toile *Luxe, calme et volupté,* en 1905, il adopte la technique divisionniste prônée par Signac. Sa personnalité s'affirme après un voyage au Maroc en 1911 et, séduit par la lumière méditerranéenne, il adoptera Nice comme patrie véritable.
Au *Dôme,* les Stein le pressent de fonder une académie, il y dispensera ses cours de 1908 à 1912. Ici en 1948 dans l'appartement qu'il occupa à Paris, au 132 du boulevard du Montparnasse.

naturalisé citoyen américain). Le marchand Alfred Flechtheim, Samuel Bing, galeriste à Paris, promoteur du japonisme en France, auteur d'une étude *La Culture artistique en Amérique,* et Wilhelm Uhde, collectionneur et critique d'art.

Alors que ce 24 décembre 1905, Pascin s'installe dans son compartiment de l'Orient-Express à destination de Paris, ses amis du *Dôme* abandonnent leur partie de billard pour ménager l'accueil qu'il convient de lui réserver à son arrivée à la gare de l'Est.

Julius Mordecaï Pinkas, qui signe ses caricatures Pascin, arrive auréolé d'un prestige que lui vaut sa collaboration au *Simplicissimus,* journal humoristique allemand hostile au militarisme et au cléricalisme, fameux dans le monde entier. À vingt ans, ce petit Bulgare d'origine juive qui a rompu avec sa famille, est un virtuose du crayon. Il arrive de Munich précédé d'une réputation de fêtard prodigue, de bon vivant, en dépit d'une certaine réserve naturelle.

On décide de lui louer une chambre à l'*Hôtel des Écoles,* rue Delambre, à proximité du *Dôme.* Et de lui offrir ce premier réveillon à Paris. Ce soir-là, il sera l'invité ; ainsi en a décidé la petite bande. Cette prodigalité exceptionnelle, quand on connaît la générosité de Pascin, se révélera un assez bon investissement dans l'avenir pour les dômiers.

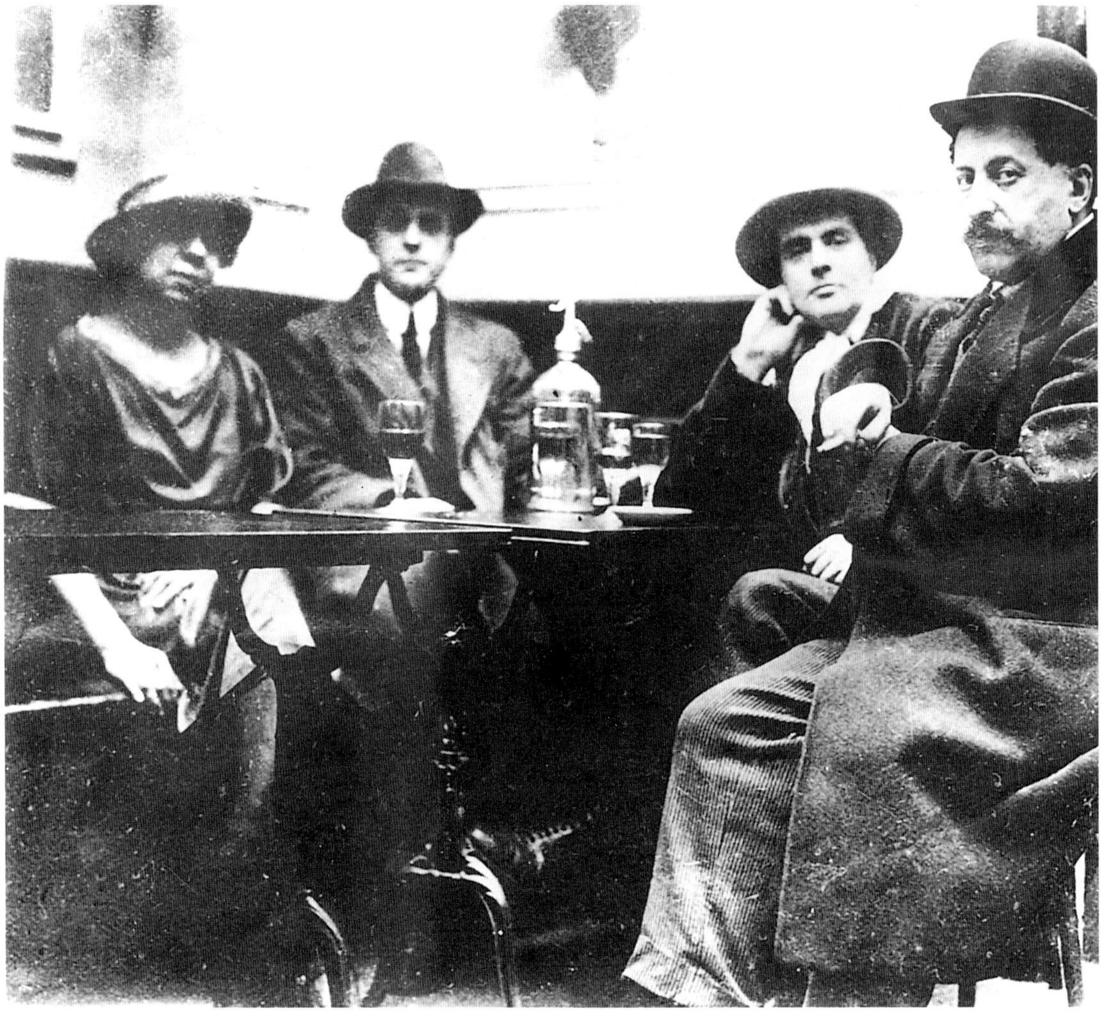

Amedeo Modigliani en 1910 à la terrasse du *Dôme* en compagnie d'Adolphe Basler (1876-1951) à droite, critique d'art, collaborateur de *La Revue blanche,* du *Mercure de France* et de *La Plume.*

Une fanfare l'accueille sur le quai de la gare de l'Est. On s'embrasse, on se congratule, puis on file à Montparnasse, où Pascin pose sa valise avant de prendre ses premiers verres au *Dôme*.

Pour Pascin, *Le Dôme* ne sera jamais la « station de chemin de fer où l'on attend un train qui n'arrivera jamais ». Il en sera même l'un des plus célèbres voyageurs ; ses escapades à Londres, à New York, en Caroline du Sud, à La Havane, à La Nouvelle-Orléans ont pour point de départ les cafés du carrefour Vavin.

À partir de 1908, Tchèques, Bulgares, Hongrois et autres Roumains vont se joindre, chaque soir, aux dômiers, pour se délasser de leurs heures d'atelier. Ils parlent, jouent au poker, discutent dans une atmosphère étouffante, empestée par la fumée.

Curieux comportement de la plupart de ces artistes ; ils participent peu au Salon, n'exposent guère dans leur pays d'origine ; nonchalants, leur but est d'être là à flemmarder des heures à la terrasse du *Dôme*, d'être à Montparnasse, « heureux comme Dieu en France ».

En 1907, Henri Matisse a trente-huit ans. Il passe déjà pour un maître. Il prodigue

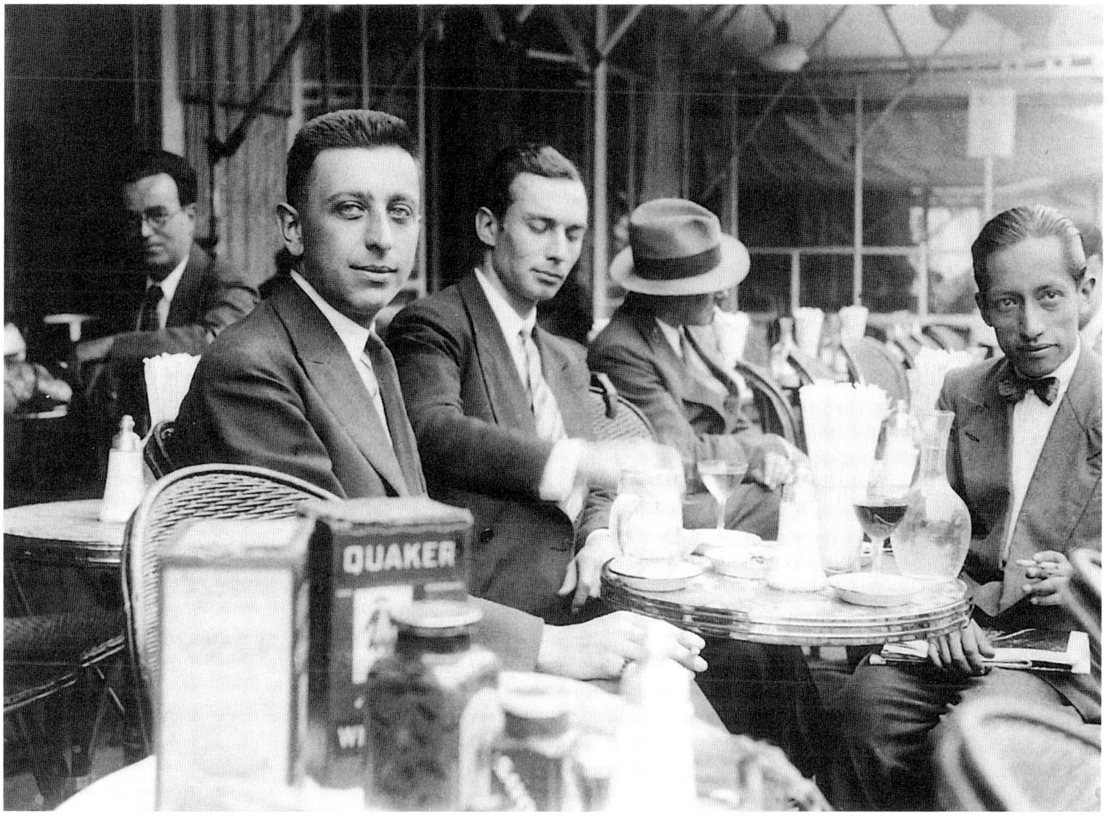

Robert Desnos (1900-1945) à la terrasse du *Dôme*. Le poète surréaliste publie, en 1927, *La Liberté ou l'Amour.* Desnos tombe amoureux de Youki, qui revient d'un voyage au Japon avec Foujita. Il l'épouse en 1930. Arrêté pendant la guerre par les nazis pour faits de résistance, il est déporté et meurt en 1945 au camp de concentration de Terezin, en Tchécoslovaquie.

amicalement ses conseils à un petit groupe de peintres américains et suédois qui se réunit au *Dôme,* autour des Stein. On le presse de fonder une académie réunissant tous ceux qui souhaitent suivre son enseignement. On lui trouve un vaste atelier, dépendance du couvent du Sacré-Cœur, boulevard des Invalides. Il y dispense ses cours à partir du mois de janvier 1908, en préconisant de privilégier le dessin avant toute chose, « la probité de l'art » pour Ingres, base incontestable, dit-il, sur laquelle se développera la personnalité de chaque artiste. Il emmène ses élèves au Louvre pour y étudier les classiques. En 1911, la réputation de son académie est telle que le maître corrige, chaque fin de semaine, les travaux de plus de cinquante peintres. Harassé, il demande grâce et prend ses distances. Rudolf Levy, le remplacera, et ce, jusqu'en 1912.

Paul Chambon, le patron du *Dôme*, a-t-il bien pesé sa décision quand, en 1924, il décide de se retirer des affaires ? Ernest Fraux et René Lafon — qui, en 1927, fonderont *La Coupole* — ambitionnent de quitter leur *Bar-Parisien* de Pigalle pour revenir à Montparnasse où, jadis, Fraux a dirigé un bistrot de la rue de Vaugirard fréquenté par les artistes. Mais Chambon revient sur sa

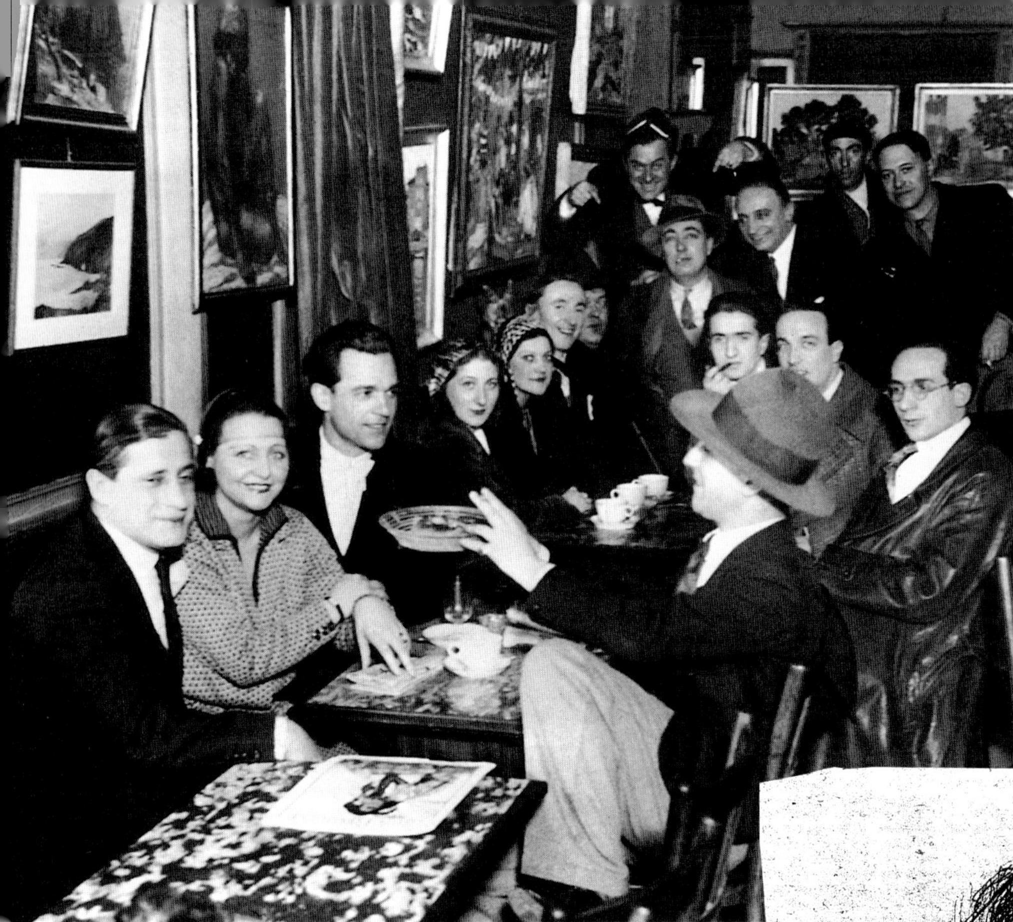

Quelques Montparnos inaugurant l'exposition de leurs œuvres sur les murs de *La Coupole.*

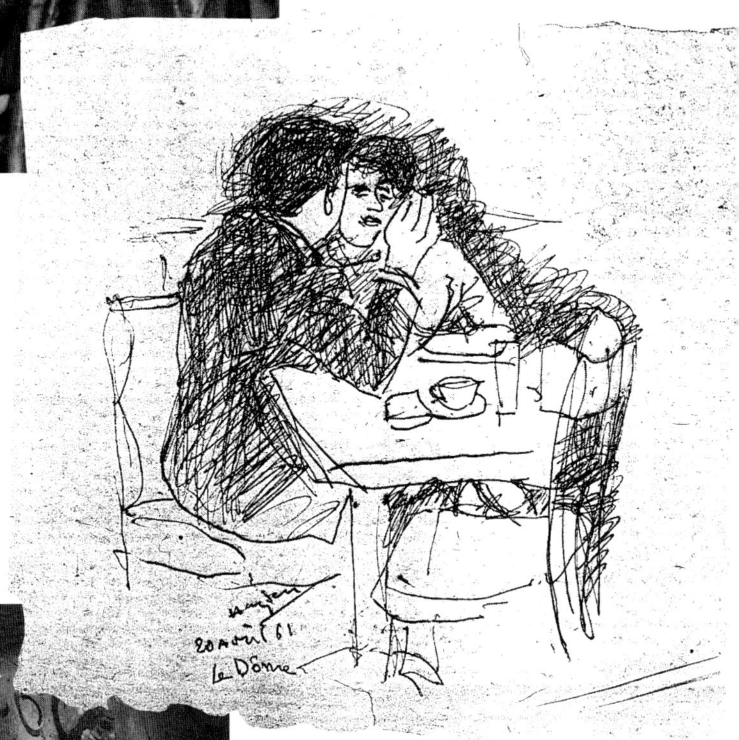

Henri Hayden croquait souvent au *Dôme* de petites scènes se déroulant autour de lui sur la nappe de son guéridon.

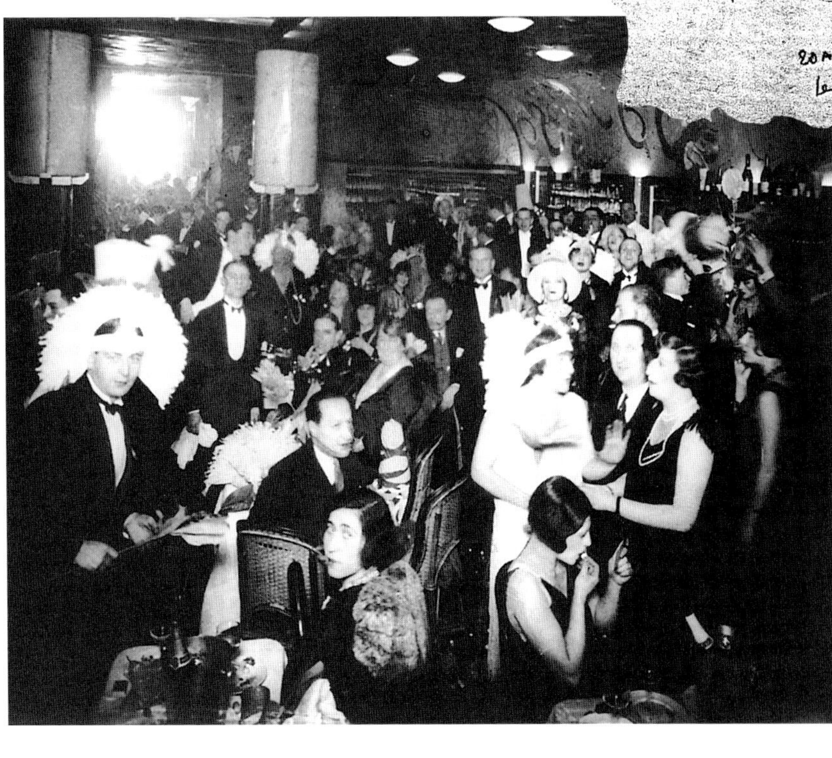

Célèbre dancing de Montparnasse, le sous-sol de *La Coupole* est ouvert depuis 1927. Des soirées costumées attiraient la foule pendant les Années folles.

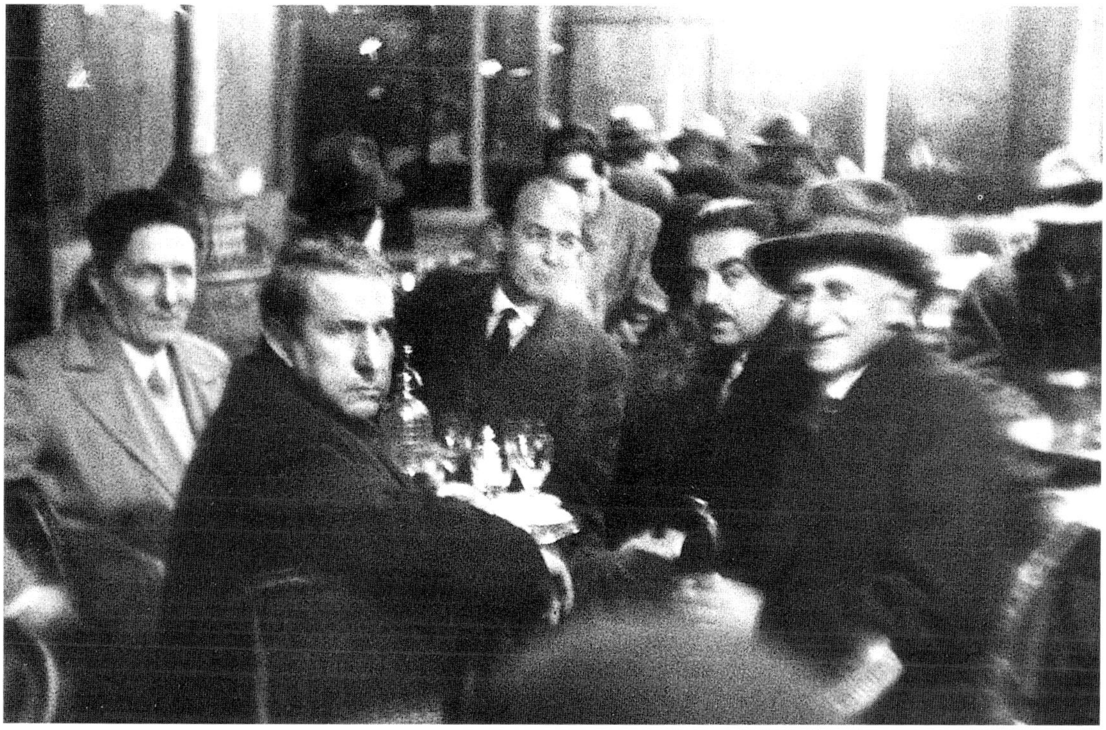

Hiver 1926, près du gros poêle de la terrasse du *Dôme* sont réunis : l'éditeur des *Cahiers d'art* Christian Zervos ; le sculpteur Pablo Gargallo ; le poète Pablo Mones ; l'éditeur de *Verve,* Tériade, et le sculpteur Jacques Loutchanski.

parole : contre toute attente, il décide de garder son café. Ce revirement le contraint à verser un dédit de 175 000 francs (5 850 francs 1997). Un mois plus tard, il annonce aux deux compères que cette fois, cochon qui s'en dédit, il leur laisse la gérance du *Dôme*, avec promesse d'achat. Fraux et Lafon réussissent si bien qu'ils triplent le chiffre d'affaires du café en deux ans. Tout irait donc pour le mieux si, en 1926, Chambon n'annulait sa promesse de vente pour reprendre son affaire. Cette fois, il doit leur verser un dédit de 250 000 francs (8 750 francs). Est-ce Marcel, son fils aîné, Ernest, le cadet qui, voyant leur fructueux outil de travail familial leur échapper, ont fait revenir leur père sur sa décision ?

Paul Chambon, front dégarni, couvert en partie par une touffe de cheveux rares peignés avec soin, menton avancé, longues moustaches soulignant la bouche aux lèvres minces, est à nouveau là, vêtu et cravaté de noir, il accueille la clientèle. Son fils Marcel « fait la nuit », aidé par Ernest. La dynastie des Chambon régnera encore longtemps sur *Le Dôme*. En 1928, Ernest annonce l'ouverture d'un « bar américain ». Peut-être pour récupérer la clientèle yankee, entichée du *Dingo*, le nouveau bar de la rue Delambre, tenu par l'Américain Louis Wilson et son épouse hollandaise, Yopi ?

Le père Chambon, « brave Auvergnat compréhensif et facile à vivre », meurt au mois d'août 1958. Tous les artistes de Montparnasse, présents à Paris en cette saison, l'ont accompagné à sa dernière demeure.

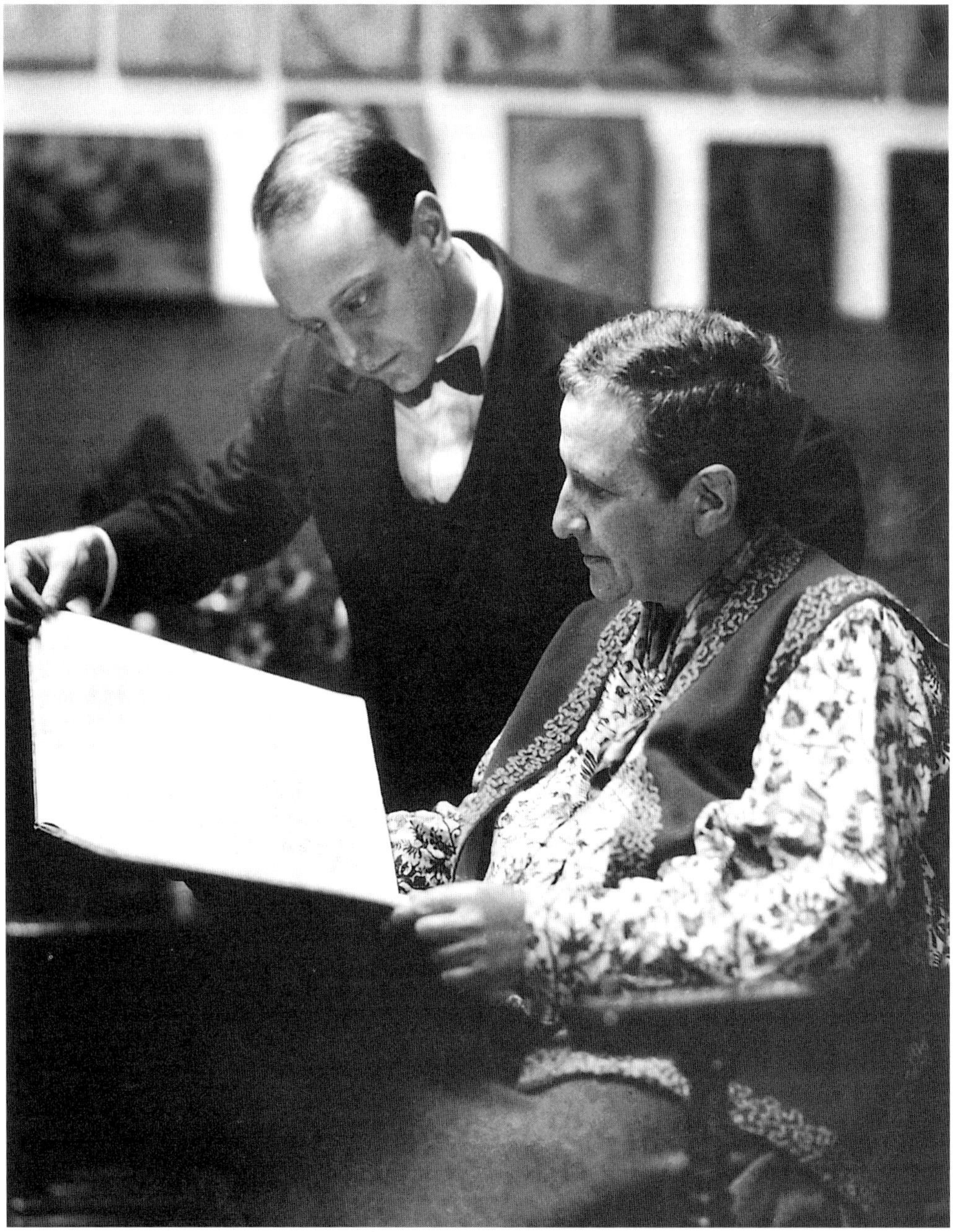

Gertrude Stein (1874-1946) arrive en France de sa Californie natale en 1903. Elle s'installe au 27 de la rue de Fleurus, et proclame : « L'Amérique est mon pays mais Paris, c'est chez moi. » Égérie-virago, aux opinions tranchantes, elle écrit, elle édite, elle collectionne : Cézanne, Picasso, Matisse. Elle juge sévèrement les jeunes écrivains américains de Paris fréquentant son salon, et leur colle l'étiquette fameuse de « génération perdue ». Ils ne lui tiendront pas rigueur de ce manque de flair évident. Inconditionnelle du *Dôme,* le café des Américains et des Allemands argentés, elle y rencontre Matisse, en 1907, et le presse de fonder une académie.
Dans son appartement de la rue de Fleurus, à Paris, en 1927, elle est en compagnie du compositeur et critique musical américain, Virgil Thomson (1896-1989), dont elle a écrit les livrets de ses deux opéras. Élève de Nadia Boulanger, Thomson, épigone d'Erik Satie, est l'auteur de symphonies, de ballets, de suites d'orchestre et de nombreux livres et articles sur la musique.

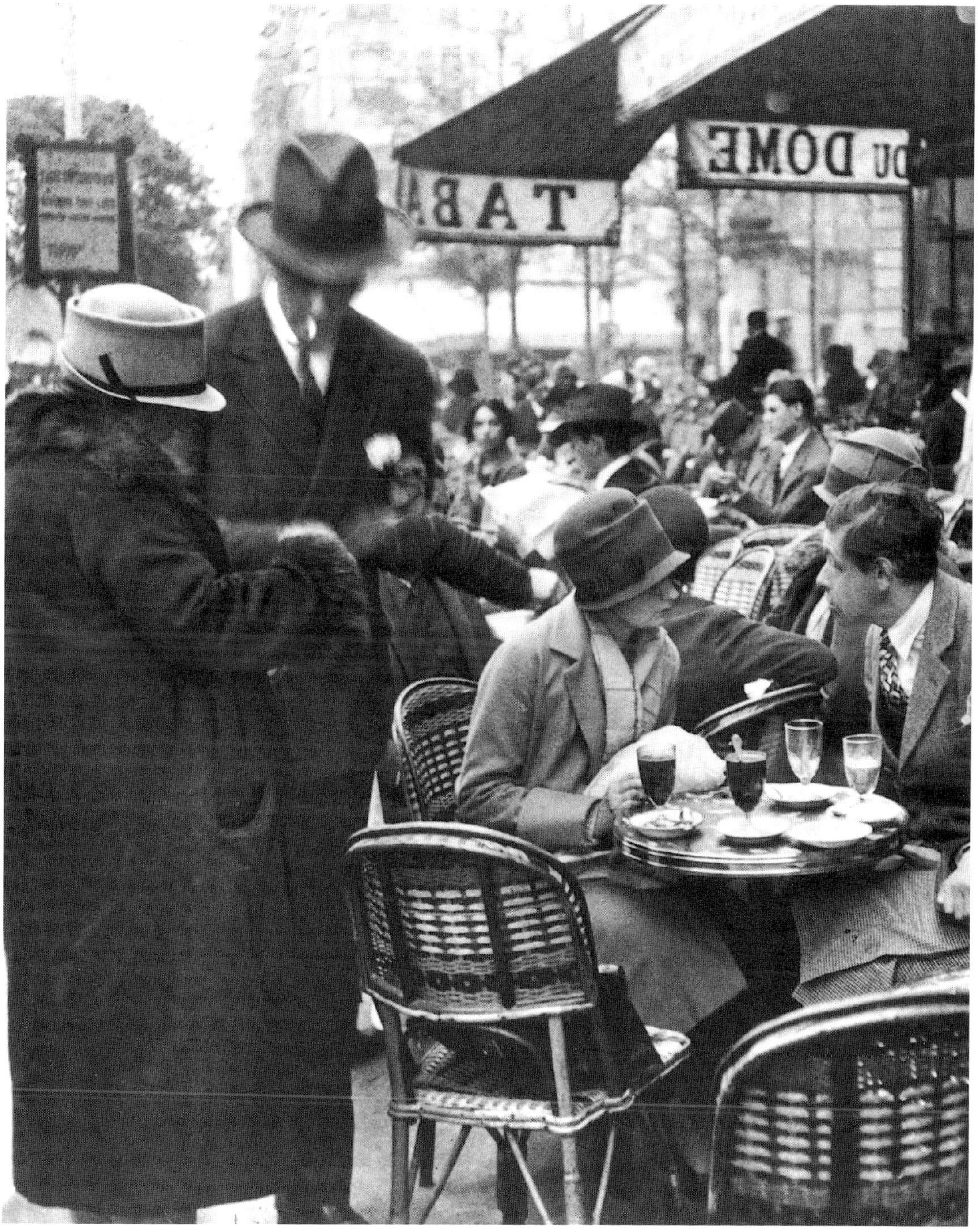

Printemps 1925, à la terrasse du *Dôme*. Debout à gauche, Marie Vassilieff et l'architecte-décorateur Ernö Goldfinger ; à droite, assis, le peintre hongrois, Lajos Tihanyi.

La Rotonde, plaque tournante de Montparnasse

Lorsque Charlie Chaplin débarque à Paris, ce 19 septembre 1921, en compagnie de Douglas Fairbanks et de Mary Pickford, pour accomplir un tour des capitales européennes, sa première visite est pour le café de *La Rotonde*, dont le Tout-Hollywood lui a conté l'extravagance, l'anticonformisme, la singularité. À peine en a-t-il franchi le seuil qu'il est fêté, ovationné, plus que le président Wilson lui-même lors des fêtes de la Victoire de 1919. Charlot, confus, déconcerté par cet accueil enthousiaste, s'esbigne non sans mal, échiné, moulu, les côtes

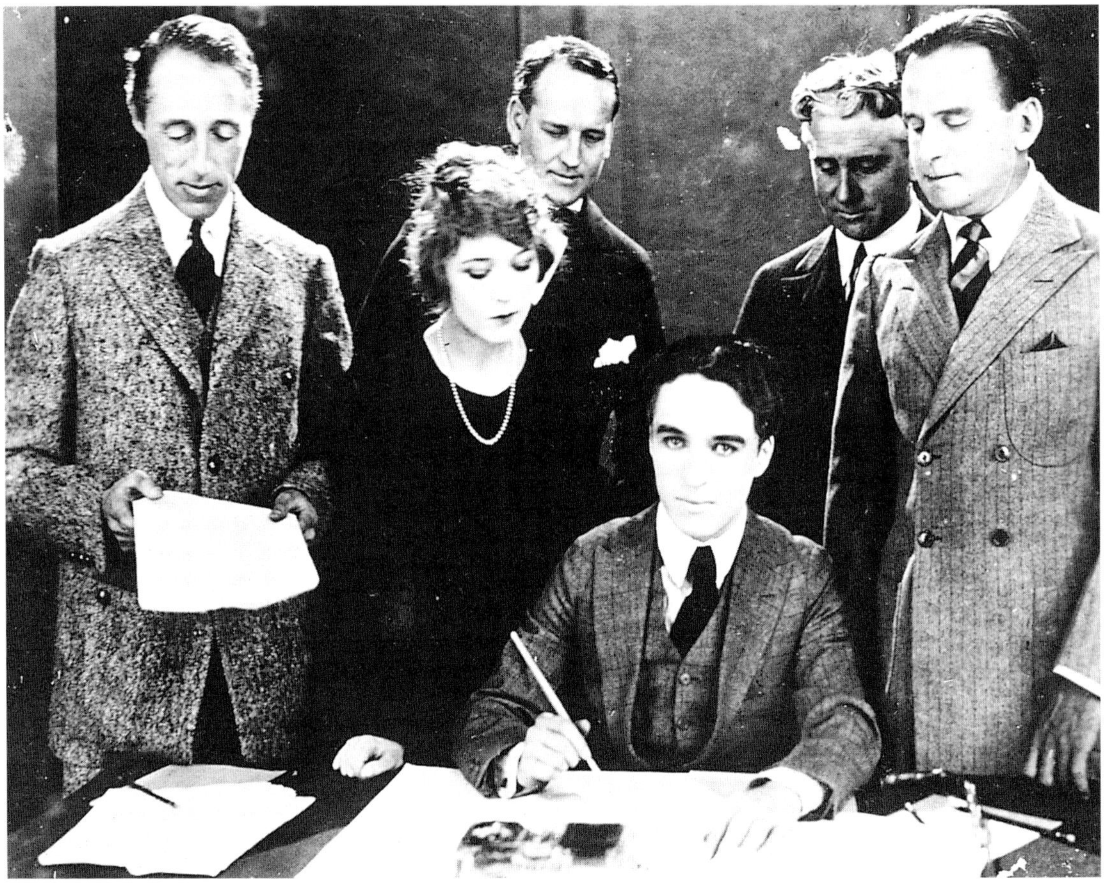

Pour échapper au contrôle artistique des grandes compagnies américaines, Charlie Chaplin fonde, le 17 avril 1919, en association avec : David Wark Griffith, Mary Pickford, et Douglas Fairbanks Senior & Junior, la firme de distribution de films United Artists.
En 1921, il accomplit un tour d'Europe, en compagnie de Mary Pickford, pour présenter leur nouvelle société. De passage à Paris, il se précipite à *La Rotonde,* où il reçoit, à sa grande surprise, un accueil délirant.
Pour le monde entier, Montparnasse, c'est *La Rotonde.*

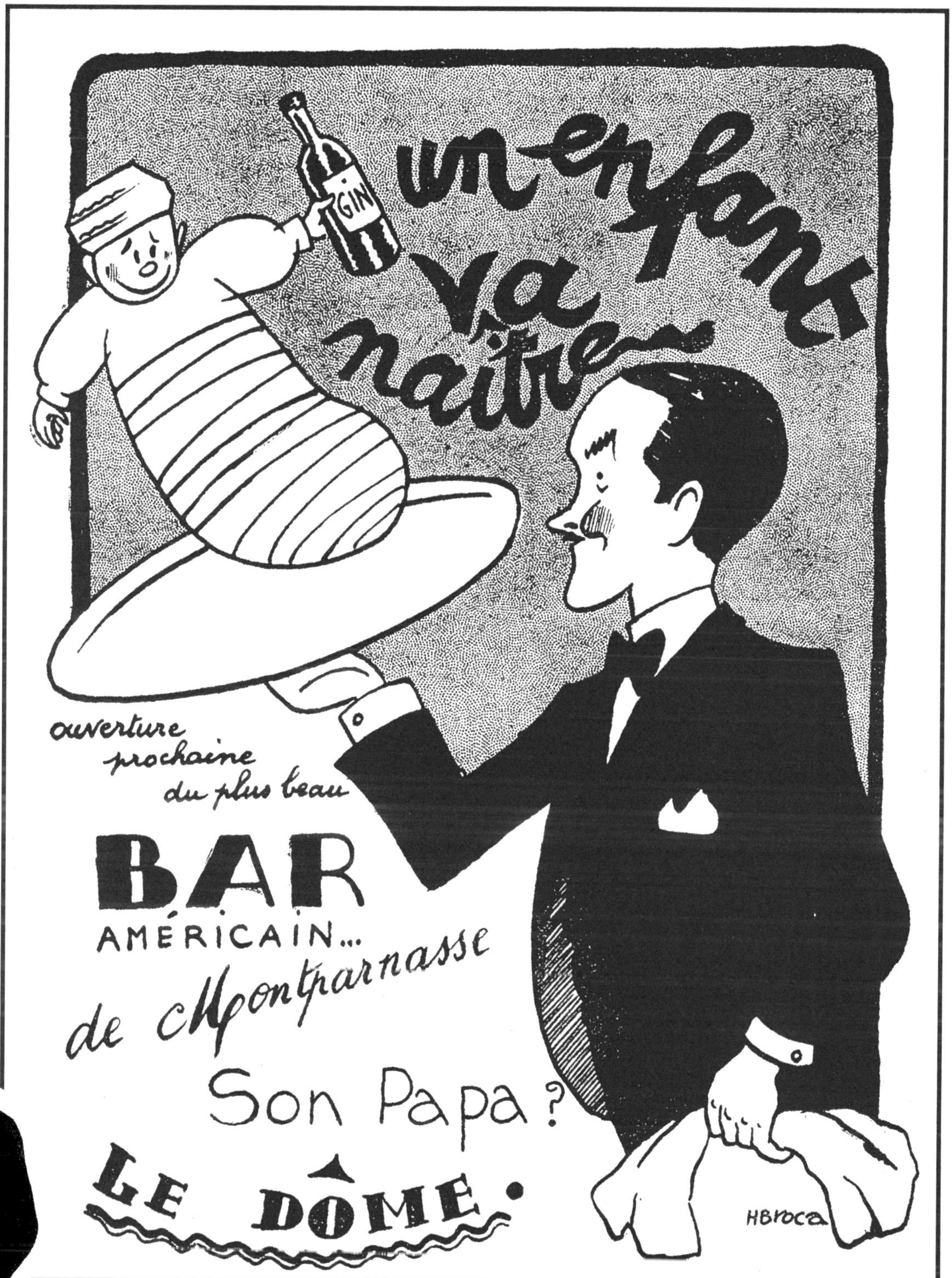

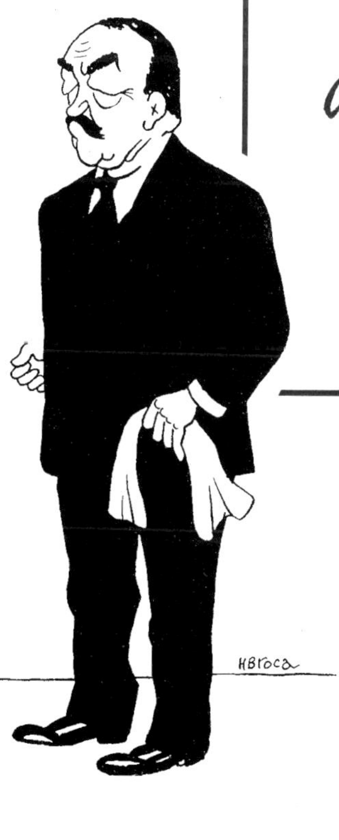

Le Dôme se veut à la page, il innove en créant un bar « américain », en 1928. On raillera son propriétaire, Paul Chambon, pour cette allégeance à la clientèle étatsunienne.

endolories. Le petit homme au chapeau melon, à la moustache en timbre-poste, marchant en canard, sa badine à la main, a été salué avec enthousiasme aussi bien par le public que par les intellectuels. À Montparnasse, dans la préface d'un ouvrage édité récemment, un écrivain n'a pas hésité à soutenir que le génie de Chaplin était supérieur, de loin, à celui de Shakespeare.

Faisant face au *Dôme,* fréquenté entre les deux guerres par les Allemands et les Américains argentés, *La Rotonde*, d'avant la Grande Guerre, est un petit bistrot qui n'a pas encore forgé sa légende. Victor Libion l'achète en 1911, reprend la boucherie voisine pour agrandir son établissement et aménager une terrasse. Une terrasse plein sud qui va assurer à ses clients les bienfaits du soleil. Libion, brave homme aux cheveux grisonnants, à la démarche boitillante, vêtu perpétuellement d'une redingote gris foncé, est un tenancier peu ordinaire. Il accueille, sans prévention aucune, tout nouveau venu, se refusant à porter un jugement sur sa mise ou sur sa mine. Il tutoie la plupart de ses clients, considère les habitués comme des membres de sa famille, laissant les plus démunis traîner des jours entiers sans consommer. Quand des sans-logis viennent dormir à *La Rotonde*, ordre est donné aux garçons de ne pas les réveiller. Jusqu'en 1930, le monde entier connaîtra Montparnasse grâce au rayonnement du mémorable café de Victor Libion.

Des Russes, de convictions opposées, s'y retrouvent pour d'interminables discussions. En ce temps-là, dit Jean Follain, « le parapluie de Lénine s'égouttait au café de *La Rotonde*, Lénine, qui aimait sa vieille mère, et qui plein de passion et de flair devait émigrer en la Suisse jaboteuse avant

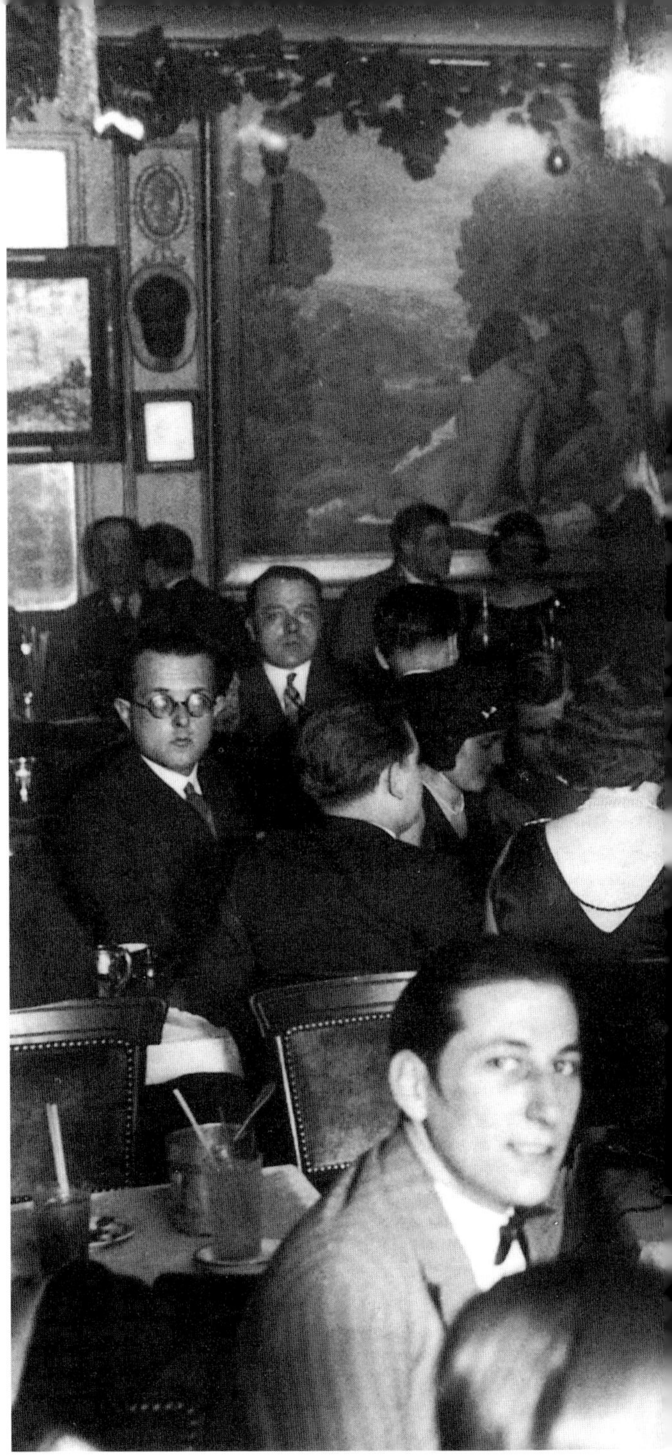

de faire sa révolution et de finir en icône embaumée ».

Léon-Paul Fargue entend son voisin de guéridon, l'écrivain Anatole Lounatcharski, futur commissaire du peuple à l'Instruction publique d'Union soviétique, jauger les arts à l'aune du dogme de son maître à penser. Le jeune Henri Queuille qui sera « le

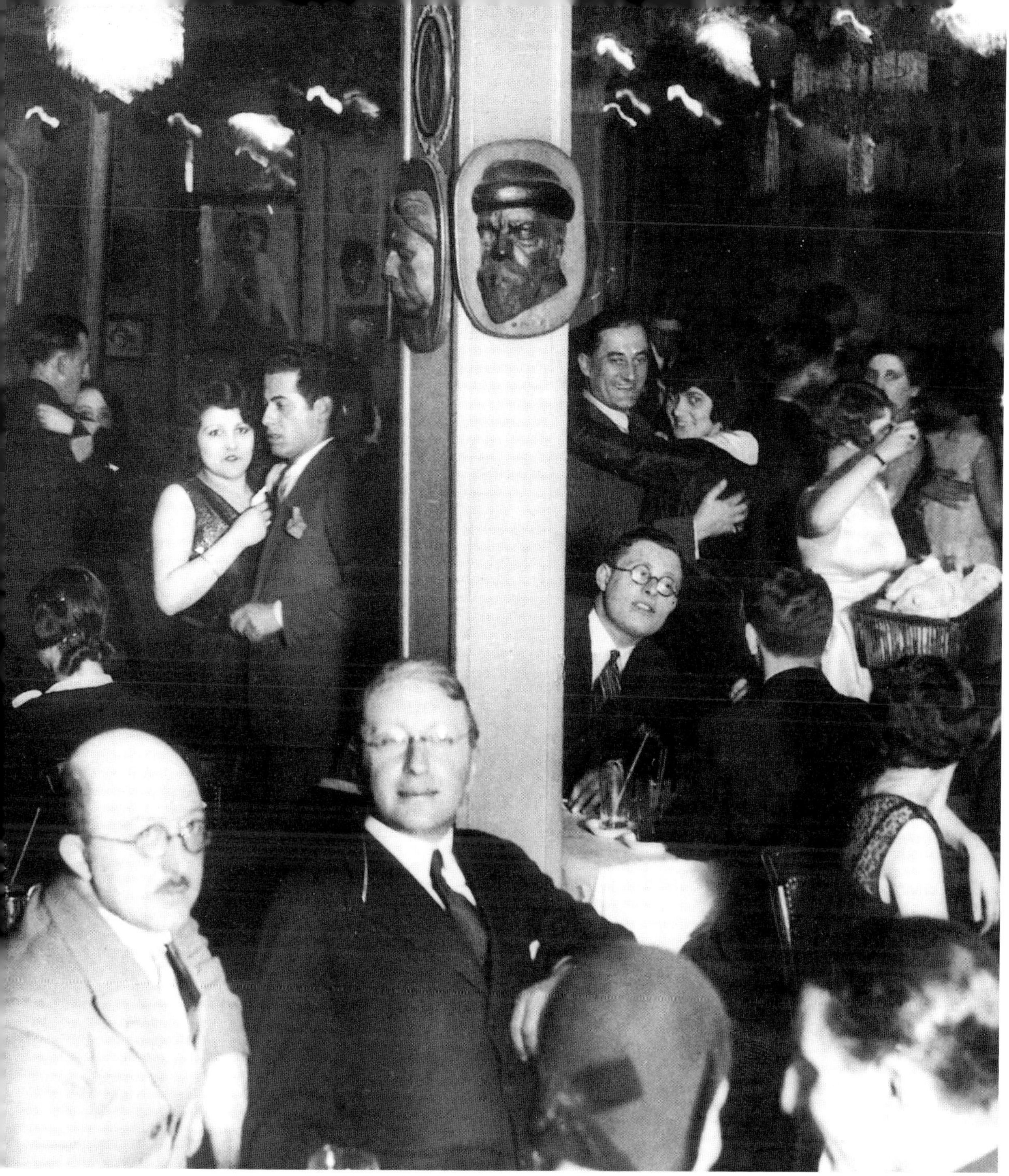

Lorsque Victor Libion achète *La Rotonde* en 1911, ce n'est qu'un modeste café n'ayant pas encore forgé sa légende. En y adjoignant la boucherie voisine, le nouveau propriétaire installe une terrasse, très recherchée aux beaux jours pour son ensoleillement. La réputation de *La Rotonde* dépasse les frontières de Montparnasse pour s'étendre au monde entier. Les plus grands peintres et sculpteurs, écrivains et poètes l'ont fréquenté. Lénine et Trotski y jouaient aux échecs ; Picasso, Braque, Derain, Kisling, Foujita, entre autres, les peintres de l'Europe de l'Est et de Scandinavie, les poètes Cendrars, Salmon, Fargue, Cocteau, s'y retrouvaient autour des guéridons de marbre chargés de soucoupes, tandis que les modèles tortillaient des hanches entre les tables, à la recherche d'une séance de pose.

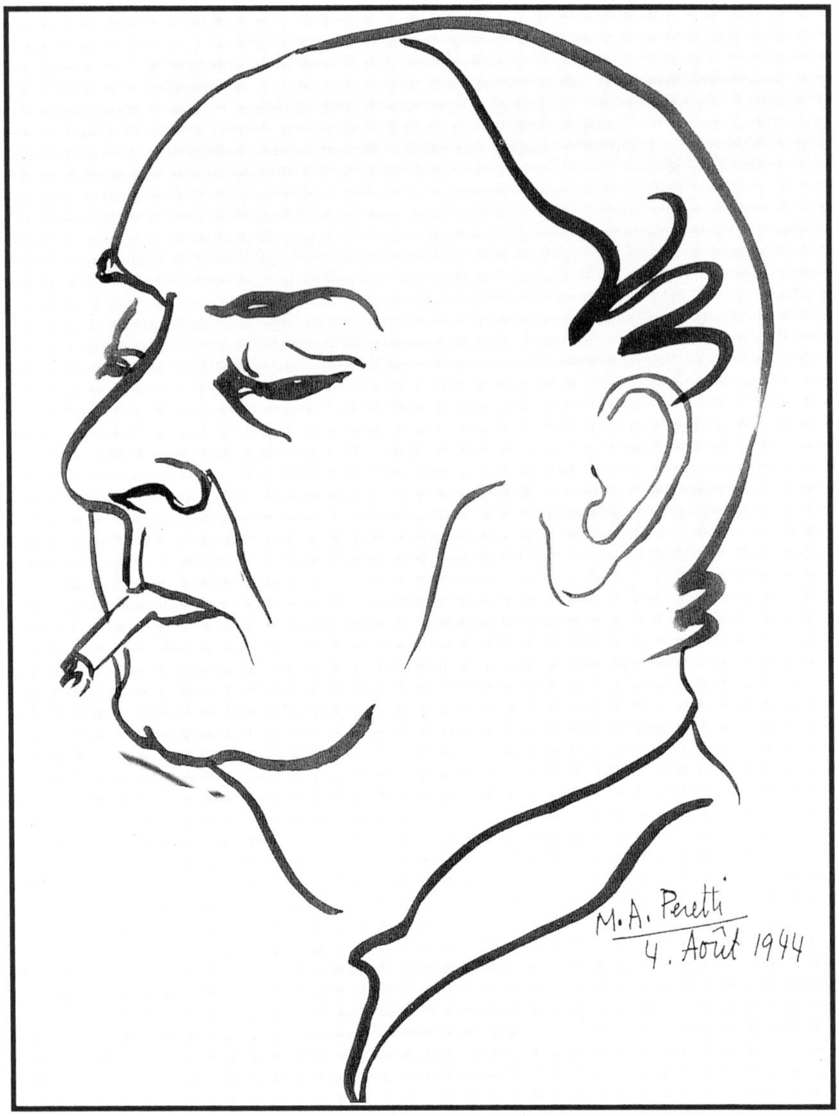

Portrait de Léon-Paul Fargue par Marianne Peretti, exécuté quelques mois avant la disparition de l'auteur du *Piéton de Paris.* « Léopard », comme certains l'appelaient, familier de *La Rotonde* a préféré, après les Années folles, abandonner Montparnasse pour Saint-Germain-des-Près où, chez *Lipp,* il dégustait un Vichy tiède en contemplant les mosaïques de l'établissement réalisées par son père et son oncle.

recordman toutes catégories et sans challenger de la politique française », passionné par les événements qui se passent en Russie, se demandera, plus tard, si ce Russe « fabuleusement intelligent » auquel il s'opposait dans des « discussions violentes », et qui venait boire son café à *La Rotonde,* était Lénine ; ce que son biographe Francis de Tarr met en doute. On peut voir Trotski (il sera expulsé de France en 1916) captivé par de longues parties d'échecs, tandis que Charles Rappoport cherche en vain une oreille attentive à son monologue sur l'évolution du matérialisme historique.

Mais les arcanes politico-philosophiques sont étouffés par d'importantes révélations qui agitent le monde de la peinture. Depuis que quelques privilégiés, Gertrude et Léo Stein, Henry Kahnweiler, Guillaume Apollinaire, Max Jacob, quelques peintres et poètes amis, ont été invités à voir dans l'atelier de Picasso du Bateau-Lavoir, à Montmartre, les premières esquisses des *Demoiselles d'Avignon*, il se dit à Montparnasse que la peinture prend une orientation entièrement nouvelle.

C'est en revenant de Horta, un village près de Saragosse, que Picasso a rapporté ses

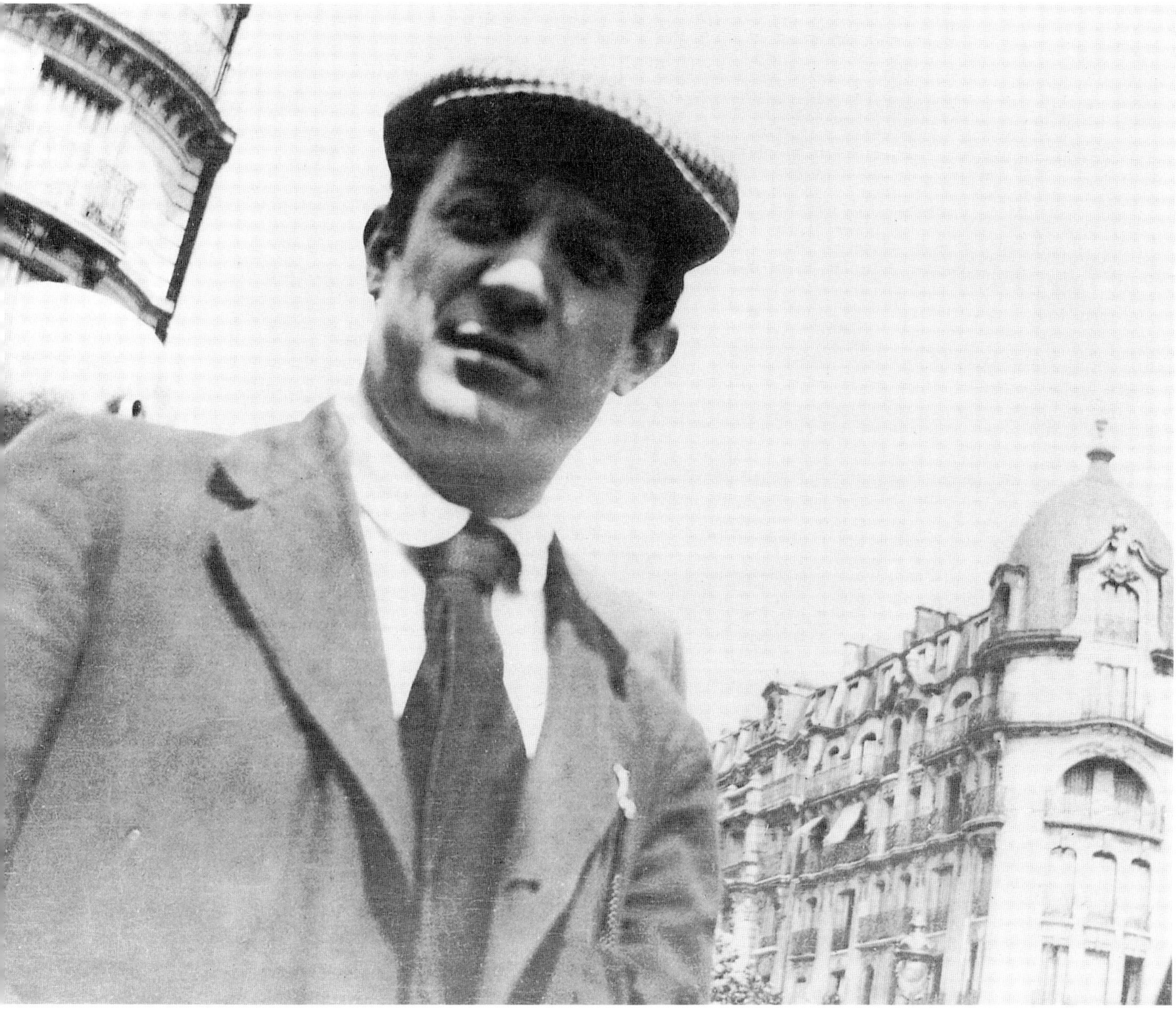

Après sa rupture avec Fernande Olivier, Picasso quitte définitivement Montmartre pour Montparnasse. Il s'installe avec Eva Gouel, sa nouvelle conquête, boulevard Raspail, puis au 5 *bis,* rue Schoelcher, en face du cimetière Montparnasse. Après la mort d'Eva, on le voit moins à *La Rotonde* où l'entraînaient ses amis Derain et Vlaminck. Il préfère désormais partir pour l'Espagne et multiplie ses séjours à Céret, à Avignon et à Sorgues. Après son installation rue La Boétie, il reviendra, de temps à autre à Montparnasse mais n'y habitera plus.
Pablo Picasso à Montparnasse le 12 août 1916, devant *La Rotonde.*

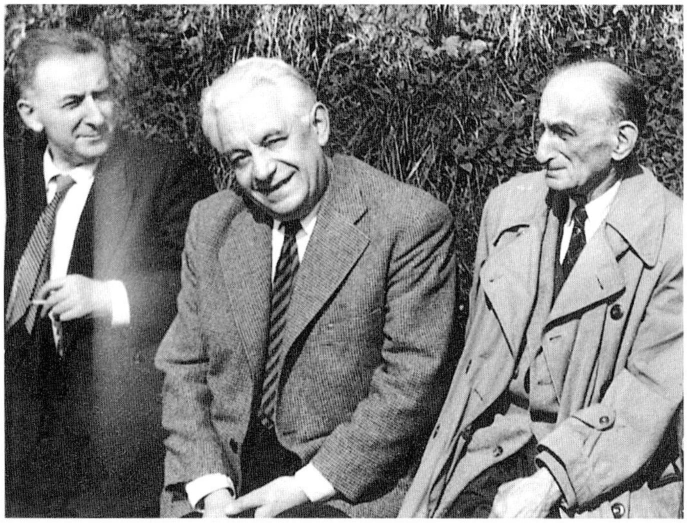

Trois amis, trois peintres français qui n'ont jamais quitté Montparnasse, de gauche à droite : Robert Pikelny (1904-1986), Maurice Savin (1894-1973), Henri Hayden (1883-1970).

premières toiles de paysages géométriques. Les esthètes allemands du *Dôme* et de *La Rotonde* s'enflamment pour la tendance nouvelle et ses théories novatrices. Le critique d'art Louis Vauxcelles examine ces « bizarreries cubistes » et baptise les peintres « cubistes patagons ». Henri Matisse, lui, parlera de « petits cubes » lors du Salon d'automne de 1908.

En Allemagne, le cubisme — c'est sous ce nom que l'on désigne désormais la nouvelle école — enflamme les milieux artistiques. On publie des articles, on ménage des expositions aux catalogues richement illustrés. D'aucuns affirment ici qu'ils tentent ainsi de récupérer le mouvement, alors que les expressionnistes polémiquent et la sécession de Vienne piétine.

Avant que Picasso réagisse et impose la solidité de sa nouvelle manière, c'est, pour l'instant, les toiles de sa période rose que marchands et collectionneurs continent de rechercher.

Le 2 mars 1914, la vente des 145 œuvres de la collection de « La Peau de l'Ours » à l'hôtel Drouot (collection indivise de tableaux réunie par des amis pour décorer leurs logis) est une première. Des tableaux de peintres nouveaux, fauves et cubistes affrontent, pour la première fois, le feu des enchères. Me Henri Beaudoin tient le marteau d'ivoire ; les experts sont MM. Druet et les frères Bernheim.

Le marchand de tableaux de Munich, Heinrich Thannhaüser, paie 11 500 francs-or (plus de 160 000 francs 1996) *Les Bateleurs,* une toile dite aussi *La Famille des saltimbanques* de 1905 ; très cher pour l'œuvre d'un peintre de trente-trois ans.

À l'exception de Georges Braque qui demeure dans son atelier de la place Dancourt, les cubistes à leur tour commencent à déserter Montmartre pour Montparnasse. Eux aussi se retrouvent, carrefour Vavin, à *La Rotonde.* Le bon Victor Libion voit défiler ces nouveaux Montparnos, et se faufiler parmi eux quelques trafiquants — éther et cocaïne sont à la mode en 1912. Parfois, quand les marchands de paradis artificiels et leurs consommateurs négligent de prendre des précautions élémentaires, il intervient et sévit, comme un père de famille morigène ses enfants.

Dans l'atmosphère enfumée par des tabacs du monde entier, on distingue à peine les visages des Slaves, Sud-Américains, Sémites, Espagnols, Scandinaves, émigrés ou de passage, des modèles à la recherche de séances de pose, de souteneurs à l'affût de jeunes Bretonnes débarquées tout fraîchement à la gare Montparnasse pour se placer à Paris. Il règne dans la salle un va-et-vient incessant et un brouhaha de conversations échangées dans toutes les langues. Débraillés ou dans des tenues extravagantes, ils discutent avec frénésie, somnolent ou s'acagnardent dans la lecture, tandis que des amoureux embarquent pour Cythère.

L'hiver, ils se tiennent jusqu'au soir autour du gros poêle de fonte, en attendant le dîner qui, pour certains d'entre eux, se résume bien souvent à quelques croissants trempés dans un café débité par le percolateur en nickel du comptoir.

Généreux, Libion distribue à celui-là quelques petits pains croustillants, puis, enlevant les soucoupes qui s'entassent sur le guéridon de marbre de cet autre, simplifie d'autant la comptabilité du garçon chargé de l'encaissement

Dans un article publié le 25 mars 1922 dans *The Toronto Star Weekly,* dont il est le correspondant, Hemingway n'est pas tendre pour les Américains de *La Rotonde* qu'il assimile à la faune de Greenwich Village : « New York a été écumée et déversée à pleines louches sur ce secteur de Paris attenant à *La Rotonde* (...) la fange la plus épaisse et la plus fangeuse a tant bien que mal traversé l'Atlantique et a fait de *La Rotonde,* par ses réunions de l'après-midi et du soir, le principal centre d'intérêt du Quartier latin pour touristes à la recherche d'atmosphère.

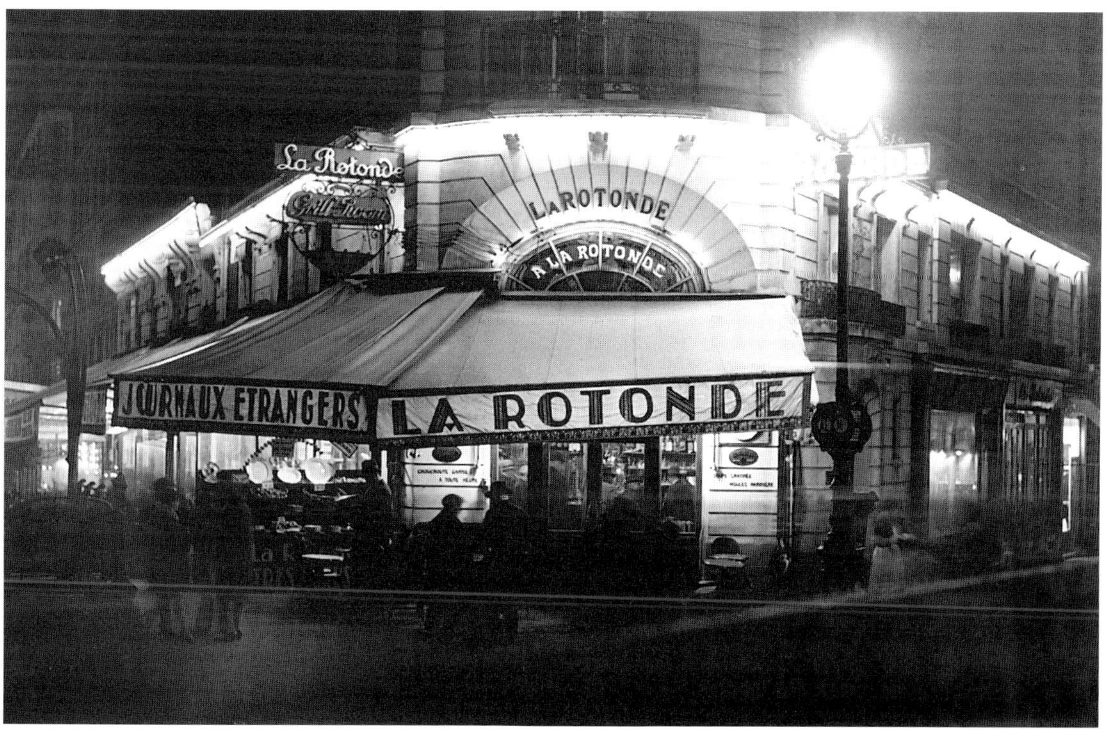

***La Rotonde* en 1929, celle des Années folles, met à la disposition de sa clientèle cosmopolite les journaux étrangers. Ses consommateurs sont critiqués par Hemingway pour le débraillé de leurs vêtements.**

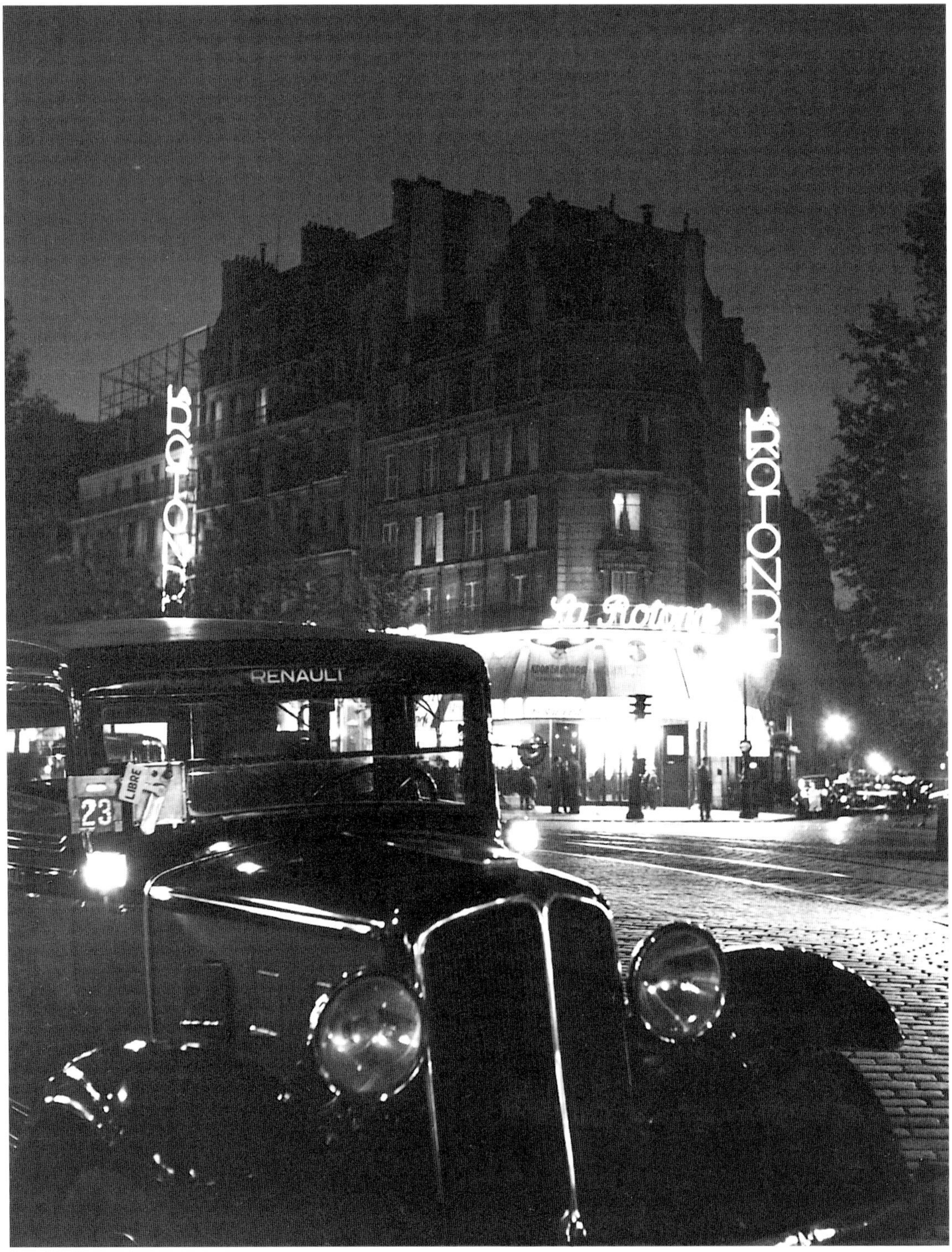

La Rotonde à la veille de la guerre en 1939, le néon éblouit le carrefour de ses enseignes lumineuses, derniers feux avant le black-out de la défense passive. Construit en 1933, un taxi Renault du type KZ 11 en stationnement devant *La Rotonde* en 1938. Variante de la Vivaquatre, ce modèle a été spécialement carrossé en taxi pour la compagnie G7.

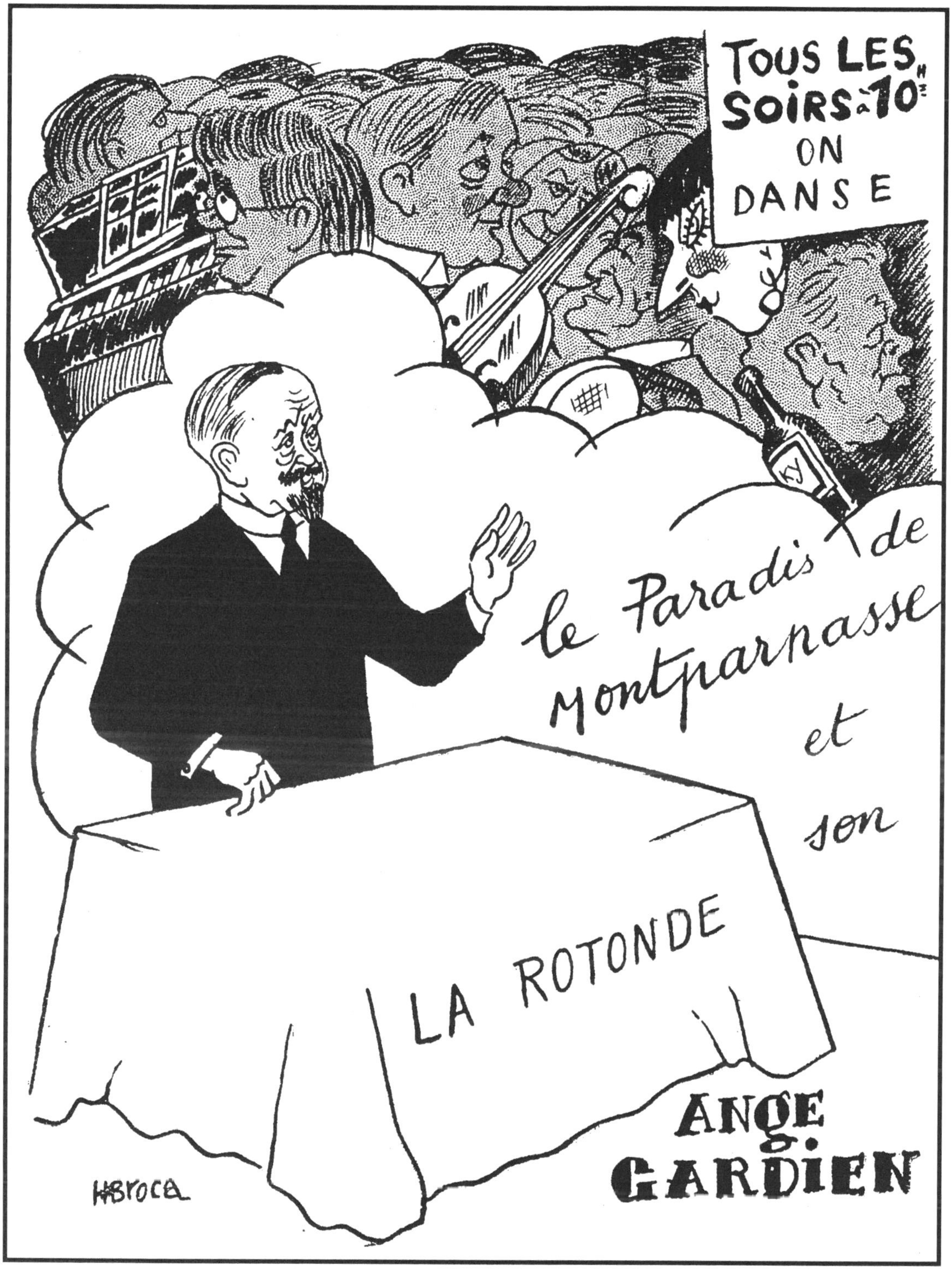

Victor Libion, patron de *La Rotonde,* est considéré à juste titre comme l'ange gardien des artistes les plus démunis. *La Rotonde,* comme *La Coupole,* a sa clientèle fidèle, ses soirées dansantes. Tango, fox-trot, shimmy, charleston se succèdent tard dans la nuit.

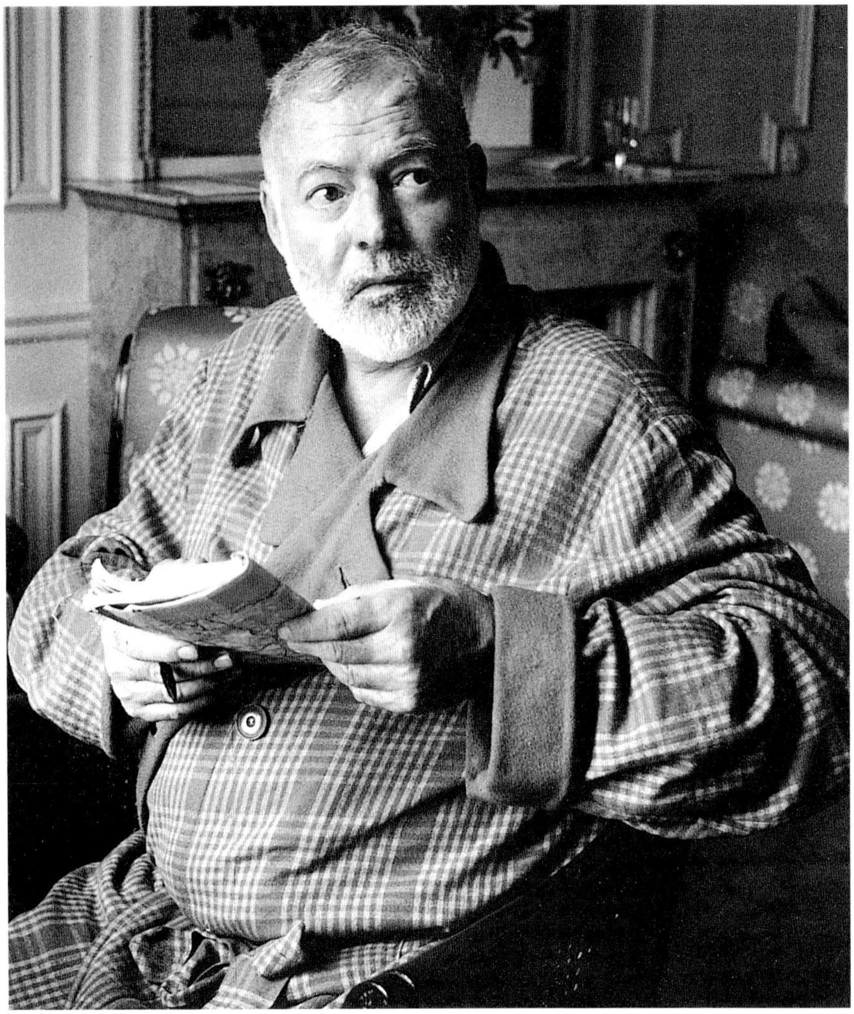

Correspondant à Paris de l'hebdomadaire *The Toronto Star Weekly* en 1922, Ernest Hemingway (1899-1961), prix Nobel de littérature (1954), commence sa carrière d'écrivain à Montparnasse sous le patronage de Gertrude Stein et d'Ezra Pound. Peu tendre pour ses compatriotes fréquentant *La Rotonde,* qu'il assimile à la faune de Greenwich Village, il préfère retrouver ses amis McAlmon, Fitzgerald, Miller, Ezra Pound au *Select,* ou s'isoler au *Cluny* ou à *La Closerie.* Son ouvrage posthume, *Paris est une fête,* relate les souvenirs mélancoliques de son premier séjour à Paris.
Ce n'est pas à Montparnasse que Luc Fournol prend cette photo de l'écrivain le 14 septembre 1956, mais à l'*Hôtel Ritz.* Il était fier d'en avoir libéré le bar en arrivant à Paris en 1945 avec l'armée américaine.

Cette espèce, aux comportements bizarres, et aux allures étranges, se presse autour des tables du café de *La Rotonde.* Ils se sont tous donné tant de mal pour afficher un individualisme débraillé dans leurs vêtements qu'ils sont parvenus à une manière d'uniformité dans l'excentricité. Un premier coup d'œil à l'intérieur de *La Rotonde* enfumée, haute de plafond et encombrée de tables, procure la même sensation qui vous frappe quand vous pénétrez dans une volière au zoo. »

On ne sait quelle mouche a piqué le futur auteur de *L'Adieu aux armes* quand il affirme : « Vous pouvez trouver tout ce que vous voulez à *La Rotonde* sauf des artistes sérieux. L'ennui est que les gens qui visitent le Quartier latin entrent à *La Rotonde* et croient y voir un rassemblement des vrais artistes de Paris. Je tiens à rectifier cela très publiquement, car les artistes de Paris qui produisent des œuvres valables ont horreur et mépris pour la cohue de *La Rotonde.* »

Dans son ire, Hemingway prolonge le Quartier latin bien au-delà de ses limites, mais quelle importance pour ses lecteurs de l'Ontario ?

Article d'humeur, d'un journaliste de vingt-quatre ans qui semble ignorer que les peintres Soutine, Kisling, Derain,

Vlaminck, Krémègne, Pascin, Friesz, et les poètes Salmon et Max Jacob ont adopté *La Rotonde*.

Est-ce miss Stein qui lui a fait la leçon ? Entraînée par le peintre allemand Hans Purmann, entiché de Matisse rencontré chez elle, où fréquentaient notamment Picasso et Fernande Olivier, Gertrude Stein ne hantait que *Le Dôme*. Avait-elle jeté l'anathème sur le café du brave Libion ? On sait qu'il ne faisait pas bon de s'opposer au bas-bleu du 27 rue de Fleurus.

En 1926, Hemingway semble un peu modérer son jugement. Dans *Le soleil se lève aussi*, il fait dire à son personnage Jake Barnes : « De la rive droite, quel que soit le café où vous demandez au chauffeur de taxi de vous conduire, il vous dépose toujours devant *La Rotonde*. Dans dix ans, ce sera sans doute *Le Dôme*. »

Le 16 août 1916, à midi, Jean Cocteau arrive à* La Rotonde. *Il a rendez-vous avec Pablo Picasso avec lequel il doit déjeuner chez* Baty. *Il fait beau et chaud, il s'est muni de l'appareil photographique de sa mère. Quelques amis de Montparnasse sont là : Max Jacob, Henri-Pierre Roché, Marie Vassilieff, auxquels se joindront au moment du café le modèle Paquerette, Moïse Kisling, André Salmon et Amedeo Modigliani. Entre midi et demi et quatre heures, Cocteau fait dix-neuf photos. Aujourd'hui ces documents sont une curiosité rare. Ils nous invitent à découvrir le visage juvénile de ces peintres, de ces poètes, futures gloires de Montparnasse. Dommage que Cocteau, le benjamin, resté derrière son objectif, n'apparaisse pas sur ces photographies.

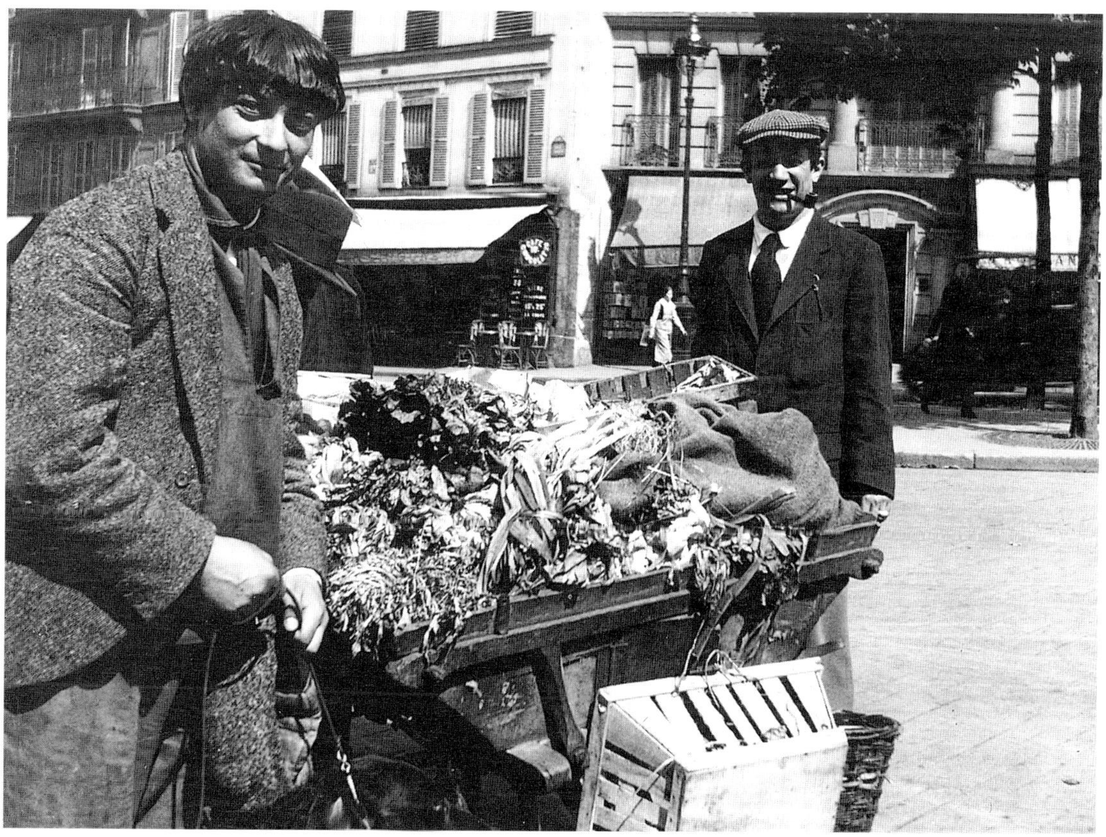

À gauche, Kisling tient son chien Kouski en laisse. Picasso sourit de voir Max Jacob, caché par Kisling, inventorier la marchandise, bien fatiguée, de la voiture de la marchande des quatre-saisons.

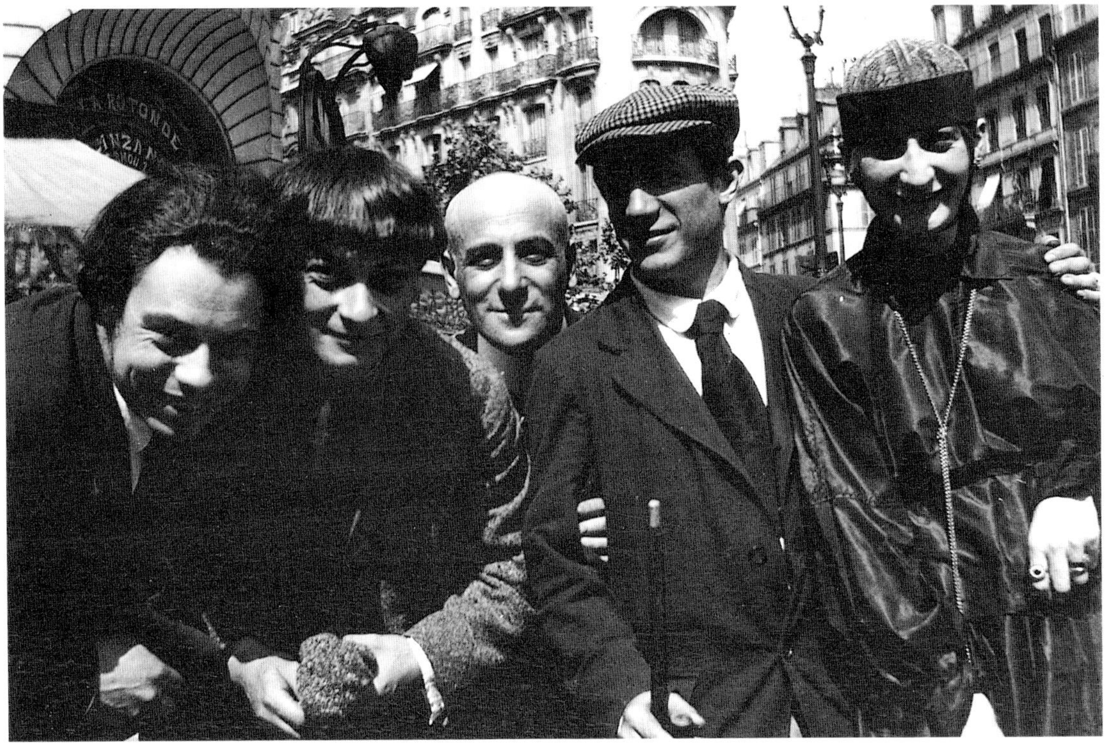

De gauche à droite : Manuel Ortiz de Zarate, Moïse Kisling, Max Jacob, Pablo Picasso et Paquerette devant l'entrée de *La Rotonde.*

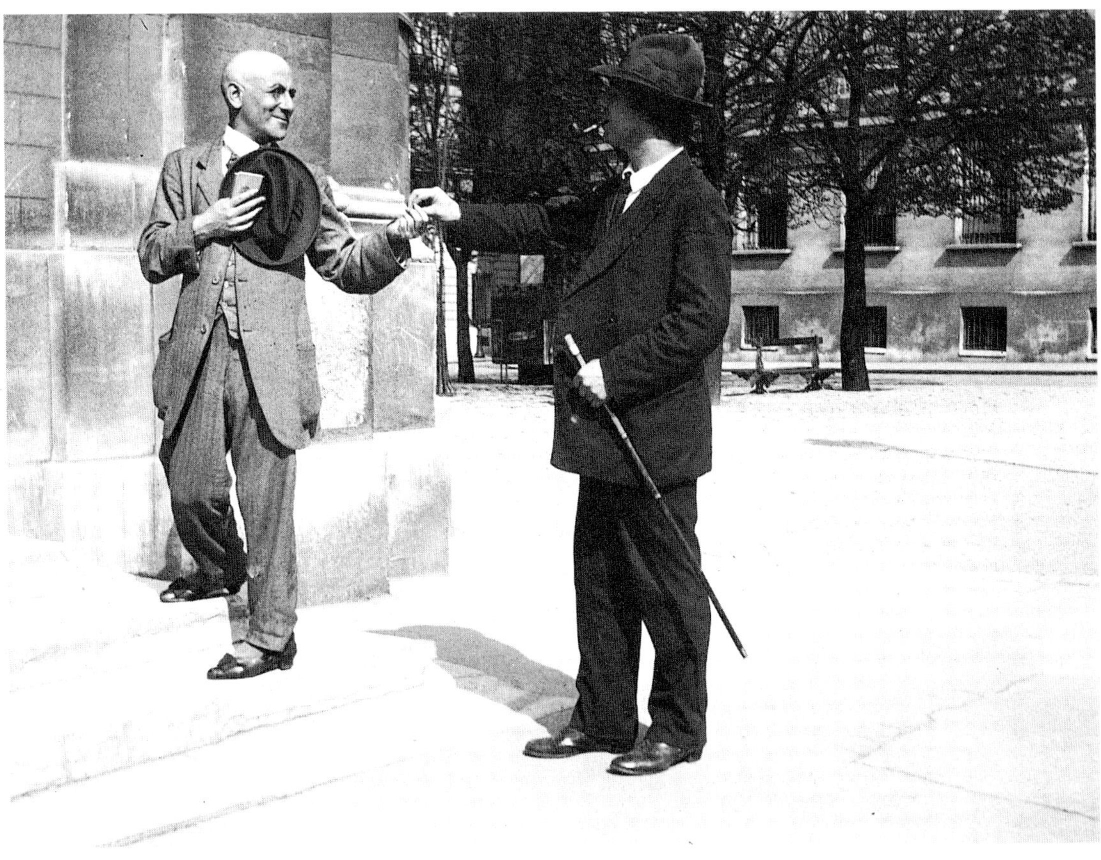

Petite mise en scène devant l'église Notre-Dame-des-Champs. Max Jacob fait l'aumône à Ortiz de Zarate. Une bien mauvaise distribution des rôles : le mendiant paraît plus prospère que son bienfaiteur.

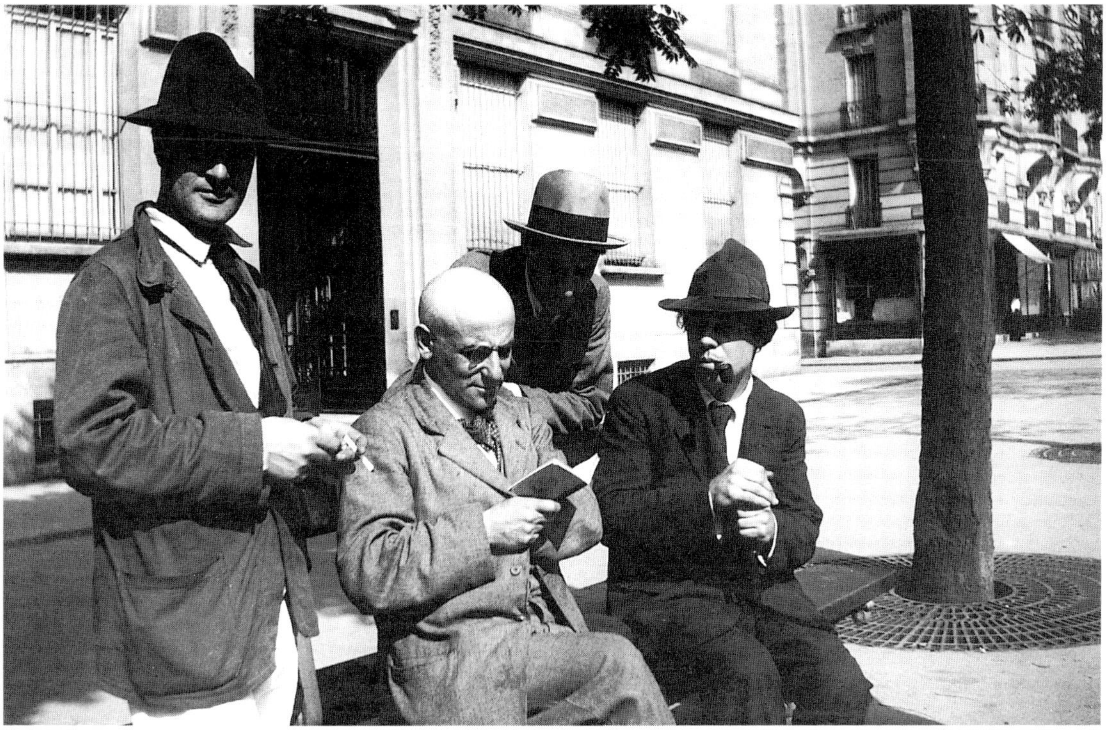

Boulevard du Montparnasse, devant l'immeuble des P.T.T., de gauche à droite : Modigliani regarde l'objectif, Max Jacob lit un poème ou... son bréviaire, Salmon suit la lecture et Ortiz de Zarate écoute humblement.

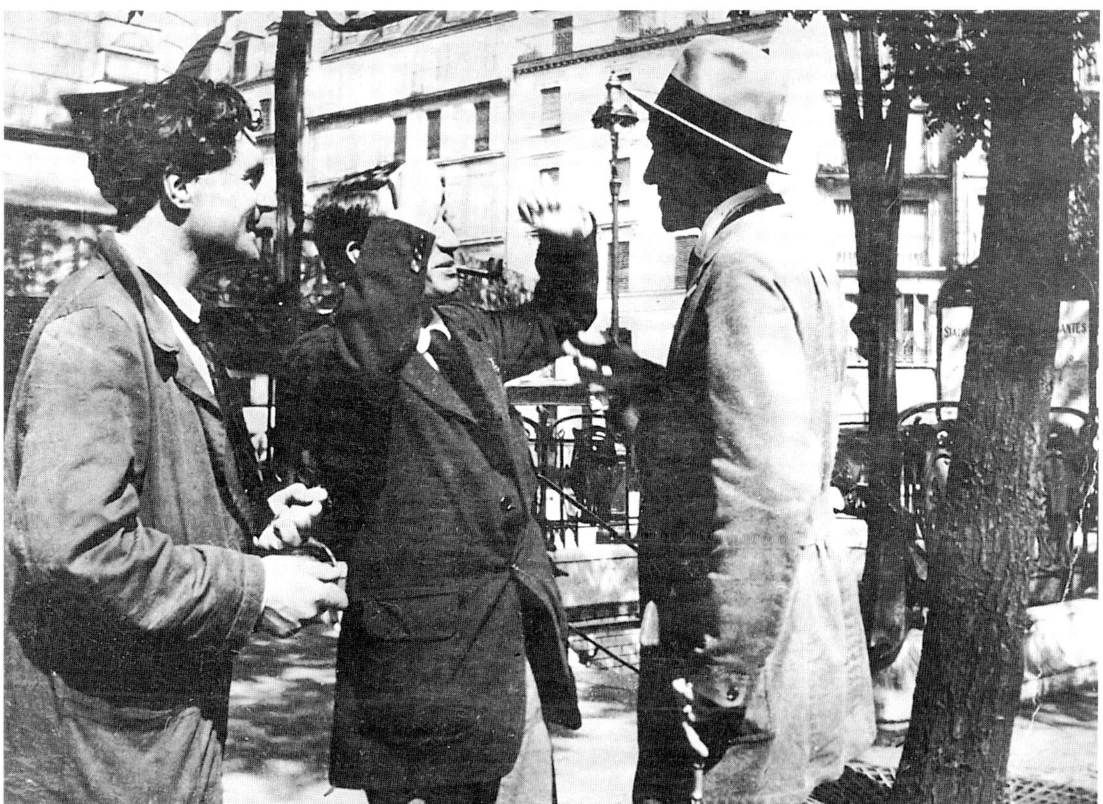

Devant la station de métro Vavin, explication gestuelle de Pablo Picasso à André Salmon sous le regard amusé d'Amedeo Modigliani.

Pendant qu'il étudiait les beaux-arts à Venise, Amedeo Modigliani (1884-1920) rêvait de Paris. Son voisin d'atelier, le Chilien Ortiz de Zarate (1886-1942), lui racontait la vie des peintres de Montmartre. Son désir impérieux d'y résider triomphe des réticences familiales. En 1906, il s'installe sur la Butte, il n'a que vingt-deux ans.

Modigliani a la beauté du diable. Dans son costume de velours froissé, sa chemise à carreaux bleus et blancs, son foulard rouge, il est d'une élégance assez étudiée pour paraître négligée. Avec sa belle gueule, il traîne les cœurs derrière lui. Insouciant, taciturne, il ne se sent guère d'affinités avec les fauves, ni avec les cubistes. Il fréquente plus volontiers les cafés que les ateliers. Dès 1907, le collectionneur Paul Alexandre lui achète ses premiers tableaux ; l'année suivante, il expose sept œuvres au Salon des indépendants.

Après un séjour dans sa ville natale de Livourne en 1909, Modigliani revient à Paris, quitte Montmartre, pour s'installer cité Falguière à Montparnasse. Non loin de là, impasse Ronsin, il voit Constantin Brancusi qui l'encourage à sculpter. Pendant plusieurs années il travaillera des blocs de pierre raflés sur des chantiers voisins. Il en tire des têtes de femmes puis des cariatides pour un hypothétique temple de la Beauté.

À *La Rotonde*, il rencontre Soutine, Kisling, Pascin, et devient l'une des figures les plus marquantes de Montparnasse. Il dessine sans cesse sur un carnet, puis en déchire rageusement les feuilles, souvent ivre, ses esclandres ne plaisent guère à Libion. Avec lui, les discussions dégénèrent. Elles ameutent les curieux, déplacent la police, ce que le bistroquet trouve préjudiciable à la bonne réputation de son établissement. Débonnaire, Libion lui achète cependant, de temps à autre, quelques toiles ne serait-ce que pour réduire le montant de son ardoise.

Tout en conservant son atelier du Bateau-Lavoir, Picasso habite avec Fernande Olivier au pied de la Butte, 11, boulevard de Clichy. Il s'installe ensuite, avec Eva Gouel sa nouvelle conquête (nommée *Ma jolie* dans ses tableaux), 242, boulevard Raspail, où il exécute ses premiers « papiers collés », puis dans un atelier au 5 *bis*, rue Schoelcher, en face du cimetière Montparnasse. En 1915, Eva meurt. Effondré, très seul — ses amis sont au front —, il va se remettre au travail pour exécuter les décors de *Parade* que Jean Cocteau le presse d'exécuter.

On le voit un peu à *La Rotonde* prenant son crème, vêtu d'un vieil imperméable taché et coiffé d'une casquette de lad. Silencieux, il observe de ses yeux de manouche la faune turbulente, ne participant que très peu aux conversations. Ses voyages en Espagne, ses séjours à Céret, à Sorgues en Avignon, le tiennent souvent éloigné de Montparnasse. Il y reviendra plus tard, de temps à autre, mais n'habitera plus le quartier.

Vers la fin de la guerre, permissionnaires, blessés et réformés retrouvent *La Rotonde* sans le père Libion. Le bon samaritain de la Bohème s'est laissé entraîner dans un méchant trafic de cigarettes américaines. Dénoncé, sans doute, par l'un de ces indicateurs dont les cafés de Montparnasse regorgent à l'époque, il a été dans l'obligation de vendre son fonds pour payer l'amende à laquelle il a été condamné. Après son départ, le pauvre Libion est vite oublié. Personne ne s'est vraiment soucié de savoir ce qu'il est devenu.

Cependant peut affirmer que Victor Libion aura été un des animateurs infatigables de l'âge d'or de Montparnasse.

Cinq sculpteurs dans leur atelier de Montparnasse

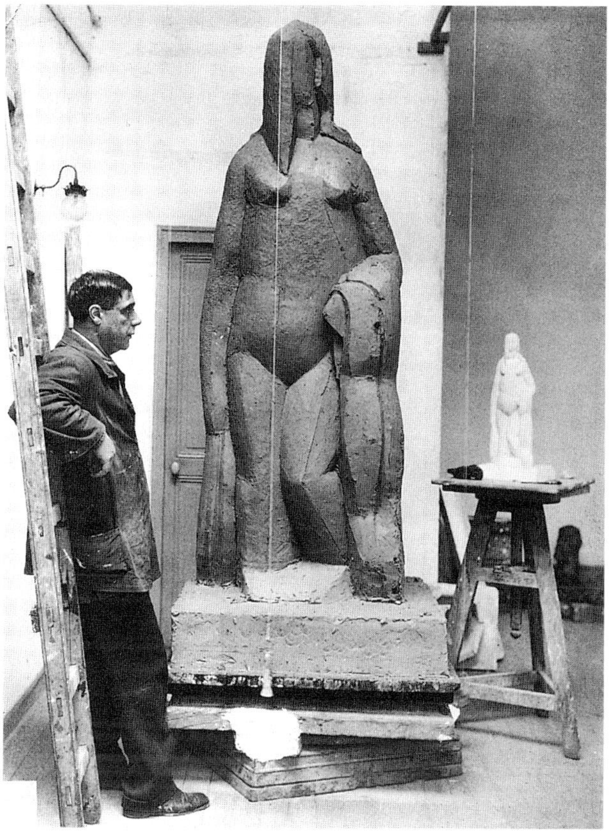

Henri Laurens (1885-1954) ; après une jeunesse laborieuse, un apprentissage sévère, il rencontre Georges Braque en 1911. L'amitié qu'il lui voue durera jusqu'à sa mort. Le cubisme, omniprésent dans l'art, le séduit, comme un grand nombre d'artistes. Il exécute des papiers collés, des constructions de bois ou de métal très remarquées à l'époque. Graveur, illustrateur, décorateur, son œuvre de sculpteur est monumentale, d'une plénitude sensuelle, aux lignes élégantes. Il est l'un des principaux rénovateurs de la sculpture moderne. Henri Laurens devant *Femme debout à la draperie* dans son atelier du boulevard du Montparnasse en 1928.

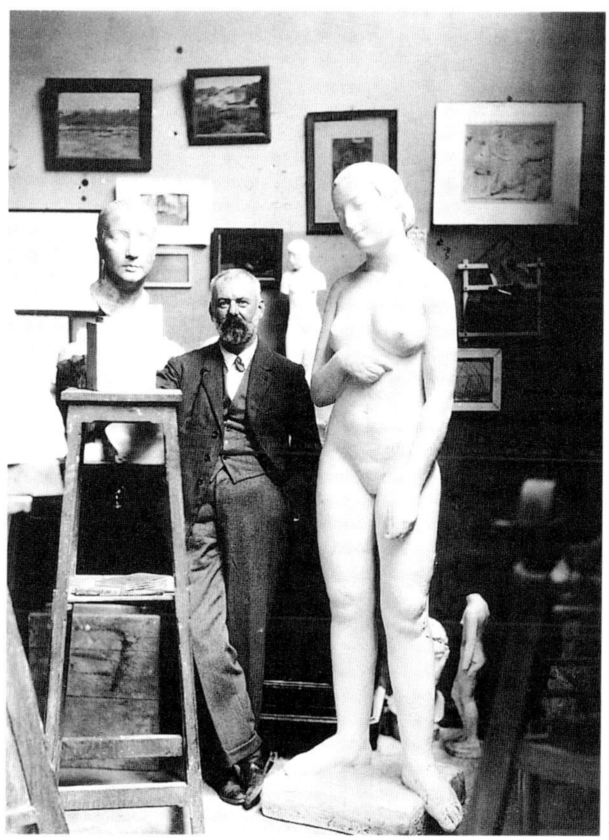

Charles Despiau (1874-1946) travaille avec Auguste Rodin en 1907, mais l'admiration qu'il voue à l'auteur du *Baiser* n'a guère d'influence sur son œuvre ; sans jamais forcer le trait, les portraits de ses modèles à la grâce juvénile dégagent une vérité, une charge émotionnelle, rappelant l'art des maîtres de la Renaissance.
Les bustes de Paulette (1910), Lucien Lièvre (1918), Madame Henraux (1927), Madame Bastard (1929), Dunoyer de Segonzac (1942) sont autant de portraits psychologiques d'un classicisme fait de calme et d'harmonie.

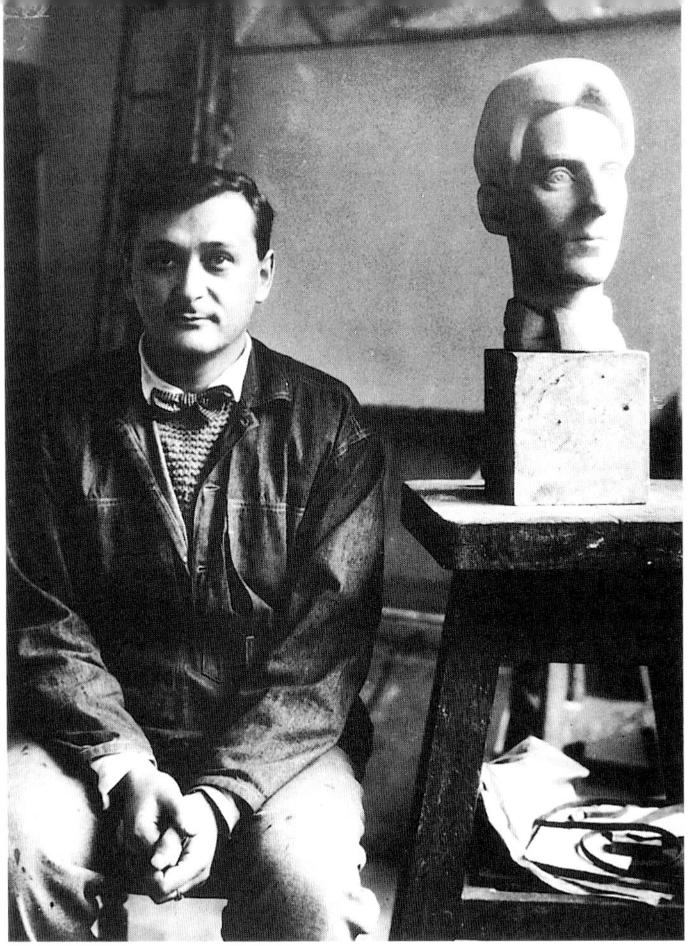

Jacques Lipchitz (1891-1973) ; d'origine polonaise, arrive à Paris en 1909, fréquente les académies Julian et Colarossi, puis repart en Russie en 1912 pour accomplir son service militaire. À son retour, en 1913, il est, lui aussi, entraîné dans le courant du cubisme. Influencé par les peintres, il trouve sa voie dans un art sobre et dépouillé. En 1925, il tente de nouvelles expériences vers une sculpture plus aérée où l'arabesque, le mouvement, l'éloignent du réel. En 1937, il étudie le rôle de la sculpture dans l'architecture. Son *Prométhée et le vautour,* à l'Exposition internationale de Paris en 1937, exprime ses conceptions nouvelles. Lipchitz se fixe aux États-Unis en 1941 et ne reviendra que brièvement à Paris. Dans son atelier, 54, boulevard du Montparnasse, il pose en 1926, près de son buste de Jean Cocteau.

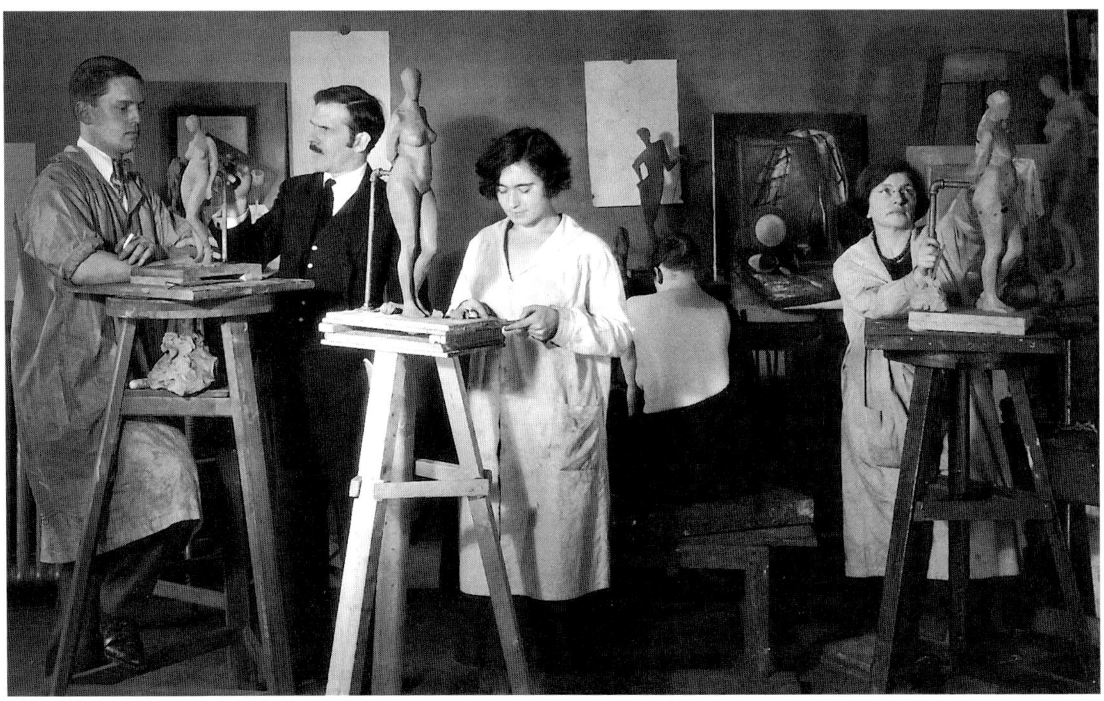

Alexandre Archipenko (1887-1964) ; il vient à Paris en 1908, se lie avec les artistes de la Ruche. Il expose ses premières œuvres à la Section d'or. L'influence cubiste est évidente dans ses formes géométriques bien souvent triangulaires. Il utilise le bois, le métal, le verre, et en peint les formes de couleurs vives. Il séjourne à Berlin, puis s'installe aux États-Unis en 1939 où il invente ses *Archipeintures,* curieuses sculptures mobiles qui l'éloignent du rôle de novateur de ses jeunes années. Il enseigne à Washington, New York, Chicago. Dans son atelier de Montparnasse, en 1924, il corrige les travaux de ses élèves.

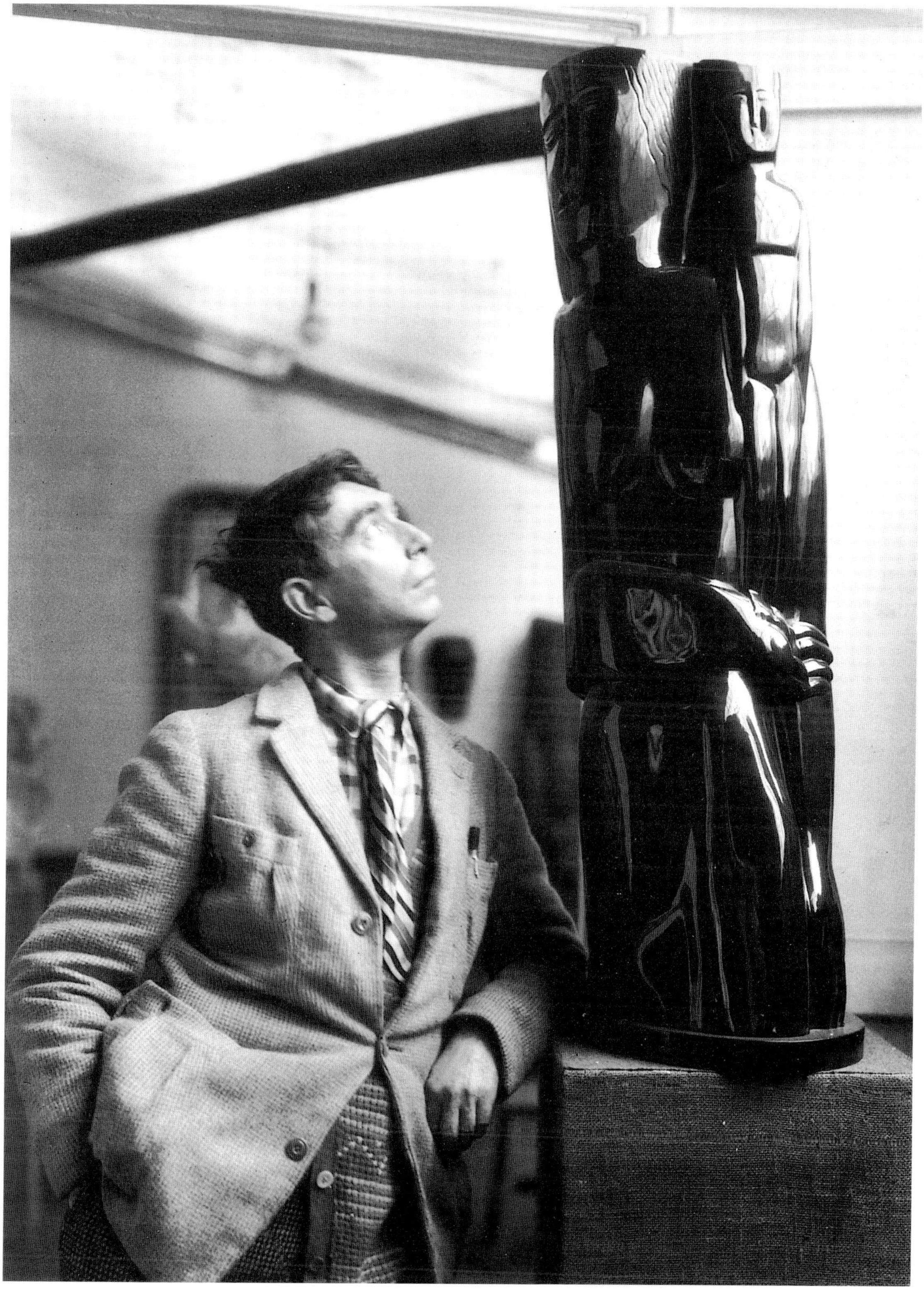

Ossip Zadkine (1890-1967) ; le cubisme naissant est, pour lui, le point de départ d'un mouvement d'avant-garde libérateur. Vers les années 20, son sentiment poétique, son attachement à la nature, donnent à son œuvre un rythme plastique empreint d'émotion, assez éloigné du cubisme. Son atelier, qu'il appelait la « folie d'Assas », oasis champêtre, peuplée de ses sculptures, est aujourd'hui un musée. Zadkine, ici en 1939, près d'une de ses sculptures, recouverte de laque du Japon.

L'improbable M. Cravan

On ne saura jamais où est né, ni comment est mort l'extravagant Arthur Cravan. Se disant irlandais, neveu d'Oscar Wilde, poète, éditeur et boxeur, ce colosse haut de près deux mètres, pesant un bon quintal, est un rouleur de mécaniques, toujours prêt à l'invective. Il fréquente *La Rotonde,* peu avant la guerre de 14. Ce beau gosse de moins de trente ans au regard inquiétant prétend vivre du produit d'un cambriolage perpétré dans une bijouterie de Lausanne. Poète, il ne cherche pas à faire éditer ses œuvres au *Mercure de France* ou à *Vers et prose*, sachant le secteur trop encombré. Il choisit de fonder *Maintenant*, sa propre revue critique, de petit format, sur papier médiocre, utilisant une typographie exécrable. Il y cumule les fonctions de directeur et de rédacteur unique. Ne respectant rien, ni personne, ses propos sur les gloires littéraires et les arts ne lui attirent pas que des amis.

Furieux de lire, dans un compte rendu du Salon des indépendants, des insinuations blessantes sur Marie Laurencin, Apollinaire lui envoie ses témoins. Plus arrogant qu'intrépide, Cravan riposte par l'ironie, arme moins redoutable que l'épée.

Il vit des recettes de publicité de sa revue, en pratiquant « l'échange marchandises » : le boulanger lui fournit pain, croissants, viennoiserie ; le bougnat, de quoi se chauffer en hiver. Notre homme est l'hôte, matin et soir, des gargotiers du quartier.

Il placarde les murs de Montparnasse d'affiches retraçant sa carrière sportive avant de se rendre à Barcelone pour se mesurer au boxeur Jack Jackson, champion du monde toutes catégories. Mis hors de combat quelques secondes après le coup de gong du premier round, les spectateurs furibonds vitupèrent, exigeant le remboursement des billets.

Plus à l'aise sur une estrade que sur un ring, il part pour New York donner des conférences. Gabrielle Buffet-Picabia raconte que Marcel Duchamp lui ayant proposé de faire un exposé sur l'art nouveau, Cravan s'est présenté sur la scène fin soûl, traînant une valise derrière lui. Devant l'assemblée choisie, il a, d'emblée, entrepris d'en extraire du linge sale pour le jeter au public. Des policiers présents dans la salle interviennent *in extremis* pour mettre fin à sa prestation à l'instant où, devant les spectateurs horrifiés, il entreprend de se dévêtir pour effectuer un strip-tease.

« Quelle belle conférence ! » s'exclame Duchamp à la sortie.

André Salmon ne l'aime guère. Cependant dans ses *Souvenirs*, il concède, non sans réticence, quelque talent au poète :

« En dépit de truculences un peu nègres et d'un érotisme de caserne, d'un ithyphallisme de cantine, d'une scatologie de séminaire, on ne put honnêtement mésestimer la veine lyrique d'Arthur Cravan. »

En 1917, l'entrée en guerre des États-Unis met fin aux excentricités américaines de Cravan. Il file au Mexique, au bras d'une jeune Anglaise qu'il a épousée. Entraîneur d'un club de boxe, il s'oppose, à nouveau sans succès, à un champion, mexicain celui-là. Ce nouvel échec met fin définitivement à sa carrière sportive et aux activités de son club déserté par ses disciples.

Nul ne sait comment sa vie s'est achevée. D'aucuns prétendent que, parti rejoindre

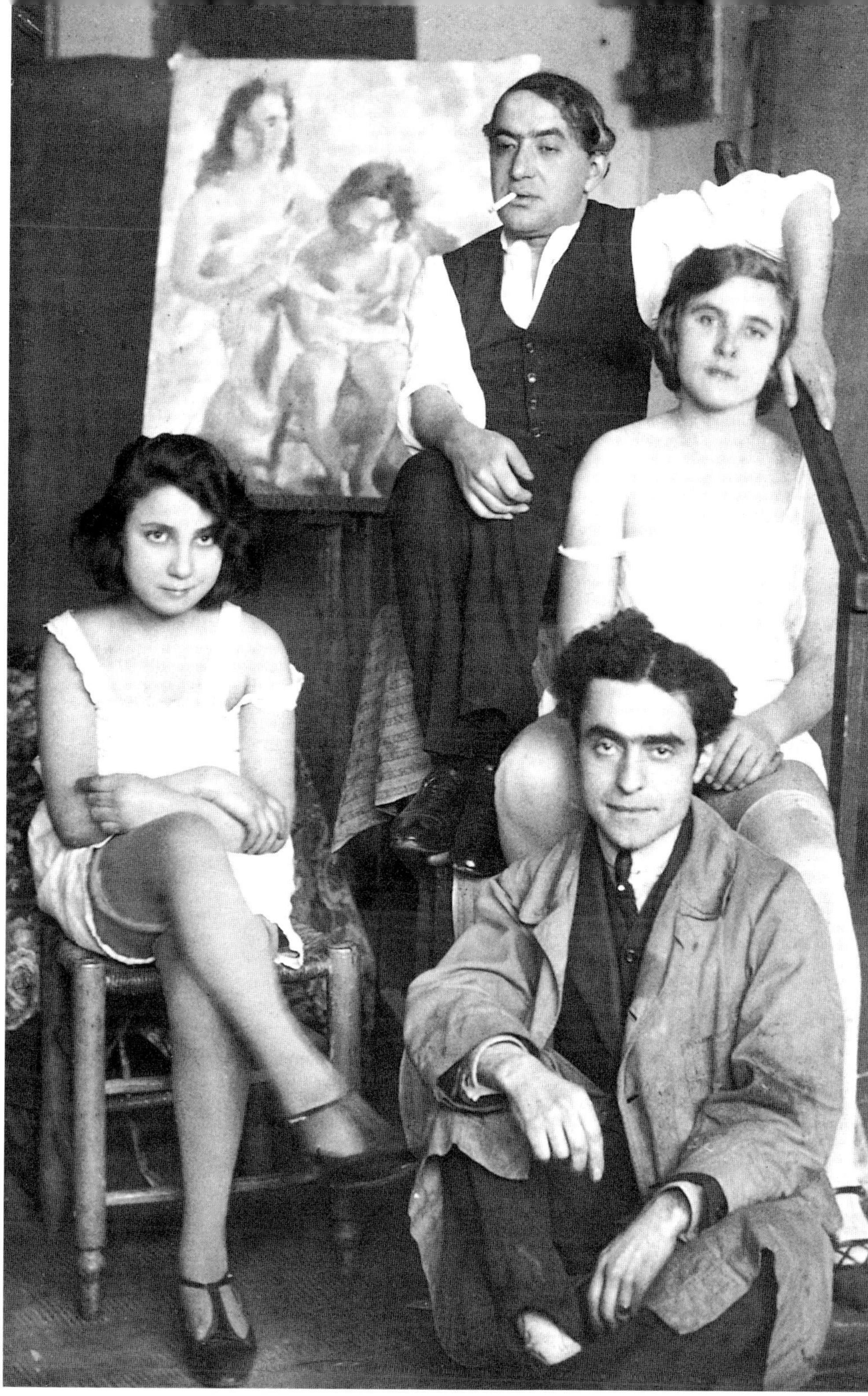

Pascin (Julius Pinkas 1885-1930) arrive de Munich à Paris en 1905 auréolé du prestige que lui vaut sa collaboration au *Simplicissimus,* journal humoristique allemand, et d'une réputation solide de fêtard. Ayant rompu tout lien avec sa famille bulgare, il s'installe à Montparnasse, retrouve ses amis au *Dôme.* Tristement voluptueux, il peint et dessine des fillettes dénudées et troublantes, fréquente les lupanars, aime faire la bringue avec ses amis qu'il régale généreusement. Il épouse le peintre Hermine David mais est follement épris de Lucy, son modèle favori. Lors de son absence aux Amériques, elle se marie avec Per Krohg, le peintre norvégien de Montparnasse. Convaincu qu'il ne pourra jamais faire le bonheur de Lucy, il se suicide dans son atelier du boulevard de Clichy le 2 juin 1930.
Pascin dans son atelier, entouré de ses modèles et de Pierre Marseille.

l'Argentine, son voilier se serait perdu corps et biens en mer ; d'autres que la bande de hors-la-loi avec laquelle il chevauchait à la frontière du Mexique et des États-Unis se serait heurtée à la police montée et qu'il aurait été tué lors de l'échauffourée.

Acta est fabula pour l'étonnant Arthur Cravan, « ce grossier personnage digne de l'éloge » (André Salmon).

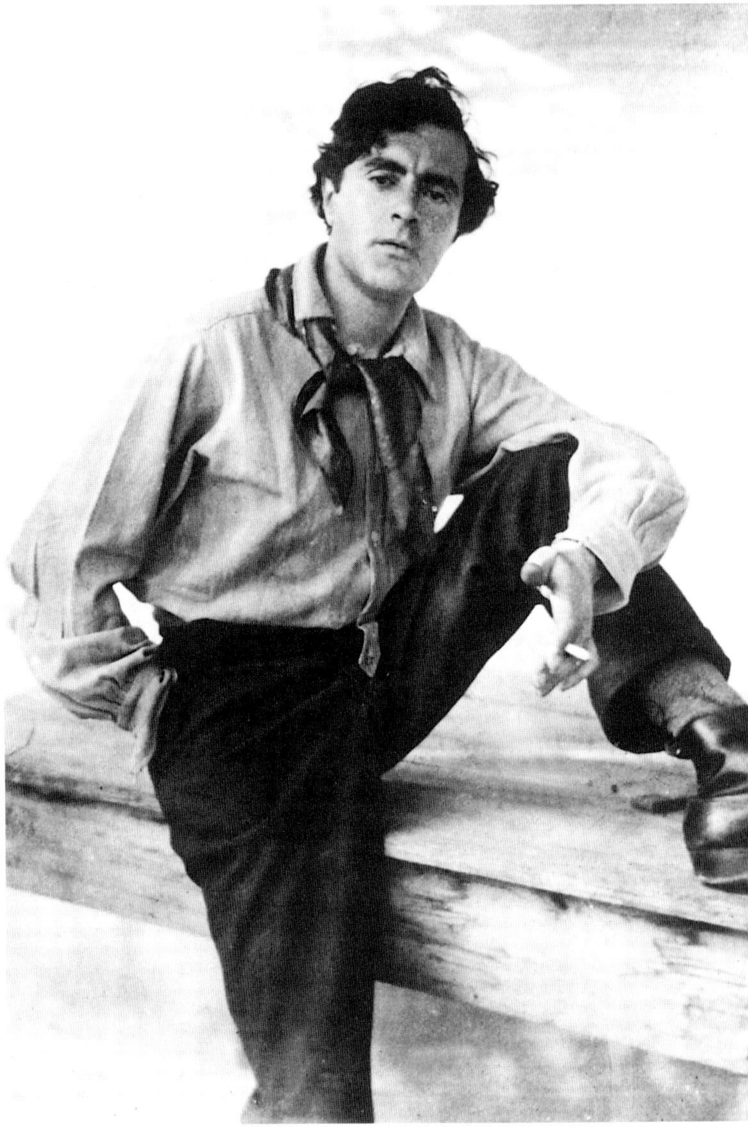

Destinées sentimentales et tragiques

On dit que la Belle Époque n'a pas été belle pour tout le monde ; il en va de même pour les Années folles, tous les artistes de Montparnasse ne les ont pas vécues dans la félicité et l'euphorie. Si les poètes de *La Closerie des lilas* autour de Paul Fort, les écrivains américains chez Gertrude Stein, rue de Fleurus, ou attablés à la terrasse du *Select*, ont mené une vie de bohème plutôt insouciante, d'autres ont rencontré dans leur art, comme dans leurs amours, des oppositions et des obstacles qu'ils n'ont pu contourner.

Peut-on accuser la fatalité d'entraîner vers un destin tragique Amedeo Modigliani et Jeanne Hébuterne, Julius Pascin, les surréalistes René Crevel, Jacques Rigault, Jacques Vaché, Madeleine Anspach, compagne d'André Derain, les chorégraphes Serge de Diaghilev et Jean Borlin ?... Fins pitoyables, suicides absurdes après tant d'agitations fiévreuses, de nuits sans sommeil, d'alcoolisme ; dénouements

Amedeo Modigliani (1884-1920) étudie la peinture aux académies de Florence et de Venise, puis vient à Paris en 1906. Beau, insouciant, capricieux, prodigue, déjà atteint de tuberculose, il mène la vie de bohème à Montmartre et ne se soucie que de dessiner et de peindre. En 1913, il quitte la Butte pour Montparnasse où sont déjà installés ses amis Pascin, Soutine, Kisling... Il déambule dans les cafés, ivre d'alcool et de drogues. En dépit de femmes dévouées et de son fidèle marchand Zborowski, qui l'aident et le soutiennent, il meurt épuisé, le 24 janvier 1920, à l'hôpital de la Charité, terrassé par la phtisie. Indifférent au cubisme ambiant, il laisse une œuvre au style élégant et original, un peu maniériste, plus attaché à la ligne qu'à la composition. Après sa mort, les amateurs se pressent d'acquérir ses tableaux si décriés de son vivant ; et cela, désormais, à prix d'or.

dramatiques d'amours impossibles, désespoir d'artiste à l'œuvre inaccomplie ou méconnue.

Modigliani meurt le 24 janvier 1920 à trente-six ans à l'hôpital de la Charité, vaincu par une vie de démesure. Son œuvre n'a pas été pleinement reconnue de son vivant comme celle de son ami Soutine. L'exposition de ses plus beaux nus, chez Berthe Weill, rue Taitbout, en décembre 1917, avait fait l'objet d'un scandale. Le commissaire de police du IXe arrondissement ayant exigé le retrait des tableaux de la vitrine, pour offense à la pudeur.

Deux jours après la mort d'Amedeo, Jeanne Hébuterne, sa jeune compagne, enceinte, ne voulant pas lui survivre, se jette du cinquième étage de la fenêtre de sa chambre, rue Amyot, où demeurent ses parents.

Pour régler les frais de l'enterrement du peintre, le dévoué Zborowski, poète et marchand de tableaux, va proposer à un collectionneur une belle toile d'Amedeo pour mille francs.

« Je veux bien payer cette somme, mais je veux, auparavant, que l'on me confirme qu'il est bien mort », dit l'amateur d'art.

Et de téléphoner à l'hôpital de la Charité pour s'en assurer. Modigliani, en quittant la vie, vient d'entrer dans la légende. À ses obsèques, Picasso désigne à Carco le corbillard qui disparaît sous les fleurs, salué par les agents au garde-à-vous, et lui dit à l'oreille : « Tu vois… Il est vengé ! »

Le lendemain de sa disparition la cote de ses œuvres monte ; elle ne cessera plus de grimper.

Pascin dessine, peint, aime les femmes et les lupanars, adore faire la fête et régaler ses amis. Curieux dandy, sanglé dans un costume noir de bonne coupe sur lequel tranche un foulard blanc qui ne le quitte jamais, chaussé de souliers vernis pointus et

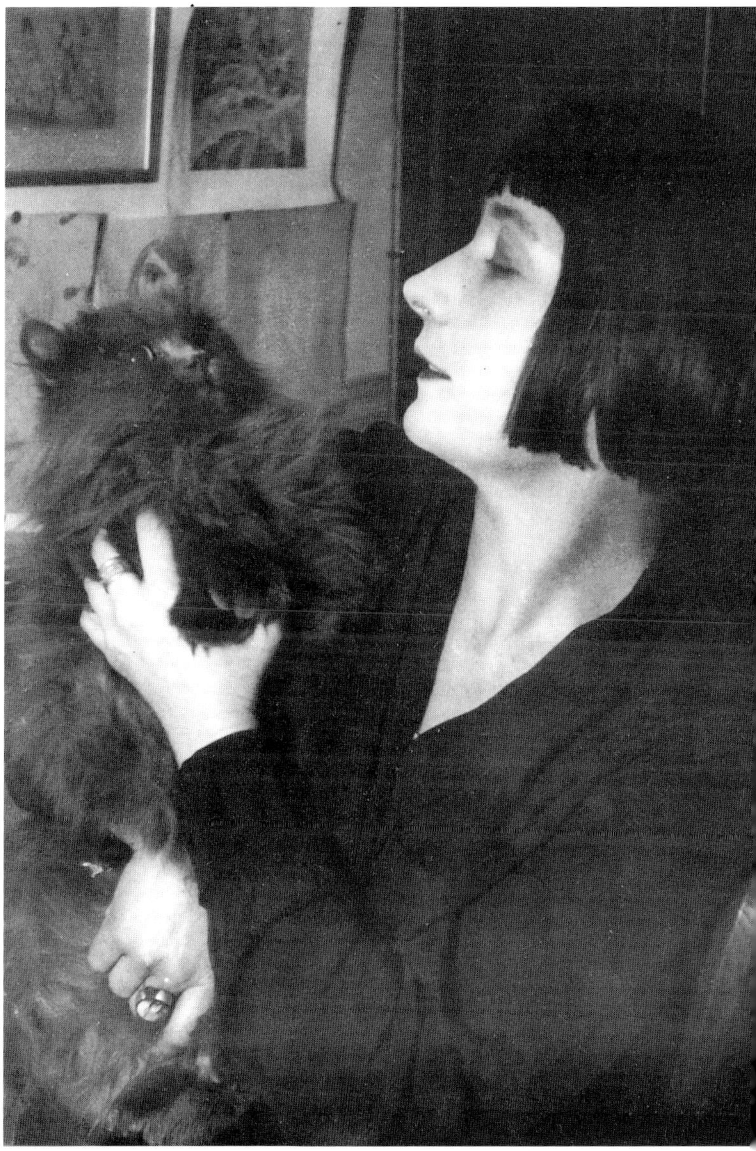

Cécile Vidil, modèle de l'académie Matisse, sera le grand amour de Pascin.
Lucy (on l'appelle par ce prénom) épouse le peintre norvégien Per Krohg. Alors que Pascin effectue un voyage aux Amériques, elle met au monde un fils, Guy.
Dès son retour Pascin revoit Lucy, leur passion s'enflamme de plus belle. Leur amour, désormais impossible, le conduira à se donner la mort.

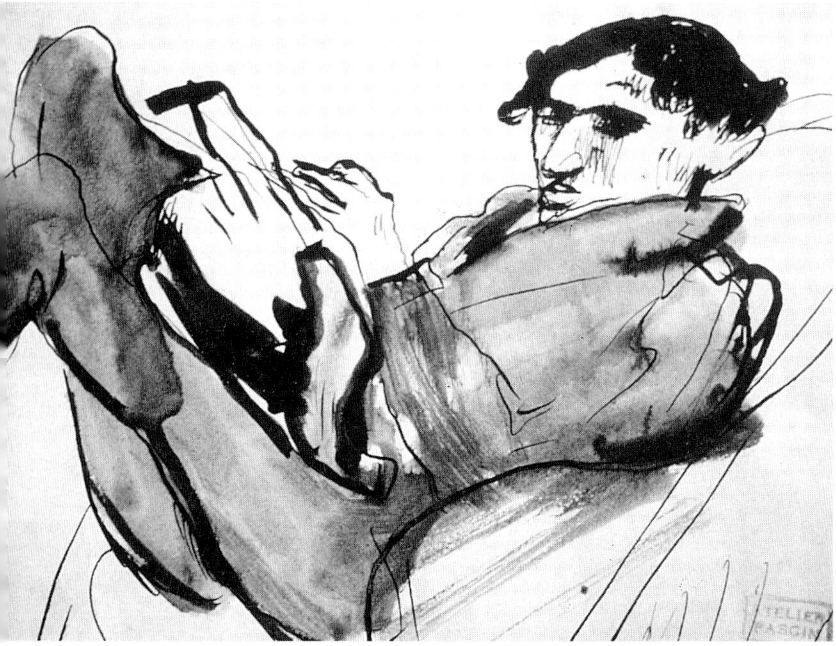

Pascin arrive à Paris un soir de décembre 1905. Débarquant de l'Orient-Express, il est fêté par un comité d'accueil amical qui l'entraîne aussitôt au *Dôme.* Il fait ici son portrait à la terrasse du café.

guêtrés, un chapeau melon posé de guingois sur des cheveux crépus cachant « des yeux de fauve apprivoisé avec une étincelle d'or » (Paul Morand), un long nez, sur une lippe sensuelle et boudeuse.

En dépit de son jeune âge, il arrive à Paris auréolé par le prestige de ses dons de dessinateur et son pouvoir de séduction auprès des femmes. Il épouse Hermine David mais s'éprend de Lucy Vidil. Pendant sa longue absence aux Amériques, Lucy épouse le peintre norvégien Per Krohg, dont elle a un fils. De retour à Paris, Pascin et Lucy se retrouvent et vivent le grand amour.

Convaincu qu'il ne pourra jamais connaître le bonheur avec Lucy, mariée et mère d'un petit garçon, il se suicide dans son atelier du boulevard de Clichy le 2 juin 1930.

« Lucy, écrit-il dans sa dernière lettre, ne m'en veux pas pour ce que je fais, il faut que je m'en aille pour que tu sois heureuse. Adieu ! Adieu ! » Il s'ouvre les veines ; puis trempant l'index dans son sang, il écrit en lettres capitales, sur la porte d'un débarras : « Adieu Lucy. » On le retrouve pendu à la porte de son atelier. Il avait quarante-cinq ans. La veille, il avait signé un contrat avec Bernheim et promis, à ses amis de bombance, une surprise de taille qu'il ne voulait pas dévoiler. Contrairement à Modigliani, Pascin a connu le succès de son vivant.

Parangons de l'amour-passion, à une époque où, dans la précipitation des plaisirs et des jours, certains embrasent leur vie, ces fous d'amour des Années folles s'abandonnent au désespoir de ne pouvoir vivre ensemble, comme ces malheureux dont l'existence semble sans nécessité. Des vies dont on a été bien peu économe au cours de la boucherie récente dans laquelle un million et demi de Français sont morts.

Et pourtant, cette guerre à peine achevée, on perçoit déjà les bruits de bottes annonçant la revanche. En dépit de cet avenir précaire, certains vont accomplir leur œuvre, d'autres, dans la hâte, mener une vie frivole et factice, dont les débordements sont à la mesure de leur désespoir.

Les œuvres de Modigliani, comme celles de Pascin, aujourd'hui dispersées aux quatre coins du monde dans de grandes collections et des musées, témoignent du génie de ces artistes à la trajectoire fulgurante.

Ouvert la nuit

Inauguré en 1924 au 99 du boulevard du Montparnasse, à l'angle de la rue Vavin, *Le Select* est le premier café de Montparnasse ouvert toute la nuit. Ses spécialités, mais surtout son welsh rarebit, lui attirent vite la clientèle américaine.

Paris vit une époque d'exaltation. Ces Années folles fourmillent d'histrions et de magiciens, de génies et de tricheurs. Pendant dix ans ce ne sont que défis, audaces, excès, folies. Après la saignée de la Grande Guerre, la jeunesse veut tirer un trait sur la période tragique, se libérer des tabous en suivant les écrivains nouveaux : Morand, Cendrars, Cocteau, Aragon, Breton, les jeunes musiciens, Milhaud, Auric, Sauguet, Poulenc, qui, tirant la leçon de Satie, Debussy, Ravel et du jazz, découvrent des domaines sonores encore inexplorés. En peinture, cubisme, fauvisme, rayonnisme, orphisme, semblent un moment occultés par les facéties du mouvement Dada dont Picabia multiplie les provocations.

1925 – Paul Poiret libère la femme du corset à busc, et s'impose comme l'arbitre de l'élégance féminine ; sa gloire est à son apogée. Maurice Chevalier au Palace et Mistinguett au Casino de Paris font un triomphe. Au théâtre des Champs-Elysées, une soirée suffit à Joséphine Baker pour conquérir Paris. Ceinturée de plumes et de bananes, les cheveux gominés, elle est la vedette de la Revue nègre. On piétine, en se serrant les genoux, sur la piste du Jockey et du Bal nègre, au rythme syncopé du charleston. Dans des pavillons alignés le long de la Seine, entre les ponts Alexandre-III et de l'Alma, l'exposition des Arts décoratifs impose des formes et couleurs nouvelles, remisant au magasin des accessoires les meubles de Majorelle et les vases de Gallé. André Citroën accapare la tour Eiffel pour y apposer son nom en lettres de feu. À Paris, comme à Deauville, Van Dongen prend des commandes de portraits : Anatole France,

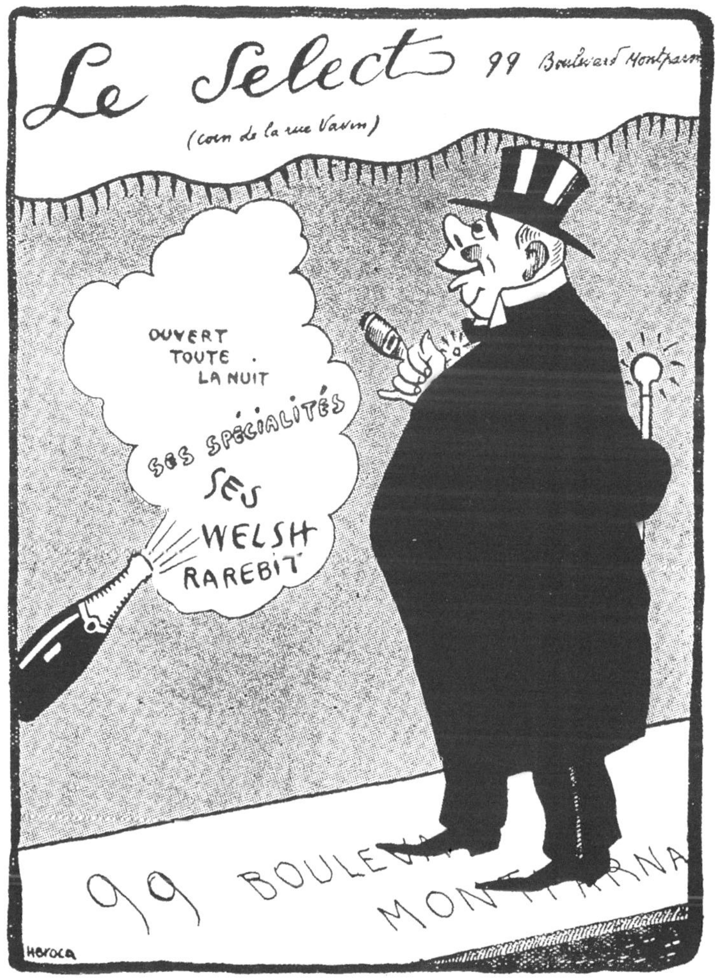

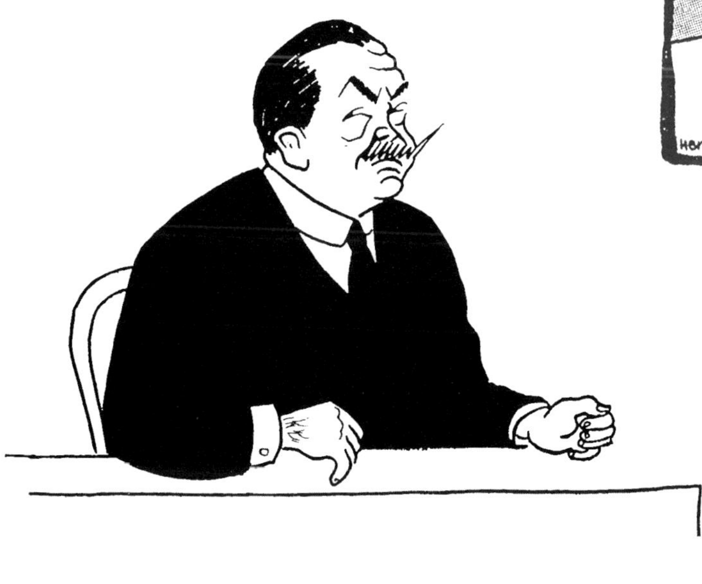

M. Jalbert, patron du *Select,* n'a pas une passion pour les artistes qui envahissent son café. Il ignorera, sans doute, que les plus grands écrivains américains — Hemingway, Dos Passos, Miller, McAlmon, Faulkner, Bromfield, Wilder — se sont prélassés à sa terrasse avant de devenir des écrivains célèbres dans le monde entier.

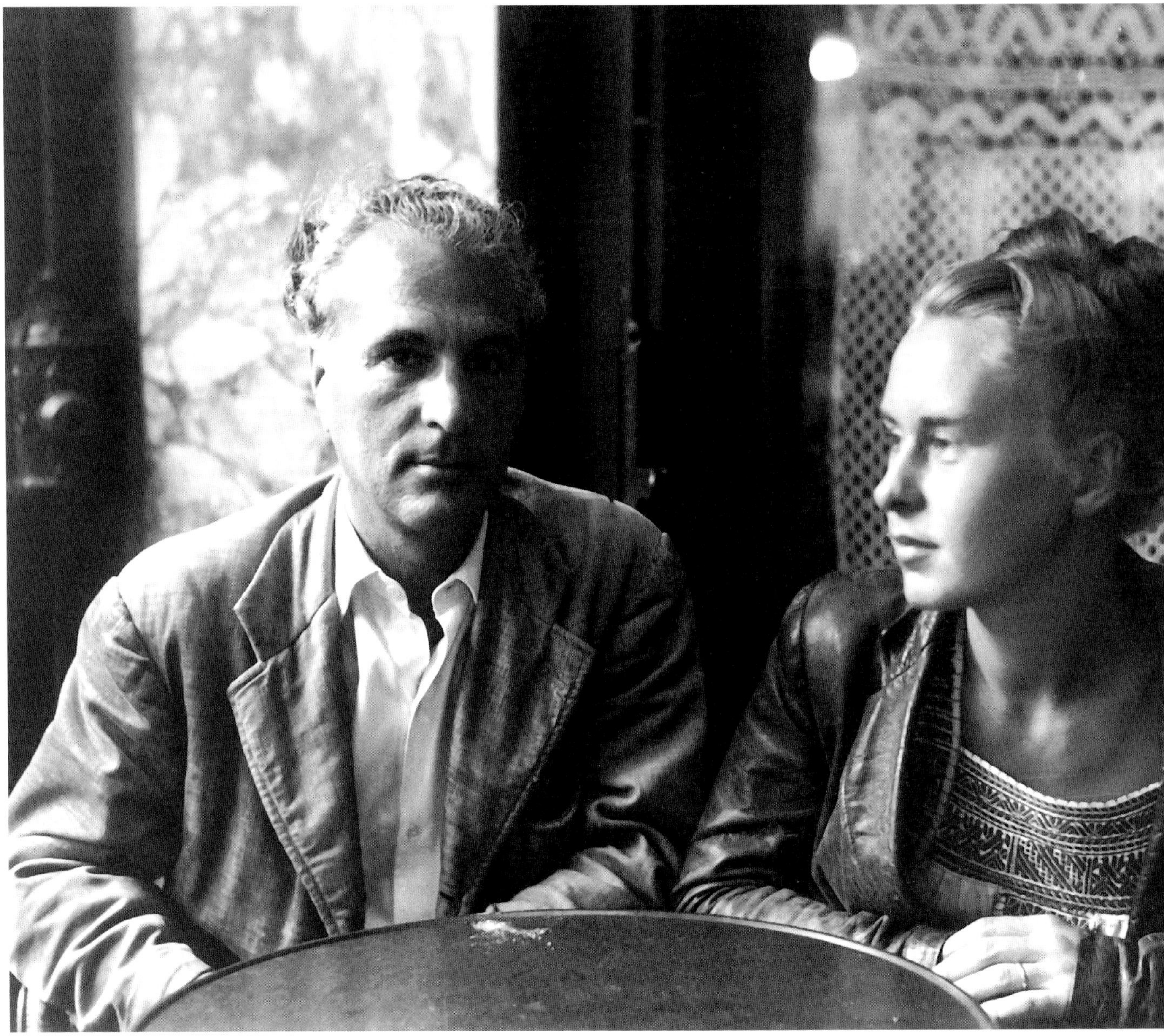

Ami des peintres et des poètes, le sculpteur Apel Les Fenosa (1899-1988) fait partie, comme Picasso, Juan Gris, Miro, Tapies, Clavé, de ces artistes espagnols qui ont été intimement liés à la vie française. En 1925, Max Jacob préface le catalogue de son exposition à la galerie Percier à Paris ; la précieuse amitié de Picasso l'a aidé à dépasser certaines incertitudes. Son art si personnel est proche de la sensibilité de ses amis poètes. Les bustes de Cocteau, Colette, Eluard, Supervielle, Michaux, Tzara, Ponge, témoignent de son intimité avec eux. Fidèle à Montparnasse où il vit et travaille, on le voit ici, en 1950, au *Select* avec Nicole, sa femme.

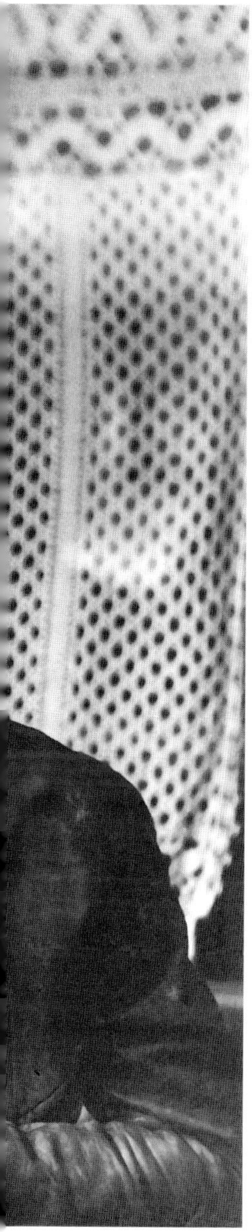

Suzy Solidor, Anna de Noailles, Boni de Castellane, Maurice Chevalier, Arletty, Sacha Guitry, l'Agha Khan entre autres viennent poser dans son atelier.

Nombril du monde pour la « génération perdue » (si l'on en croit Hemingway, cette appellation, devenue historique, est due au garagiste de Gertrude Stein), *Le Select* est le point de ralliement de cette pépinière d'écrivains américains qui vont transcender la littérature moderne.

McAlmon et le jeune Hemingway, encore sans sa barbe de loup de mer, en sont les premiers piliers — bien que ce dernier montre un faible pour *Le Cluny* et *La Closerie des lilas*. En dépit de leur faible inclination pour les artistes, les patrons, M. et Mme Jalbert, assistent à l'épanouissement des « frénésies littéraires d'Henry Miller » (Nino Franck), des extravagances éthyliques de Fitzgerald, des surprenants champs d'investigation intellectuelle d'Ezra Pound, des thèmes musicaux d'*Un Américain à Paris* de Gershwin, des animaux figurés en fil de fer du petit cirque de Calder. Au *Select*, mais aussi au *Jockey*, au *Dingo*, passent Joyce, Faulkner, Dos Passos, Bromfield, Wilder, T.S. Eliot...

Le krach boursier de Wall Street, le 24 octobre 1929, met un terme aux « roaring twenties ». En l'espace de quinze jours, Paris voit décamper sa colonie américaine. Au *Select*, c'est l'accalmie, les peintres d'Europe centrale succèdent aux écrivains américains. Boudant la clientèle turbulente de *La Coupole* et les Allemands du *Dôme*, ils se sentent chez eux dans cette salle plus modeste. Se réunissent ici Krémègne, Volovick, Hayden, Terechkovitch, Michonze, Kikoïne, Pikelny, parmi tant d'autres.

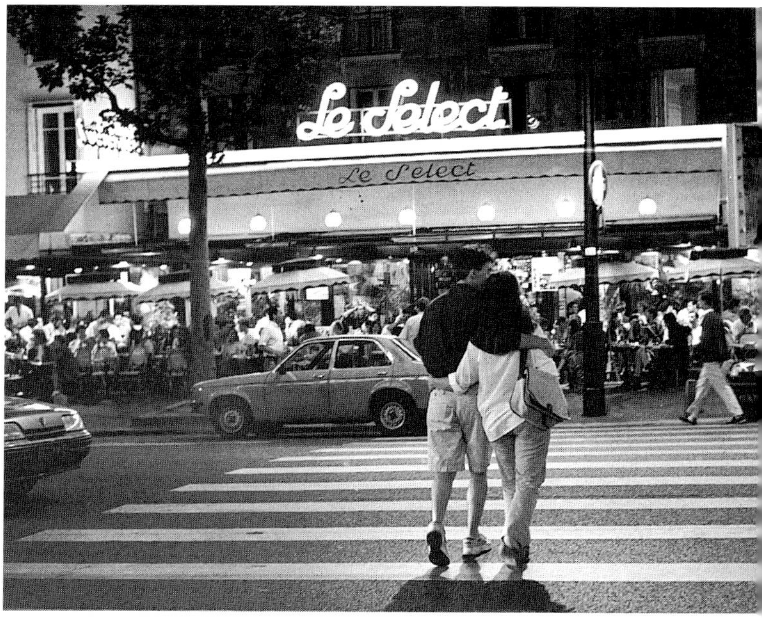

***Le Select*, ouvert en 1924 est, en ce temps-là ouvert toute la nuit. Son welsh-rarebit lui attire une clientèle américaine.**

C'est au *Select* que la séduisante Lucie Badoul, baptisée Youki par Foujita, décide de réunir Soutine et Pascin. Entrevue laborieuse, le courant ne passe guère entre les deux peintres ; en dépit des nombreux whiskys l'atmosphère reste pesante.

« Ne croyez pas que je n'apprécie pas votre peinture. Vos petites femmes m'excitent beaucoup, dit Soutine.

– Je vous défends de vous exciter devant mes femmes, monsieur », répond Pascin.

On frôle l'algarade, mais on se quitte sans dommage, après un assaut de fausses amabilités. Tout sépare ces deux hommes : leur art, leur caractère, leur style de vie — même le judaïsme qu'ils partagent n'en peut mais.

En 1928, le café est le champ clos d'une bagarre restée célèbre après la première de *Victor ou les Enfants au pouvoir*, la pièce de Roger Vitrac. Celui-ci, excommunié par le

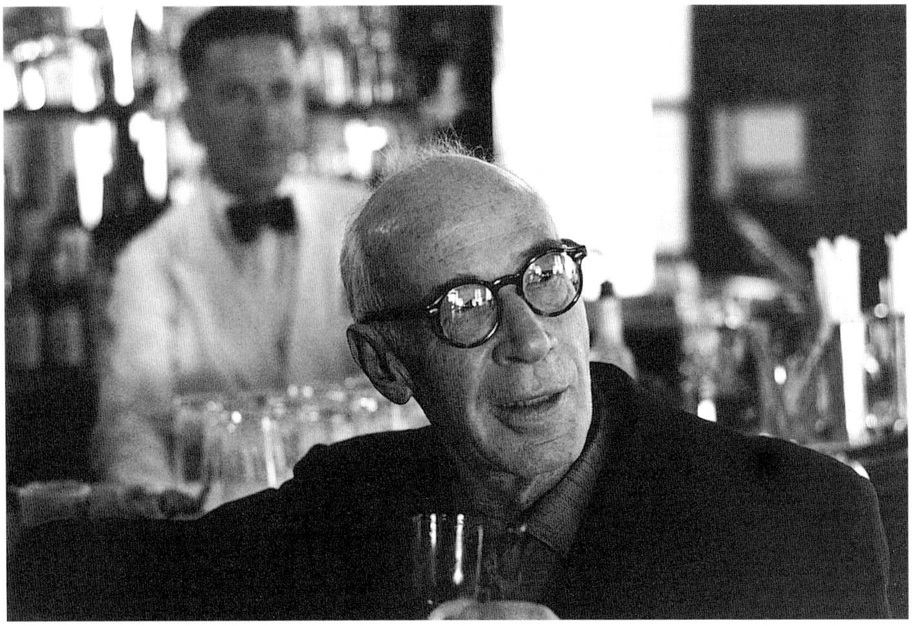

« Les frénésies littéraires de Henry Miller s'épanouissaient au *Select* » assure Nino Franck dans ses mémoires ; avec Fitzgerald, Ezra Pound, Calder, Joyce, Wilder, Faulkner, Dos Passos, T.S. Eliot... C'est toute la littérature américaine de l'entre-deux-guerres que Montparnasse accueillait au *Select*.

groupe surréaliste, comme ses amis Artaud, Soupault, Leiris, Prévert, Ribemont-Dessaignes..., avait participé à la rédaction d'un pamphlet dans lequel Breton était traité de flic, de curé, d'imposteur et de bien d'autres qualificatifs tout aussi gratifiants. Une explication demandée par la garde rapprochée du pape du surréalisme s'était terminée dans le sang.

« *Le Select* a le charme désuet de ces vieux messieurs à monocle qui hantaient naguère les coulisses des Folies-Bergère », écrit l'un de ses plus fidèles clients d'aujourd'hui, l'écrivain Patrick Tudoret.

Il vient ici abriter ses « ruminations littéraires », derrière une table qui lui tient lieu souvent de bureau, perpétuant ainsi la tradition des anciens écrivains du Boulevard et de Saint-Germain-des-Prés.

Aujourd'hui, *Le Select* ferme sa porte à deux heures du matin. Les extravagances de l'aube ne sont plus de mise. Mais son décor patiné par les ans et les souvenirs éveille la mélancolie du Montparnasse des années insouciantes.

On songe à la conclusion douce-amère de *Paris est une fête,* ouvrage posthume d'Hemingway, dans lequel ce dernier relate les souvenirs de son premier séjour à Paris : « Mais tel était le Paris de notre jeunesse, au temps où nous étions très pauvres et très heureux. »

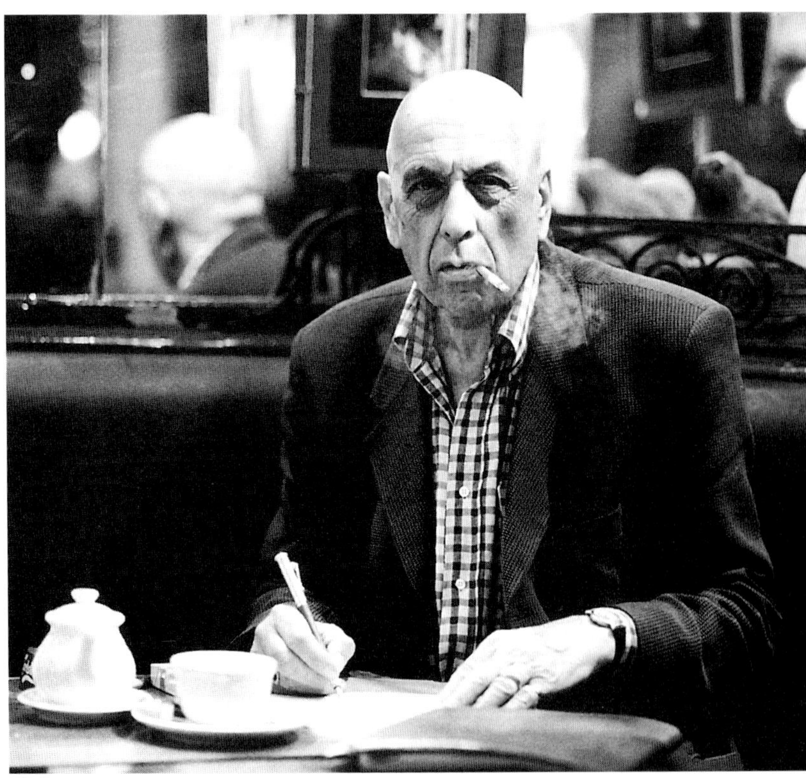

Remo Forlani, écrivain *(La Déglingue)*, critique de cinéma, aquarelliste *(Du bon usage des chats)* est chez lui au *Select*.
Il aime à répéter : « L'âme des grands cafés de Montparnasse s'est envolée pour se poser au *Select*. »

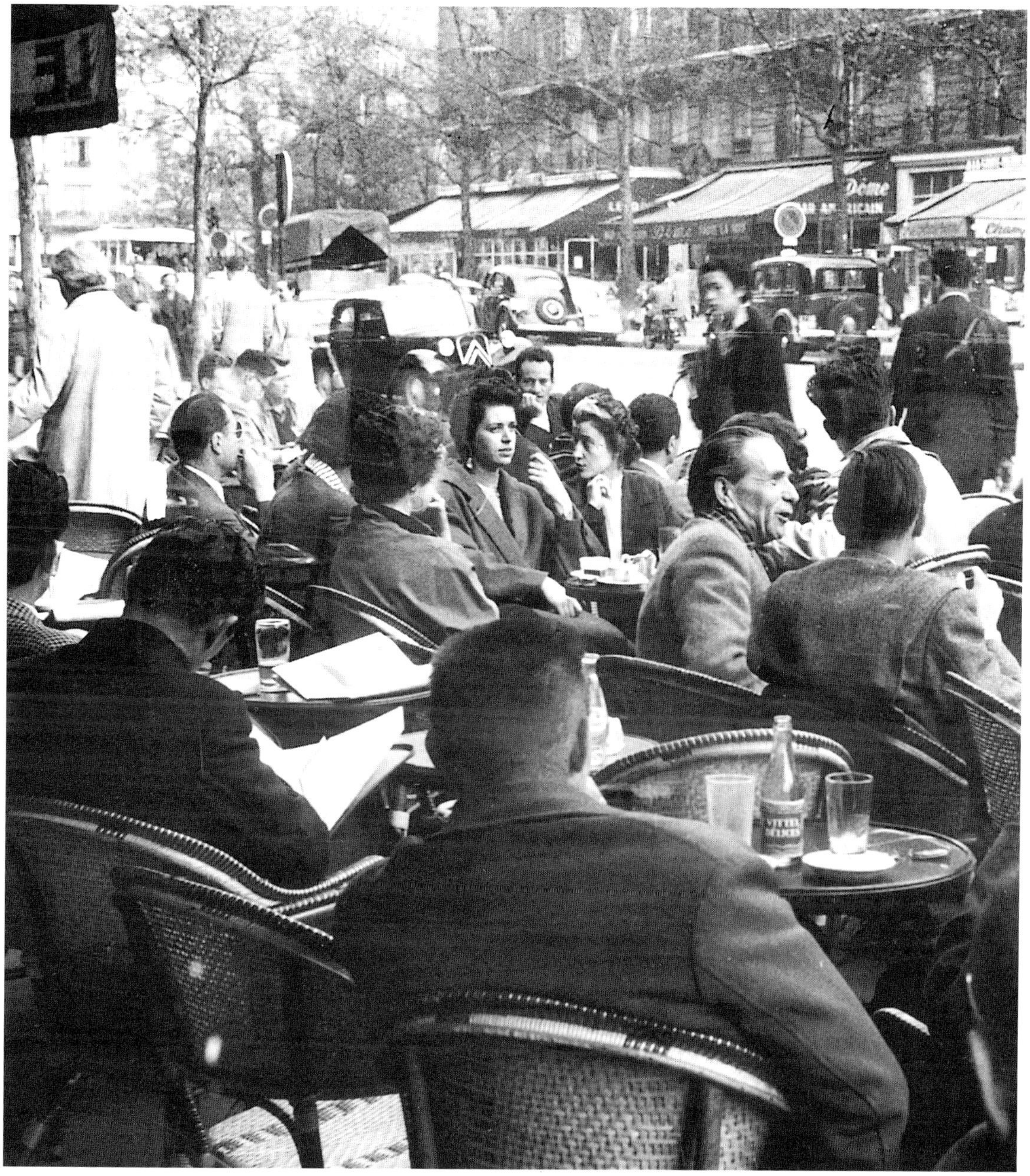

Le Select, point de raliement d'une pépinière d'écrivains qui allaient transcender la littérature moderne, *Le Select,* nombril du monde pour la «génération perdue», a gardé un peu du charme suranné de l'époque où McAlmon et Hemingway en étaient les piliers. Les frasques éthyliques d'Henry Miller et de Scott Fitzgerald effarouchaient M. et Mme Jalbert, les limonadiers de l'établissement. Les fredaines de ces écrivains novateurs des années dites « folles », n'étaient, pour eux, que des divagations de pochards.

Une Rotonde, un Dôme, pourquoi pas une Coupole ?

Après avoir fait, en vain le siège du *Dôme*, vont-ils siéger sous *La Coupole* ? Ernest Fraux et René Lafon, Auvergnats de souche, sont les Castor et Pollux de la limonade. Mais, contrairement aux héros mythologiques, aucune rivalité amoureuse ne saura les séparer. Après leurs tribulations causées par l'irrésolution du sieur Chambon, patron révéré du *Dôme* — on l'a vu plus haut — les beaux-frères se retrouvent chômeurs. Un de leurs anciens clients leur signale que le dépôt de bois et charbon Juglar, sis au 102 du boulevard du Montparnasse, en face du *Select*, va être vendu, et qu'un garage devrait y être construit. L'homme les engage à prendre langue avec le propriétaire du terrain, un certain Gabalda, éditeur d'ouvrages

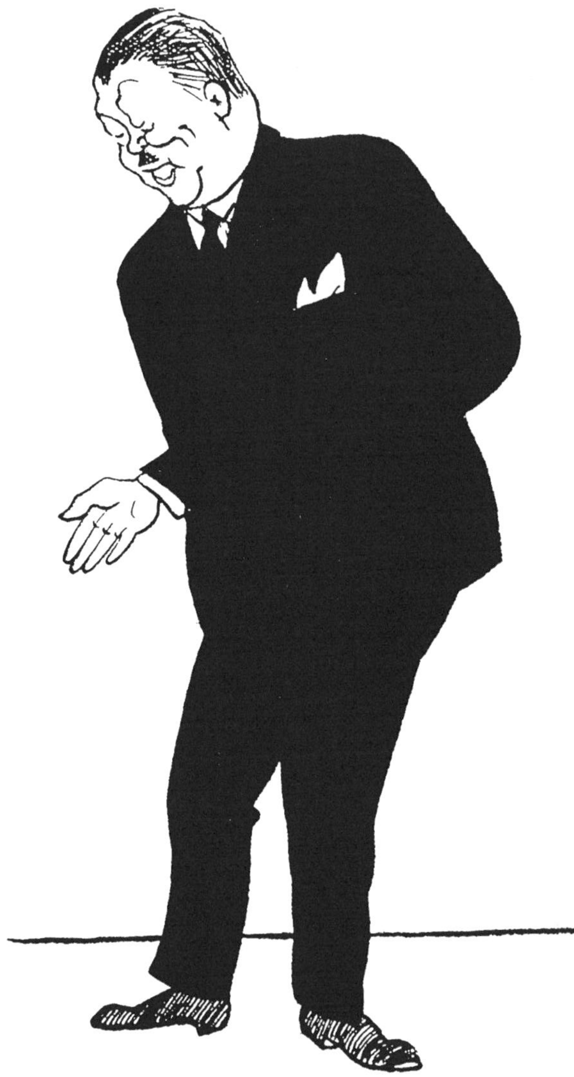

Ernest Fraux, l'un des fondateurs de *La Coupole.* Le dessinateur Broca le brocarde en l'appelant « le Citroën de la limonade à Montparnasse ». Ses usines ? *La Coupole !*

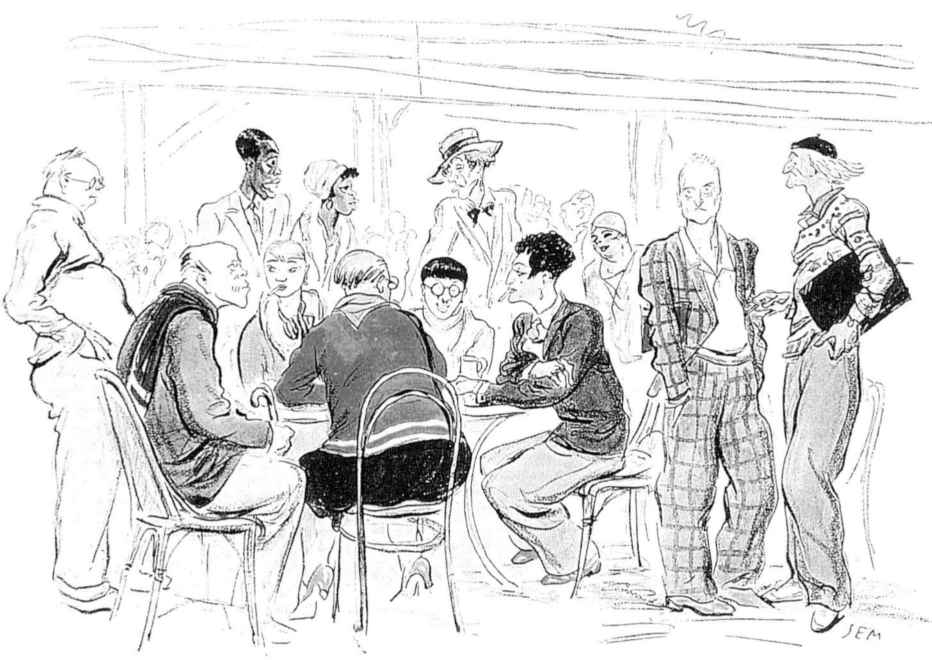

Georges Goursat (1863-1934) signe Sem ses caricatures de la vie mondaine, des arts et du spectacle. Dandy au crayon impitoyable, il délaisse, occasionnellement, les élégantes de la rue Royale et les ors de *Maxim's* pour croquer les Montparnos de *La Coupole.*

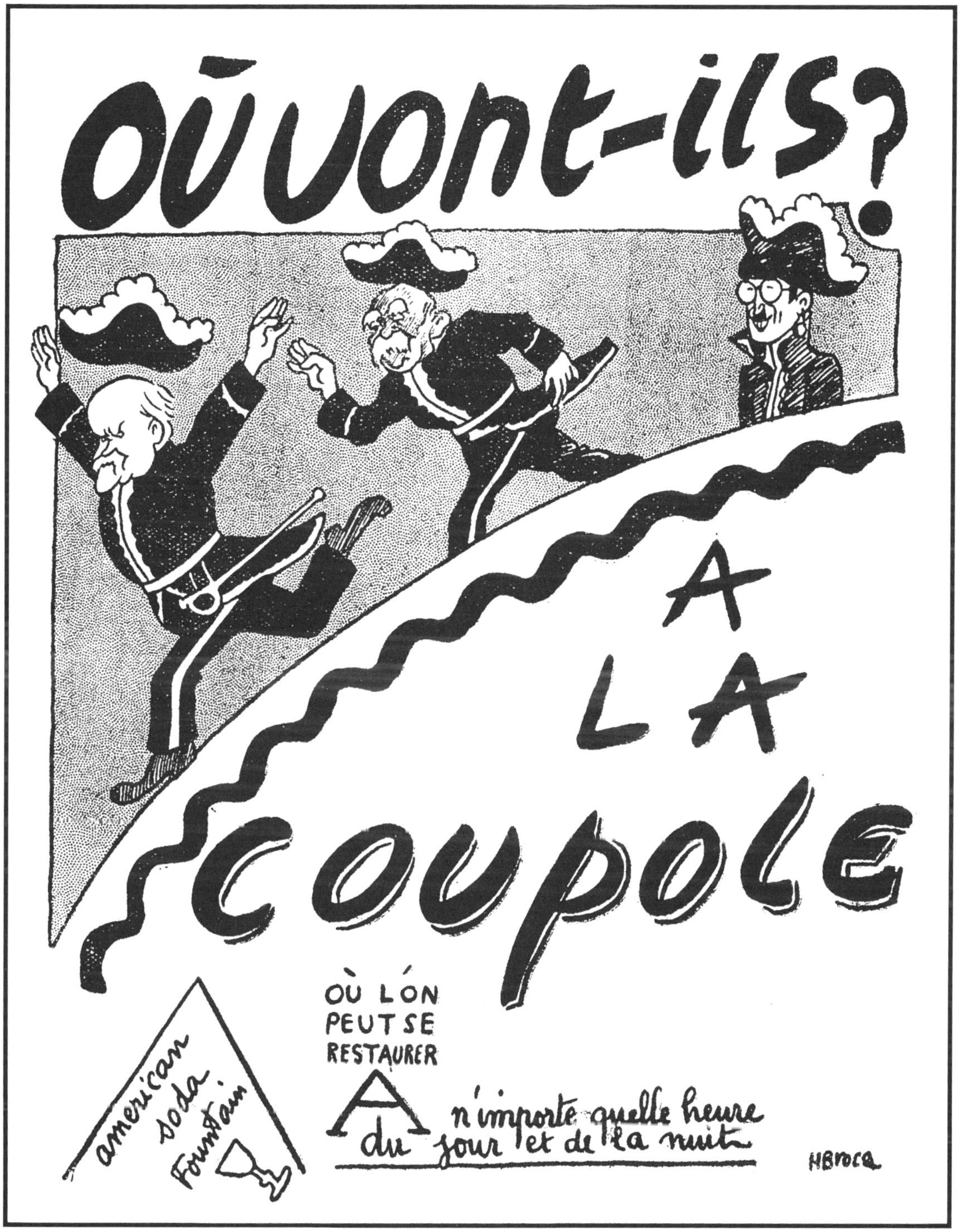

Après un Dôme, une Rotonde, il allait de soi que le troisième établissement adopte une analogie architecturale comme raison sociale. Ainsi est née *La Coupole.* Fraux et Lafon, les fondateurs de la brasserie, guignaient du côté des artistes ; une raison sociale rappelant le célèbre édifice du quai Conti était susceptible d'appâter leur clientèle. L'annonce de publicité commandée au dessinateur montparnassien Broca confirme leur stratégie. La petite note « American Soda Fountain » est un clin d'œil discret à la clientèle américaine du Dôme.

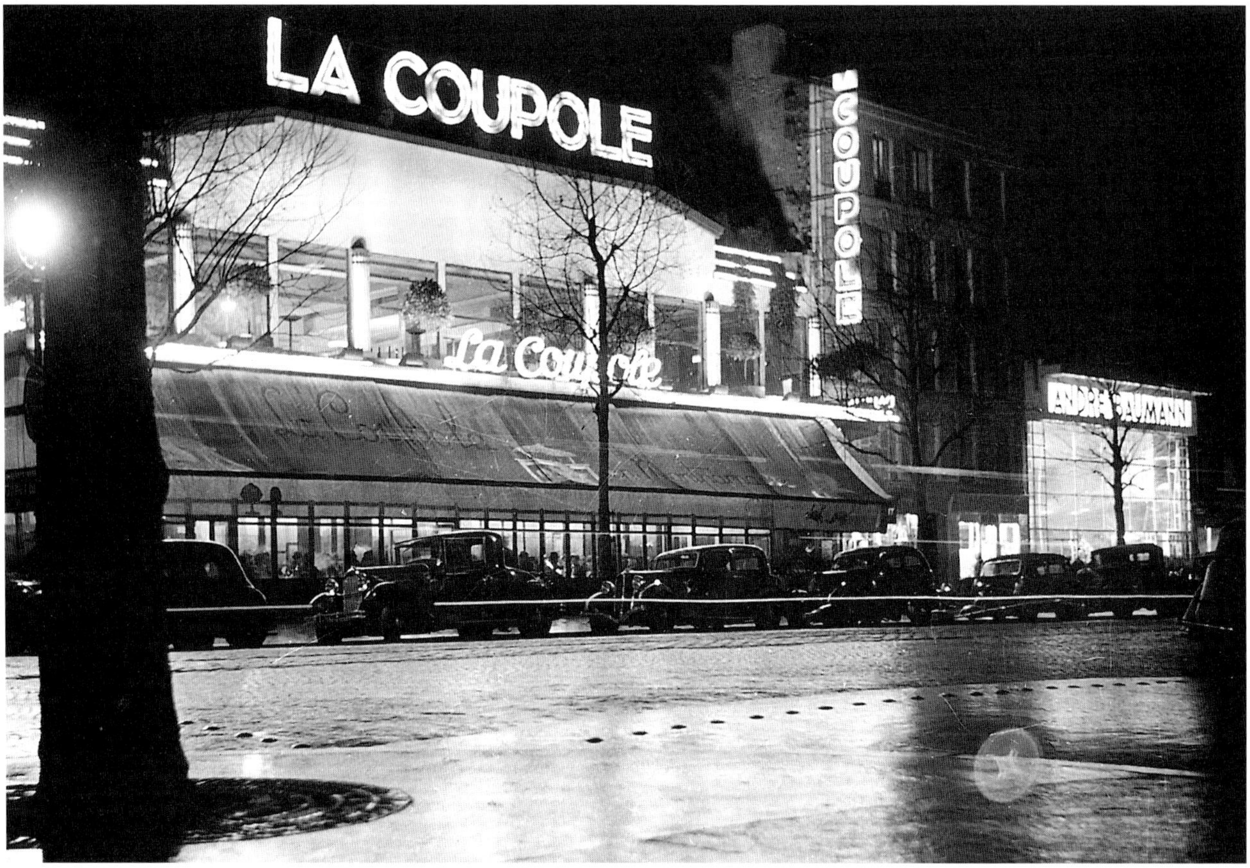

La Coupole en 1938 ; une époque où l'on pouvait garer sa voiture devant la terrasse. À droite, le fleuriste André Baumann est resté célèbre pour avoir innové en publicité : sa vitrine se voilait en permanence d'un écran d'eau fraîche.

édifiants. Guère optimistes sur un dénouement favorable de l'entretien, ils se rendent à l'étude de maître Morel d'Arleux, notaire, où Garalba leur a fixé rendez-vous. À leur grand étonnement, non seulement ces messieurs ne méprisent pas leur proposition, mais ils examinent leur offre avec bienveillance. Après les discussions coutumières dans ce genre de négociation, ils obtiennent un bail de vingt ans assorti d'une promesse de vente et d'un permis de construire, et ce, pour un montant de 2 300 000 francs (58 000 francs actuels). Les dédits du père Chambon et la vente du *Bar parisien* leur permettent d'envisager, en dépit du défaitisme de certains, la construction de plusieurs restaurants de bonnes dimensions, sur ce terrain, de près de huit cents mètres carrés, dont ils ne sont, il est vrai, que les locataires. Les deux beaux-frères se souvenant des soirées du *Dôme* où, chaque soir, ils refoulaient les clients, faute de place, choisissent de prévoir grand. Ils demandent aux architectes Barillet et Le Bouc d'établir les plans d'un vaste restaurant sur deux niveaux avec bar, dancing, ainsi qu'une terrasse de trente mètres de long sur trois mètres cinquante de large sur le trottoir du boulevard.

Quand les travaux commencent, au début du mois de janvier 1927, le terrain est encore recouvert de poussier, résidu de l'exploitation de charbon sur lequel subsistent quelques baraquements. Les premiers sondages du terrain révèlent que le sol repose

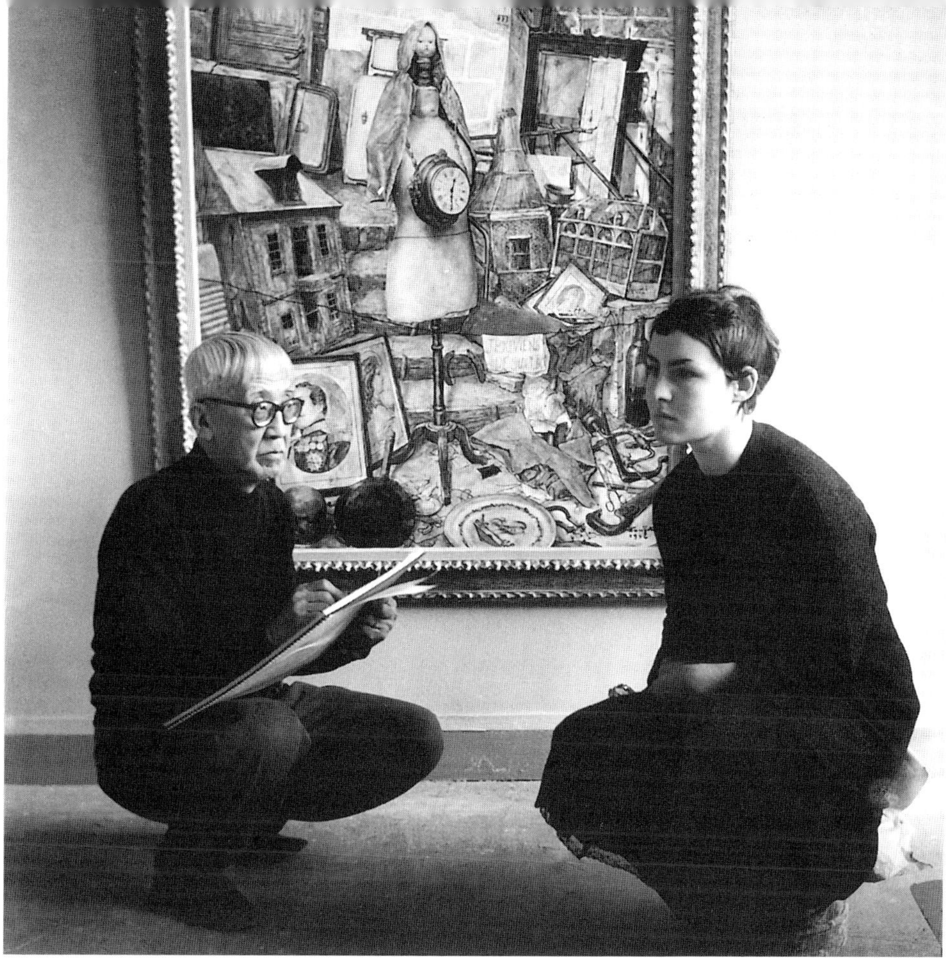

Foujita — en français, « Champ de glycines » — dans son atelier de la rue Campagne-Première en 1951. Accroupi devant une toile de 1946, il prend un croquis du visage de son modèle. Une fois nue, il le délaisse pour ne s'intéresser qu'à la pose de son académie.

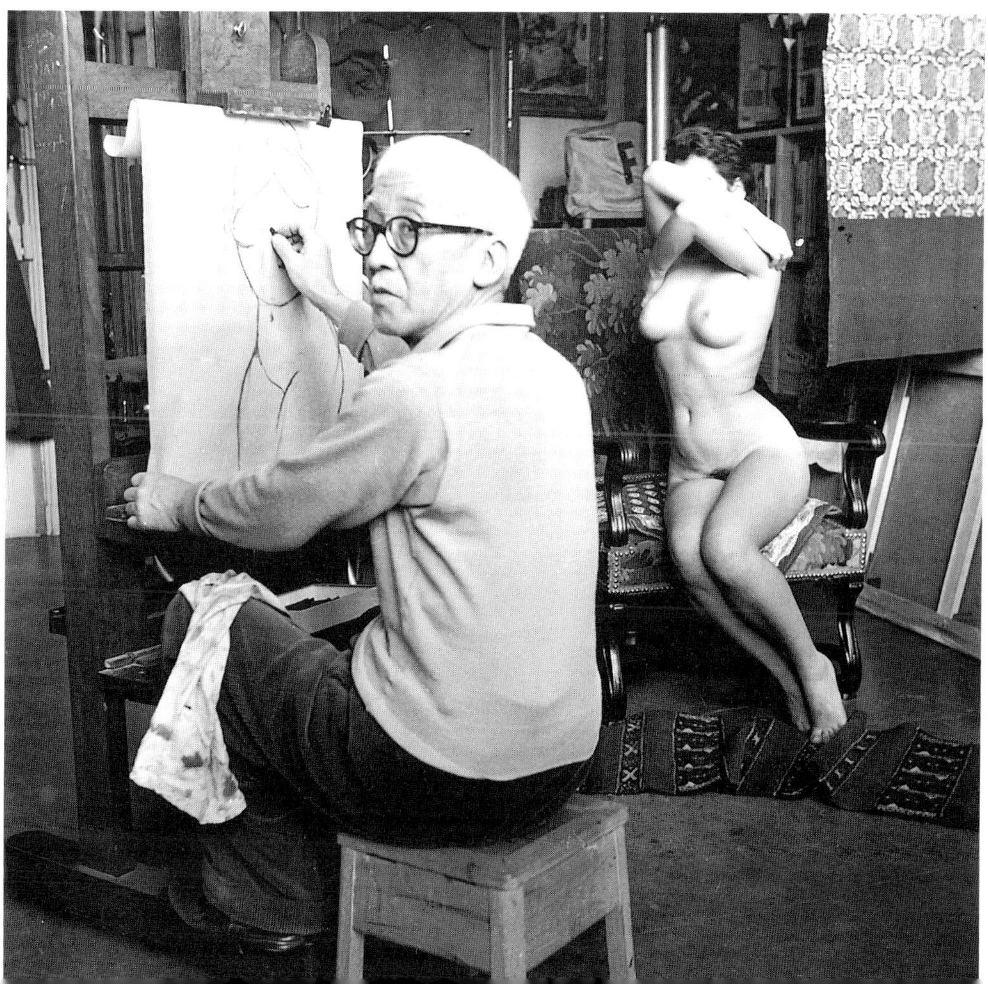

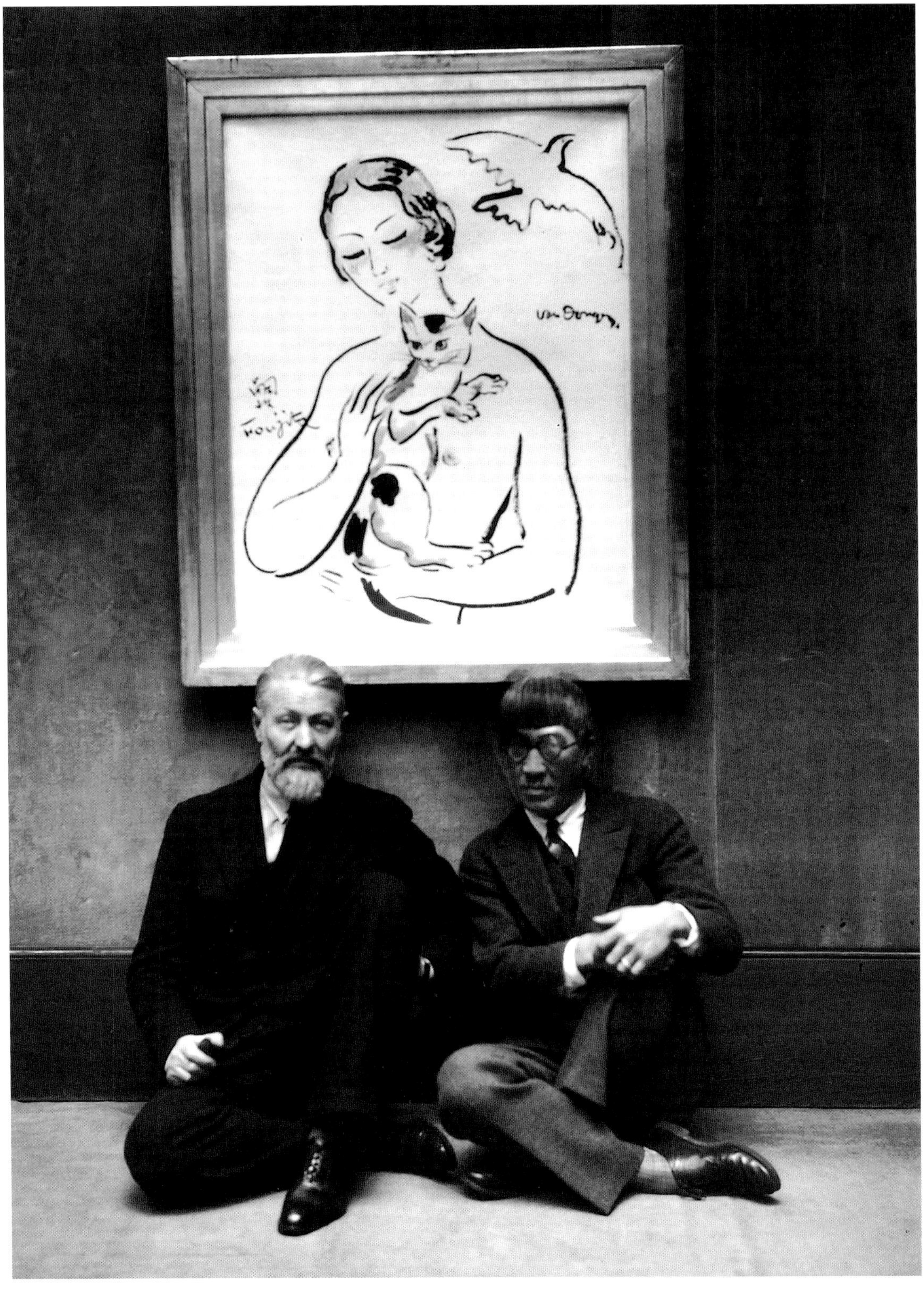

Foujita (Fujita Tsuguharu dit, 1886-1968). Il arrive du Japon à Paris en 1913 et devient un des plus singuliers personnages du Montparnasse des Années folles. Son dessin, fin et précis, s'inscrit dans la tradition japonaise. Il peint des nus hiératiques, des petites filles trop sérieuses pour être honnêtes et des chats impassibles. Converti au catholicisme, il peint des vierges paisibles et douces, aux couleurs lisses et lustrées comme de la laque.

Van Dongen et Foujita, le 5 février 1929, sous le tableau *La Femme au chat* qu'ils ont peint en commun. La toile sera vendue au profit de l'œuvre des Petits Lits blancs, fête de bienfaisance suivie d'un bal, qui se déroulait chaque année, à l'Opéra de Paris.

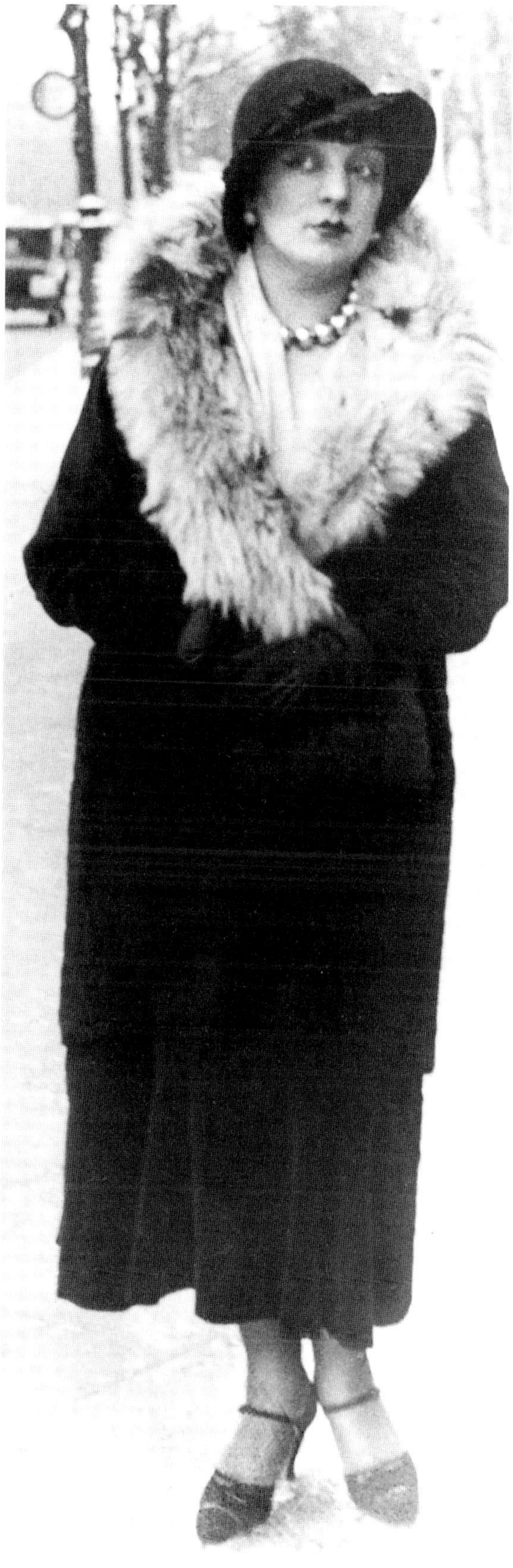

sur les carrières de Denfert-Rochereau, vaste réseau de galeries souterraines à vingt-deux mètres de profondeur. Cela contraint les bâtisseurs à élever vingt-quatre forts piliers pour soutenir les deux étages, de huit cents mètres carrés chacun, de la construction future, de bétonner le sous-sol où seront aménagés la cave à vins et le dancing.

Les confrères des futurs restaurateurs estiment une folie d'édifier, à Montparnasse, un restaurant de cette taille et jugent l'affaire inexploitable ; mais *Audaces fortuna juvat.*

Un différend va opposer les deux beaux-frères aux architectes, quand il va s'agir de fixer le plafond de la salle à cinq mètres du sol, au minimum. Fraux et Lafon ne veulent pas connaître, à nouveau, l'atmosphère enfumée du *Dôme.*

« Folie ! » répondent les bâtisseurs.

Mais les Auverpins auront, comme toujours, le dernier mot.

Il reste encore à trouver un nom pour baptiser ce caravansérail de la restauration. Le Bouc, l'architecte, propose de paraphraser les noms des deux autres grands établissements du boulevard. Pourquoi, après une rotonde et un dôme, ne pas adopter un nom voisin : la voûte ? la coupole ? le bulbe ? On opte pour *La Coupole* avec enthousiasme. La connotation semble opportune pour allécher la clientèle des artistes sur laquelle Fraux et Lafon fondent les plus grands espoirs.

Alice Ernestine Prin dite Kiki (1901-1953), modèle, chanteuse, peintre, et amie de Foujita, Kisling, Man Ray, Modigliani, Soutine, Dominguez, Broca...
Belle, une peau blanche au grain fin, une denture éclatante, des lèvres charnues, des yeux superbes ombrés de longs cils, elle est la reine du Montparnasse des Années folles. Au carrefour Vavin, alors centre du monde pour les artistes venus du monde entier, aux terrasses du *Dôme* ou de *La Rotonde,* on peut la voir, devant les consommateurs admiratifs, au milieu de sa petite bande de copains excentriques, s'esclaffer et rire, assurée de son éclatante beauté.

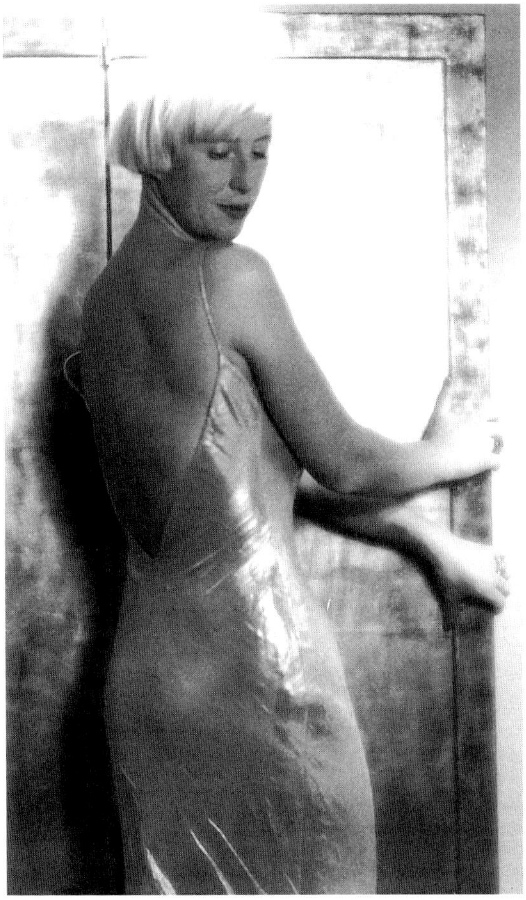

Suzy Solidor (1906-1983) chanteuse réaliste, au physique de sirène et à la voix virilisée. Ses chansons de marin donnaient le frisson à la clientèle qui se pressait dans ses cabarets. Van Dongen, parmi tant d'autres, a peint son portrait au cours des années 30.

Les flâneurs du dimanche, curieux de savoir ce qui se trame derrière la palissade, en sont réduits aux conjectures : Creuse-t-on un nouveau tunnel pour le métro ? Osera-t-on édifier un gazomètre ? Un château d'eau ? Va-t-on défigurer le boulevard du Montparnasse ?

Les curieux sont enfin rassérénés quand, début décembre, Solvet, chargé de l'aménagement intérieur de la future *Coupole* de Montparnasse, accuse réception d'une kyrielle de banquettes, tables et guéridons.

Fraux et Lafon, les pachas de ce navire de haut bord, engagent un lieutenant de vaisseau, Astor, un ancien chef de rang de chez *Prunier*, pour former l'équipage. Dans un premier temps quatre-vingt-cinq personnes, dont trente garçons, participent aux derniers préparatifs : lustres, tables, chaises, plantes vertes... Au peintre Alexandre Auffray qui s'étonne de voir les colonnes sans décoration, Lafon réplique que c'est aux artistes de Montparnasse de les orner. L'élève de Léon Bonnat et de Jean-Paul Laurens va demander à ses amis de décorer ces hauts piliers soutenant le plafond de la salle, les mâts du nouveau paquebot. Trente-deux peintres vont se mettre à la tâche et chacun, exécuter une toile à son goût. Elles sont inspirées, le plus souvent, par les mouvements artistiques nouveaux : fauvisme, cubisme, orphisme... Marouflées, on peut encore les admirer sur les colonnes, sans pouvoir déceler les signatures de leurs auteurs. Avant l'inauguration ils sont venus eux-mêmes fixer leurs toiles au faîte des piliers dans un joyeux tumulte. On sait, cependant, qu'un fort contingent d'artistes peintres « venus du froid », Russes, Polonais, Hongrois..., a tenu à apporter sa collaboration. Parmi les peintres français, on cite Fernand Belmonte, Angèle Delasalle, Sigismond Jeanès, Camille Liaussu, Jean-Alphonse Stival ou Maurice Trochain-Ménard, un peu oubliés aujourd'hui. Marie Vassilieff, Louis Latapie, Jean Lombard, Maurice Savin, Jules Zingg, sont en revanche plus présents dans les mémoires et dans les musées. On ne sait si Léger et Friesz ont, eux aussi, apporté leur concours à ce patchwork pictural.

Le 20 décembre 1927, le Tout-Paris affronte froid et verglas pour rejoindre le grand vaisseau illuminé du boulevard du Montparnasse. On voit s'engouffrer des

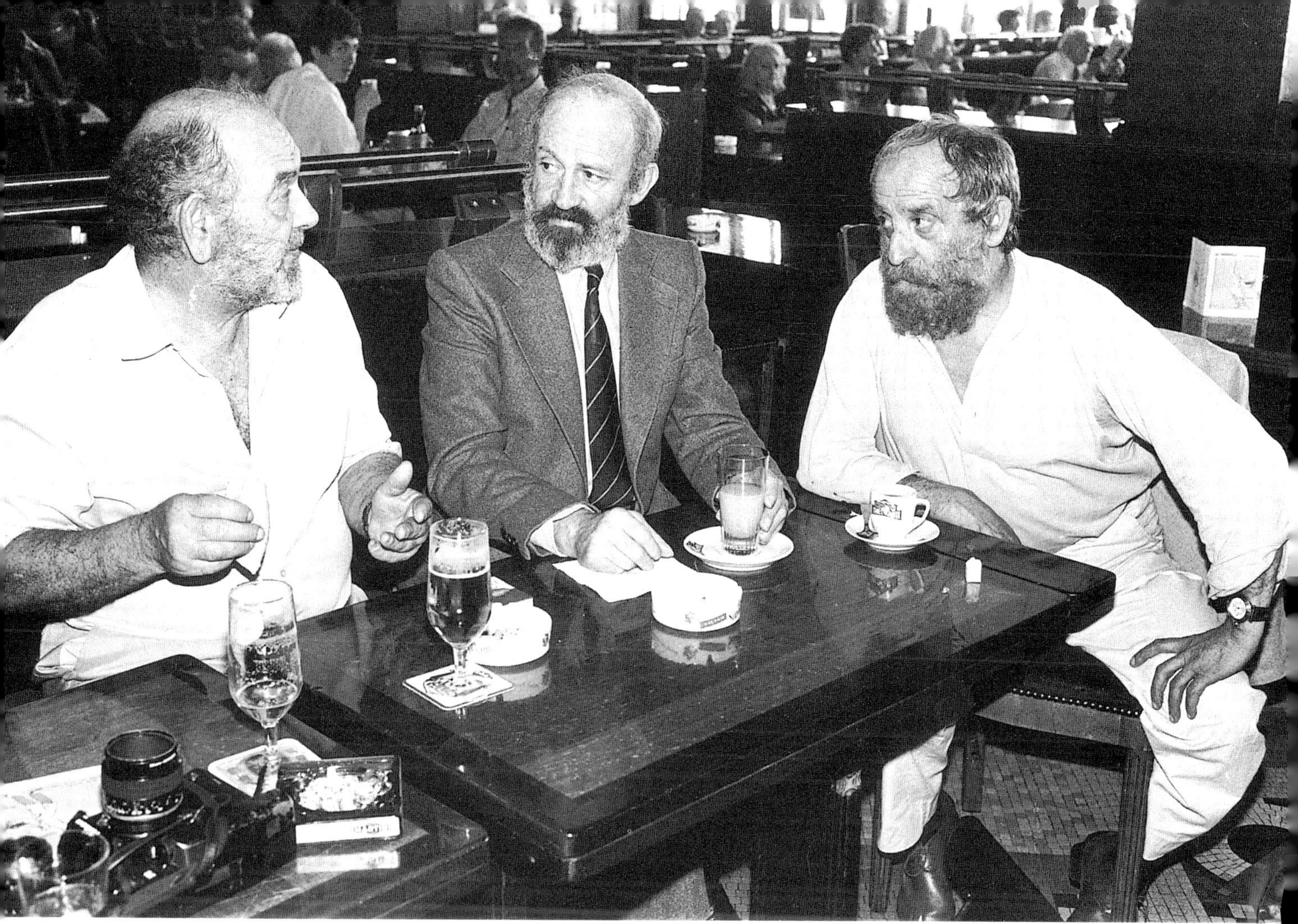

Trois barbus à *La Coupole,* chacun maître dans sa discipline : le dessinateur-humoriste Mose, l'écrivain Antoine Blondin, le sculpteur César.

élégantes créatures en robe du soir, emmitouflées dans leur vison ou leur renard, au bras de messieurs en frac ou en smoking. Fraux et Lafon sont à l'entrée pour accueillir leurs quelque deux mille cinq cents invités. Placé sous le commandement de M. Astor, directeur de la salle, le personnel attend les invités au garde-à-vous, conscient des services que l'on attend de lui.

Le va-et-vient des amis et connaissances ne cessera de la nuit. Dans le tourbillon, on reconnaît Jean Cocteau, Blaise Cendrars, Moïse Kisling, Youki et Foujita, Maurice Sachs, Maurice de Vlaminck, Man Ray, Pierre Benoit, la bohème de la Ruche, et celle du Bateau-Lavoir avec André Salmon. Avant minuit, les mille deux cents bouteilles de champagne prévues pour la nuit sont vidées. En toute hâte, on envoie, en taxi, le représentant de la maison Mumm, partenaire de la soirée, chercher du renfort. Mais dans l'attente des nouvelles bouteilles de Cordon Rouge, des assoiffés ont pillé la cave. Le beau-père de Lafon, son responsable, n'en revient pas : plus de vins, d'apéritifs, d'alcool ou de liqueurs. Le brave homme qui avait aménagé avec méticulosité cet antre a été dévalisé. Tandis que les

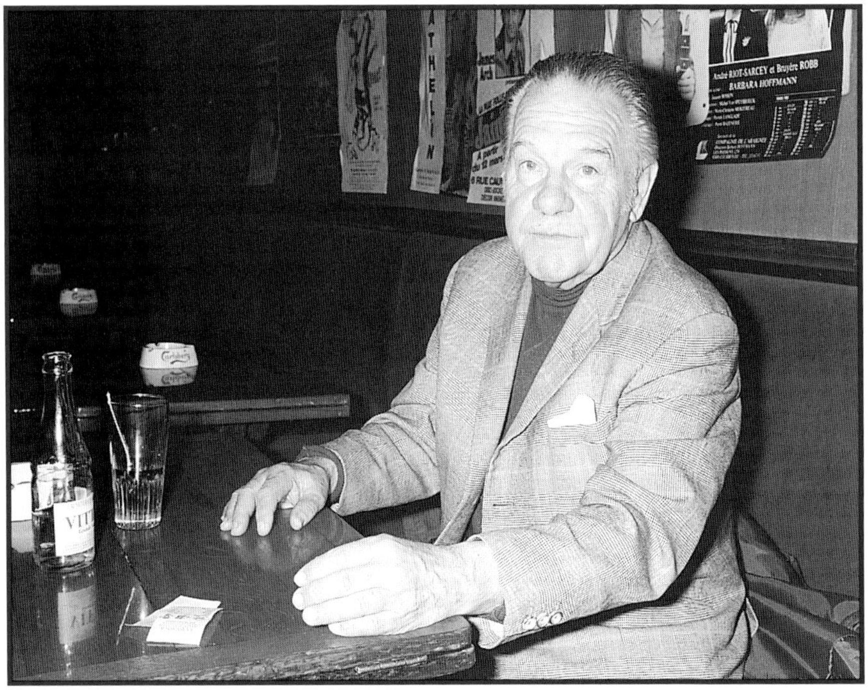

Lawrence Durrell (1912-1990), de passage à Paris, donnait ses rendez-vous au bar de *La Coupole* ; puis l'auteur du *Quatuor d'Alexandrie* repartait pour sa maison de Sommières, dans le Gard.

buffets sont pris d'assaut et que les dix mille canapés, les milliers d'œufs durs et les centaines de gâteaux disparaissent, le champagne arrive à la rescousse. On dit que, dans le tohu-bohu, des invités ont emporté des bouteilles pour aller les boire dans un lieu tranquille ou, comble de la muflerie, chez des concurrents de *La Coupole*, moins achalandés ce soir-là. Qu'importe, l'inauguration a été un succès fabuleux ; certains en parlent encore après plus d'un demi-siècle.

Le lendemain de ce jour faste, plusieurs centaines d'invités sont attendus pour le déjeuner. Dans la salle, au bar, à la terrasse, plus une table de libre. En prenant place dans la salle de seize cents mètres carrés répartis sur deux étages, surplombée par le plafond à cinq mètres du sol, les hôtes de Fraux et de Lafon découvrent l'établissement, fameux avant son ouverture. On est épaté par la fontaine lumineuse trônant au centre des tables dressées et fleuries, on s'attarde devant les peintures des piliers, on admire le va-et-vient des garçons effectuant leur ballet entre la cuisine et la salle, tandis qu'au fond l'épouse et la sœur de René Lafon dominent la situation derrière l'imposante caisse, d'où rien ne saurait échapper à leur vigilance.

Toutes les personnalités parisiennes se donnent désormais rendez-vous pour souper à *La Coupole* : il y a celles dont le patronyme est connu, et celles qui, à défaut d'un nom, vont s'y faire un prénom : Kiki, Youki, Claudia, Zinah, Mado, Fernande. Quant au bourgeois qui s'attable au restaurant, son autre plaisir est de mettre un nom sur le visage d'un des nombreux artistes qui se pressent au bar où Bob Lodewyck officie : Derain, Friesz, Vlaminck, Kisling, Krohg, Foujita, Artaud, Cendrars, Brasseur, Vitrac, Char, Desnos, Ehrenbourg... C'est au bar de *La Coupole* qu'Aragon rencontre Elsa Triolet pour la première fois le 6 novembre 1928.

Soixante-dix années après ces jours mémorables, quelques rares anciens témoignent du peu d'altérations intervenues dans les traditions de *La Coupole*. Oublier la légende, briser le mythe serait fatal à ce haut lieu de la vie parisienne devenu historique.

Après la peur légitime qu'ont fait naître le projet d'opération immobilière de 1987

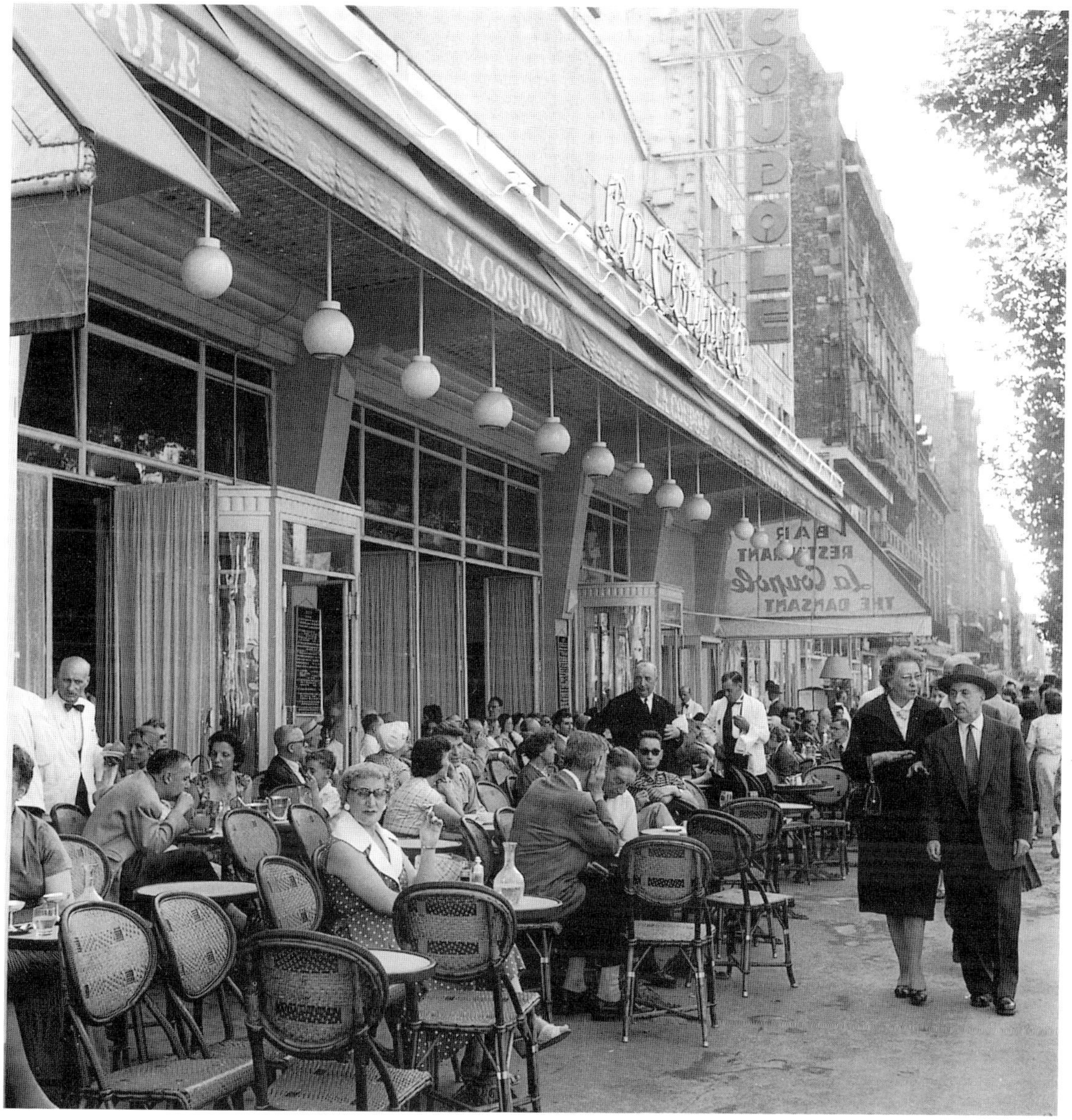

La Coupole **au mois de juillet 1959. La terrasse est encore à l'air libre. En attendant l'ouverture du thé dansant, les aspirants au tango, les candidats au paso doble sirotent un verre.**

et l'abandon de l'établissement à Jean-Paul Bucher en janvier 1988, *La Coupole* fête ses soixante ans avec un peu de tristesse. René Lafon et sa famille s'éloignent de Montparnasse, non sans avoir obtenu du nouveau propriétaire l'assurance que les usages de la brasserie seraient maintenus. Lafon connaissait le nouveau maître des lieux : patron du groupe Flo, lequel fait preuve d'un respect rigoureux aussi bien du décor que des traditions de chaque établissement pris en charge par sa société, tenant à sauvegarder le capital de séduction et de charme thésaurisé, depuis des lustres, par ses prédécesseurs.

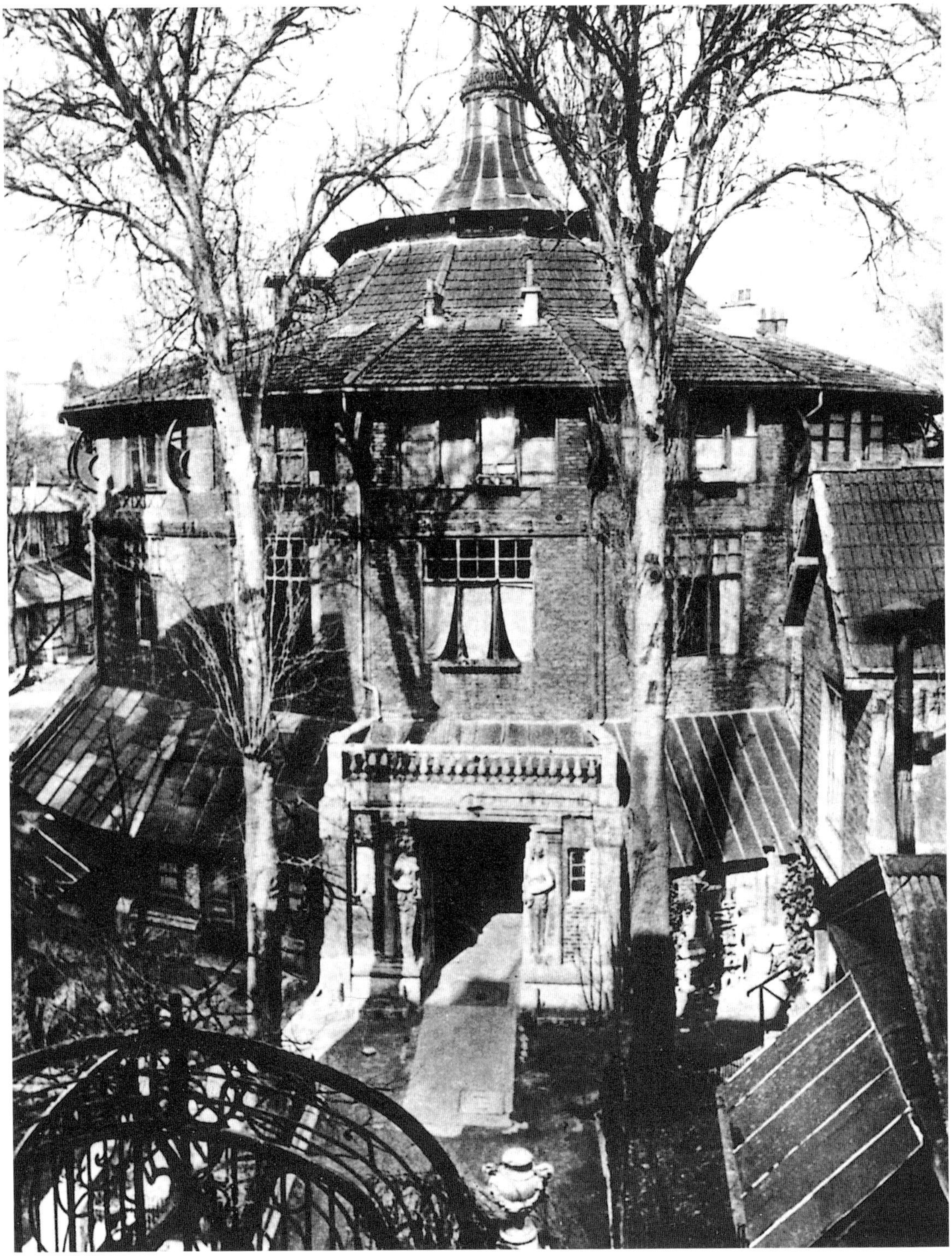

La rotonde du pavillon des Vins de l'Exposition universelle, achetée par Alfred Boucher, est un édifice circulaire surmonté d'une flèche. Érigée rue de Dantzig, elle est divisée en petits ateliers d'artistes, ce bâtiment baroque est orné d'un balcon supporté par deux cariatides provenant des décombres du pavillon de la Femme. Dans une annexe, un hall est destiné aux expositions. Un petit théâtre de trois cents places est animé quelque temps par un étudiant nommé Louis Jouvet.

6

Abeilles et bourdons de la Ruche

Les premiers bourdonnements de la Ruche

Le sculpteur Alfred Boucher, spécialiste des monuments aux morts, plus connu pour son humanisme et sa philanthropie que pour son *Laennec découvrant l'auscultation*, se rend acquéreur, en 1900, d'un terrain dans la plaine de Vaugirard, alors que l'Exposition universelle s'achève dans l'euphorie du siècle finissant. Dans les vestiges du chantier vendus à l'encan, Boucher achète la rotonde du pavillon des Vins, un important édifice circulaire surmonté d'une flèche et quelques pavillons complémentaires, dans le but de permettre à un certain nombre d'artistes de travailler et de se loger moyennant un loyer modique : cinquante francs par an pour un rez-de-chaussée, cent cinquante pour un atelier en étage ou un pavillon.

Sur son terrain, acheté pour une bouchée de pain, au 2, passage Dantzig, près des abattoirs de Vaugirard, il remonte, aidé d'un neveu bricoleur, l'étrange bâtisse mi-pagode, mi-château d'eau, dont l'entrée, surmontée d'un balcon supporté par deux cariatides, provient des décombres du pavillon de la Femme. Certains bas-reliefs, vestiges du pavillon des Indes anglaises, participent à la décoration des murs de ce futur phalanstère.

Cet ensemble hétéroclite, baptisé d'abord villa Médicis, s'appellera plus modestement la Ruche. Au printemps 1902, Joseph Chaumié, ministre de l'Instruction publique et des Beaux-Arts, ne manque pas de souligner, lors de l'inauguration, le caractère philanthropique de l'entreprise d'Alfred Boucher, conforme à l'esprit de la philosophie idéaliste, spiritualiste et sociale d'Émile Combes, chef du gouvernement.

Deux cents artistes occuperont les ateliers de ce caravansérail.

« Quand j'arrivai à la Ruche », raconte Ardengo Soffici (1879-1964), écrivain, peintre et mémorialiste italien, « je rencontrai des artistes, des bohèmes, des artisans de tous âges, français, scandinaves, russes, anglais, américains ; des sculpteurs et des

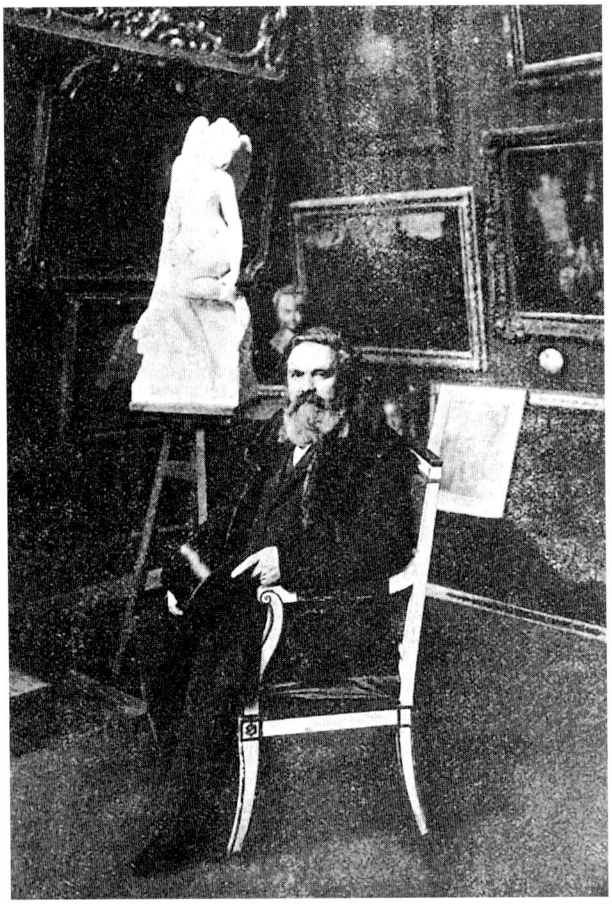

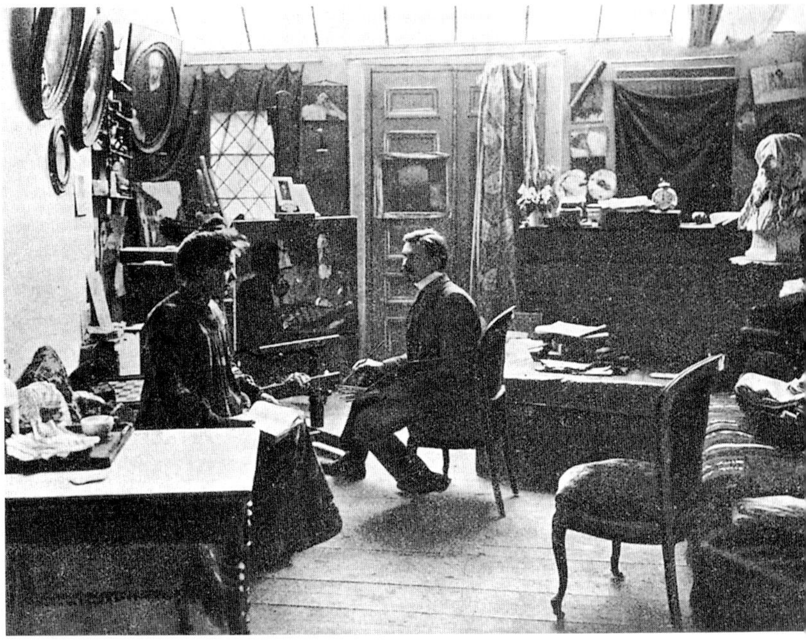

Le sculpteur Alfred Boucher (1850-1934), fondateur de la Ruche, plus connu pour sa philanthropie que pour ses statues, acquiert un terrain vague 2, rue de Dantzig pour construire, avec des vestiges de l'Exposition universelle de 1900, un ensemble d'ateliers pour permettre à des artistes de travailler et de se loger économiquement. Baptisée trop pompeusement « villa Médicis », on préférera l'appeler la Ruche, les ateliers du bâtiment central étant divisés en alvéoles comme l'abri d'un essaim.

musiciens allemands, des mouleurs italiens, des graveurs, des faussaires de statuettes gothiques, quelques aventuriers balkaniques, sud-américains et du Proche-Orient. Les uns vivaient avec leur femme ou leur maîtresse; d'autres, comme moi, étaient célibataires. »

Cette tour de Babel va donner naissance au plus original *melting pot* artistique jamais conçu, une communauté dont la misère sera le ciment.

La Ruche c'est beaucoup plus que la Ruche. Autour de sa rotonde essaiment différents petits pavillons, destinés à des sculpteurs, d'autres aménagés en salle d'exposition, en loge de concierge et en quelques logements d'artisans. Un théâtre de trois cents places — Louis Jouvet, alors étudiant, y animera le théâtre d'Action d'art — Molière, Daudet..., seront interprétés par des artistes de la Comédie-Française et du boulevard : Le Bargy, Féraudy, De Max, Marguerite Moreno...

Les ateliers de cette tour hexagonale sont de forme triangulaire, la pointe sert de cuisine et de débarras souvent masqués par un rideau. Au-dessus de la porte, pour dormir, une soupente meublée d'un lit.

La partie la plus large du triangle se compose d'une baie vitrée qui diffuse la lumière. Chaque alvéole est occupé par un artiste. « Mes abeilles », comme les appelle avec tendresse Alfred Boucher.

L'hygiène n'y règne guère, aussi la lutte contre les rats et les punaises reste-t-elle illusoire et leur odeur pestilentielle irréductible.

Alliance curieuse de faste et de misère, plantée dans un décor champêtre, la Ruche,

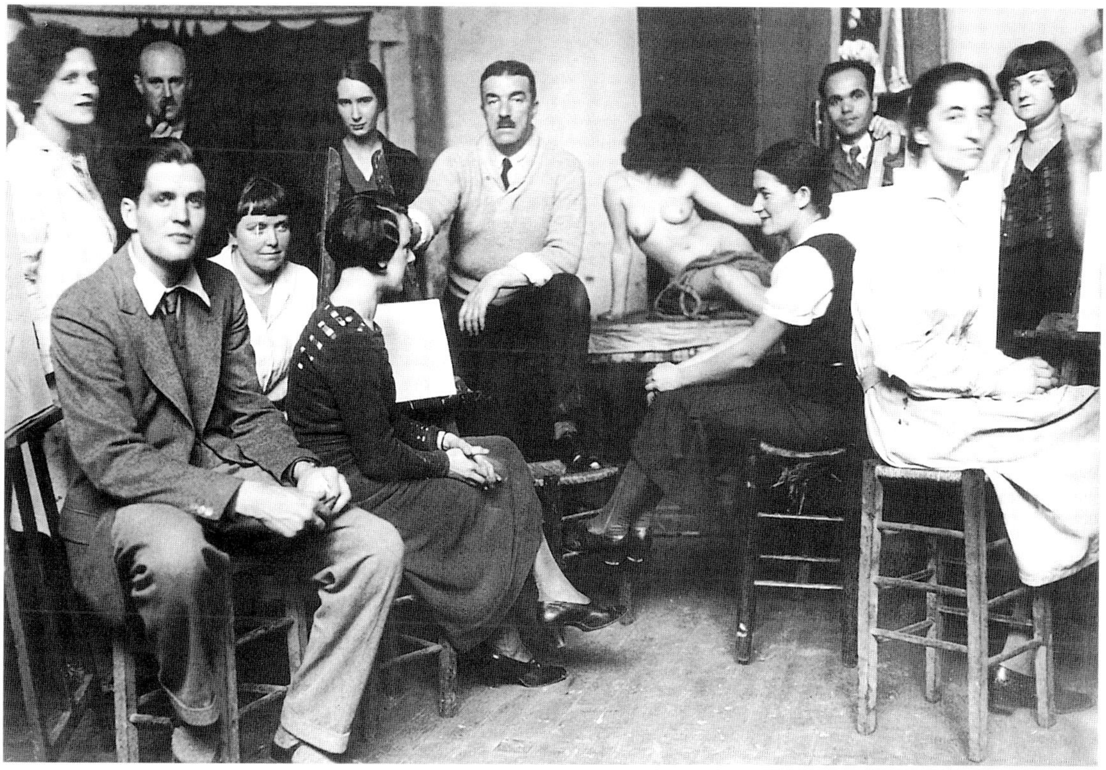

Fernand Léger (1881-1955) s'installe en 1908 dans un atelier de la Ruche. Il fait la connaissance d'Apollinaire, Max Jacob, Cendrars et des peintres, Gleize, Delaunay, Henri Rousseau (Le Douanier), puis de Picasso et de Braque. Vers 1912, sa peinture rompt avec le passé et adopte une simplicité doublée d'une énergie de constructeur. Au cours de la Grande Guerre, il est gazé à Verdun, en 1916. Il s'installe dans un atelier de la rue Notre-Dame-des-Champs qu'il conservera jusqu'à sa mort. Le développement industriel lui inspire des œuvres dans lesquelles il magnifie la machine et l'homme des usines. Décorateur des Ballets suédois, du pavillon de l'Esprit nouveau de l'exposition des Arts décoratifs, c'est un fidèle de Montparnasse. Ni suiveur ni imitateur, Léger est un novateur. « C'est le primitif des temps modernes », a dit de lui le critique d'art américain Sweeney.
Fernand Léger en 1932 dans l'atelier du 86, rue Notre-Dame-des-Champs, au milieu de ses élèves.

avec son balcon à balustres, ses cariatides, son portail ouvragé, semble un castel baroque. Le décor ornementé masque l'indigence de ses occupants, des artistes nécessiteux, français et polonais en majorité, auxquels se mêlent des artisans modestes, des émigrés de l'aristocratie russe, des asociaux de tous pays. Gabriel Voisin, futur constructeur d'automobiles et d'avions, associé à son frère Charles, l'habita.

Les Français, individualistes, vivent dans leurs ateliers alors que les Polonais, solidaires comme le sont les déracinés, vivent en commun et partagent leurs misère. À l'une des extrémités donnant sur la rue Montauban, le « coin des Princes », occupé par des ateliers plus confortables, gîte, dans le pavillon qu'il s'est fait construire, l'altruiste Alfred Boucher, dont la vie s'achève en 1934 à Aix-les-Bains. Injustement oublié. On néglige trop souvent de citer le fondateur de la Ruche dans le chapitre de l'histoire de l'École de Paris du XXe siècle.

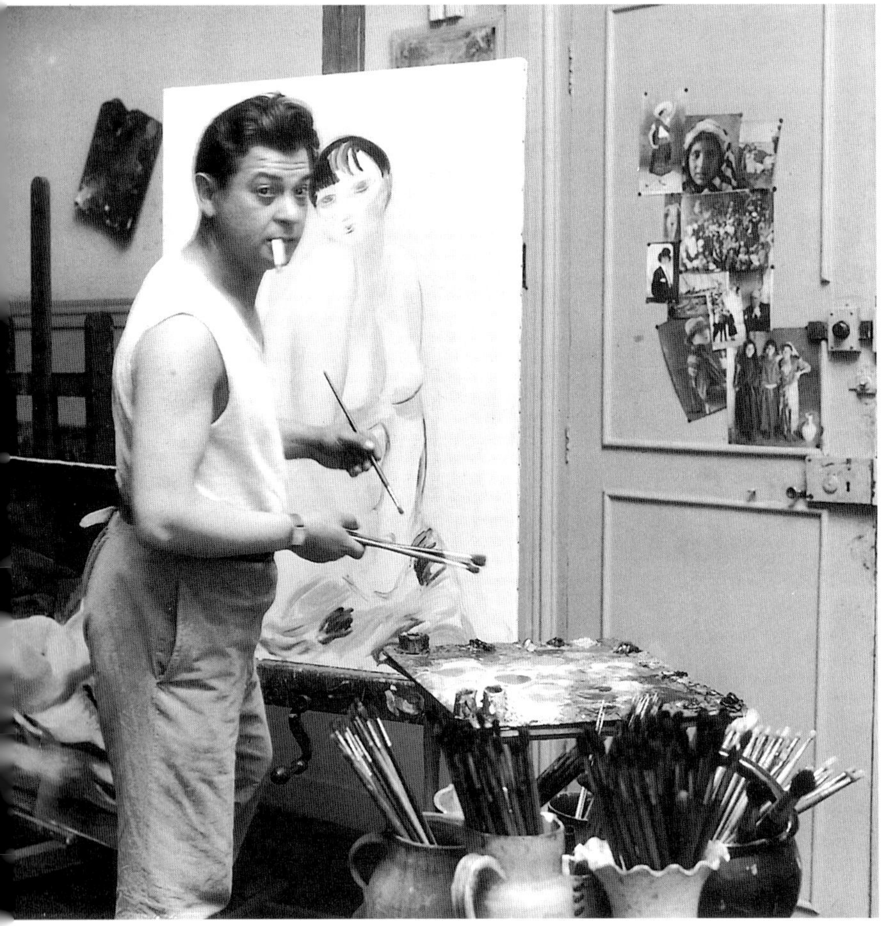

Sur les conseils de son maître Pankiewicz, professeur à l'école des Beaux-Arts de Cracovie, le peintre Moïse Kisling (1891-1953) arrive à Paris, en 1910. Il n'a que dix-neuf ans. Il s'installe à la Ruche, puis dans un atelier de la rue Jean-Ferrandi, autrefois rue de Bagneux. En 1911, il séjourne à Céret en même temps que Picasso, Juan Gris, Manolo. Engagé volontaire pendant la guerre de 1914-18 au cours de laquelle il est blessé, Kisling devient, à son retour, une des gloires de Montparnasse.
Ses amis se nomment Modigliani, Soutine, Chagall, Pascin. Ses premières toiles restent quelque temps influencées par Cézanne. Puis sa peinture, plus lisse, plus colorée, trouve son accomplissement dans des nus émouvants et des portraits aux grands yeux impénétrables. Il séjourne de plus en plus à Sanary, mais conservera longtemps son atelier à Montparnasse 3, rue Joseph-Bara, où on le voit ici en 1929.

Les premières abeilles de la Ruche

Tant de Juifs russes et polonais donnent à la Ruche l'aspect d'un ghetto, accentué par l'arrivée, chaque semaine, d'un petit vieux tirant sa carriole depuis la rue des Rosiers pour ravitailler les artistes en saucisses au raifort, harengs, concombres au sel, pain au cumin et vodka. Pratiquant le crédit à long terme, le pauvre homme est mort ruiné.

Parmi les locataires, quelques originaux, faux artistes mais vrais déments, se mêlent à l'essaim industrieux. Que dire du peintre russe Sam Granowsky criant du haut de la rotonde : « Moi génie! Moi génie! »

Il déambule dans les cafés du quartier vêtu d'une tenue de cow-boy : chapeau cabossé à large bord, chemise à carreaux, bottes à éperons. La postérité conservera de lui le souvenir de sa tenue insolite aux dépens de son œuvre.

Qui donc est cet Hindou, se disant cousin du maharadjah de Kapurthala, faisant couler le champagne au cours de folles soirées, médusant les pauvres artistes de la

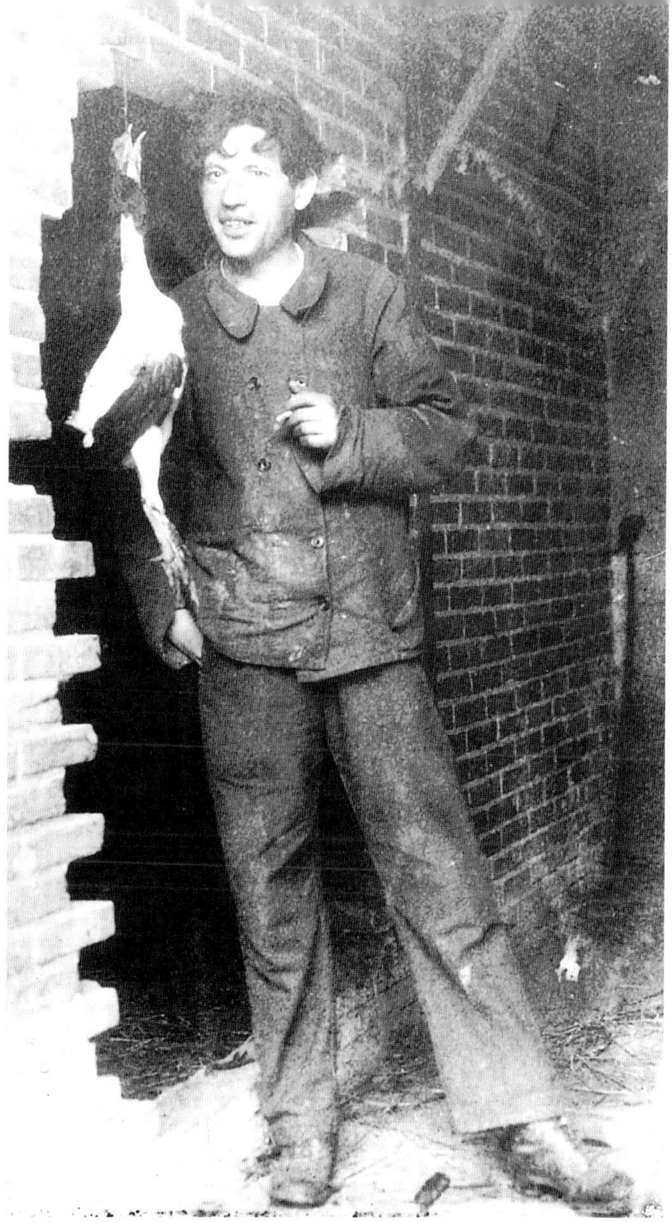

Chaïm Soutine (1894-1943), d'origine lituanienne, fuit de bonne heure le ghetto, abandonne ses parents et ses dix frères et sœurs pour étudier la peinture à Minsk, puis à l'école des Beaux-Arts de Vilna (Vilnius). Il arrive à Paris en 1911, s'installe à la Ruche, et se lie avec les peintres et les écrivains de Montparnasse qui se retrouvent à *La Rotonde*. Modigliani l'encourage, Krémègne le fait bénéficier de son expérience, et le poète-marchand de tableaux Zborowski négocie, pour lui, la vente de quelques tableaux. Des Halles, Soutine rapporte le quartier de bœuf ou le poulet peint dans l'exaltation, puis sombre dans un abattement profond, alors que, dans l'atelier, pourrissent viande et volailles. Indifférent à l'odeur qui l'entoure, il vit dans une saleté répugnante dans son atelier de la cité Falguière. Son insatisfaction est permanente, il lacère nombre de toiles de ses débuts parisiens. D'un séjour de trois ans à Céret, il rapporte, en 1922, deux cents natures mortes et paysages. Le collectionneur américain Barnes lui en achète une centaine au prix de trente-cinq dollars pièce. Dans l'euphorie de cette manne inattendue, il mène, pendant un temps, joyeuse vie, se métamorphose en dandy pour accomplir la tournée des grands-ducs avec son marchand et ami Zborowski. De 1930 à 1935, il a la liberté de séjourner chez les Castaing au château de Lèvres, près de Chartres. Pendant l'Occupation, il se réfugie dans un village de Touraine ; il y peint de beaux paysages, mais souffre d'un mal qui l'emportera au mois d'août 1943.

cité ? Que peut dire ce brave Alfred Boucher, fier de faire visiter le parc de sa Ruche à un aréopage conduit par Étienne Dujardin-Beaumetz, alors sous-secrétaire d'État chargé des Beaux-Arts, quand, au détour d'une allée, il aperçoit sur la pelouse un couple dans le costume d'Adam et Ève batifolant dans l'éden de l'impasse Dantzig ?

Il y a aussi des personnages douteux, « les bourdons » comme les appelle Boucher, ils seront rapidement éliminées de la Ruche.

L'un de ses premiers pensionnaires est Jean-Raoul Chaurand-Naurac, élève de Gustave Moreau comme les Matisse, Marquet et Rouault… Il quitte le Bateau-Lavoir en 1903 pour un atelier de la rotonde ; il se flattait d'avoir assisté à l'inauguration de la Ruche. Fernand Léger est arrivé de sa Normandie en 1900. Il sera l'un des premiers locataires comme les sculpteurs Jacques Lipchitz, Joseph Csáky et Alexandre Archipenko en 1908. Viendront s'installer ensuite Marc Chagall et Ossip Zadkine en 1910, Léon Indenbaum en 1911, Henri Epstein, Isaac Dobrinsky, Henri Laurens, Michel Kikoïne et Amedeo Modigliani en 1912, Paul Krémègne, Diego Rivera, Chaïm Soutine et Moïse Kisling en 1913.

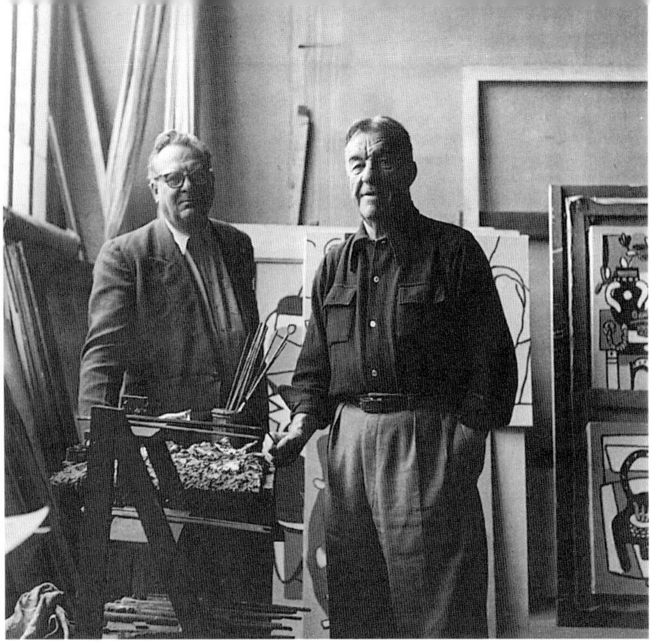

Fernand Léger, en 1951, dans son atelier de la rue Notre-Dame-des-Champs, en compagnie du peintre allemand Willi Baumeister (1889-1955). Un article, paru dans *L'Esprit nouveau,* avait attiré l'attention de Léger, de Le Corbusier et d'Ozenfant, sur le constructiviste allemand. Destitué par les nazis de ses fonctions de professeur à l'école des Arts de Francfort, il se consacre à l'étude des cultures archaïques. Resté en Allemagne, il sera nommé après la Seconde Guerre mondiale, professeur à l'Académie des beaux-arts.

Dans *Ma vie*, Chagall se souvient de la Ruche : « Tandis que dans les ateliers russes sanglotait un modèle offensé; que chez les Italiens s'élevaient des chants et les sons de guitare, chez les Juifs des discussions, moi j'étais seul dans mon atelier devant ma lampe à pétrole. Atelier comblé de tableaux, de toiles qui n'étaient d'ailleurs pas des toiles, mais plutôt mes nappes, mes draps, mes chemises de nuit mis en pièces. »

Quelques années après la Grande Guerre, Louis Neillot, Jacques Yenkel, Jacques Chapiro, Robert Couturier..., occuperont des ateliers de la Ruche.

Quand arrivent les années noires de l'occupation allemande, les nombreux artistes émigrés quittent Montparnasse, ou sont arrêtés puis déportés. Certains y vivent cachés dans leur misère et la peur, d'autres ont rejoint les maquis.

Profitant de l'abandon de la Ruche, des bouchers des abattoirs de Vaugirard voisins occupent la plupart des ateliers vides.

Ils imposent une discipline monastique, exigeant le silence absolu pendant leurs heures de repos; mesure difficilement compatible avec le caractère désinvolte et bohème des familiers du passage Dantzig. Ils terrorisent les quelques peintres qui travaillent souvent tard, les menaçant de leur énorme coutelas s'ils sont dérangés dans leur sommeil.

Après la libération de Paris et le départ des « louchebems », de nouveaux artistes viennent travailler à la Ruche comme Paul Rebeyrolle ou Ernest Pignon. De nos jours une cinquantaine de créateurs, de toutes nationalités, occupent des ateliers plus confortables, depuis la rénovation entreprise à partir de 1970.

Lorsque les héritiers d'Alfred Boucher décident, en 1967, de céder le terrain à un promoteur immobilier, c'est un tollé général dans le milieu artistique. Un comité pour la sauvegarde de la Ruche, composé des personnalités les plus illustres des arts plastiques, se constitue sous la présidence de Marc Chagall. Il s'agit de réunir la somme, coquette, de 1 656 000 francs, demandée par les propriétaires. On commence par réunir soixante-neuf œuvres, dons de peintres et de sculpteurs de grande renommée, pour une vente aux enchères qui, sous les marteaux de Mes Rheims et Laurin, rapportera 640 000 francs. Un million reste à trouver.

René et Geneviève Seydoux, qui se préparaient à participer à hauteur d'un million à la rénovation du Bateau-Lavoir de Montmartre, sont dégagés *ipso facto* de leur engagement, après l'incendie qui ravage le vieux bâtiment en 1970. Sensibilisés aux problèmes financiers du Comité de sauvegarde de la Ruche, ils décident de consacrer le montant désormais disponible à l'achat du terrain du passage Dantzig. Ils demandent et obtiennent des pouvoirs publics que la Ruche soit classée monument historique.

Après trois années de discussions et d'intercessions de Bernard Anthonioz, directeur de la Création artistique, et la médiation d'André Malraux, d'Edmond Michelet et de Jacques Duhamel, qui se sont succédé pendant ces années au ministère de la Culture, la Ruche échappe de justesse à la destruction, par le prodige d'un couple de bienfaiteurs, amis des arts, à la manière des mécènes florentins.

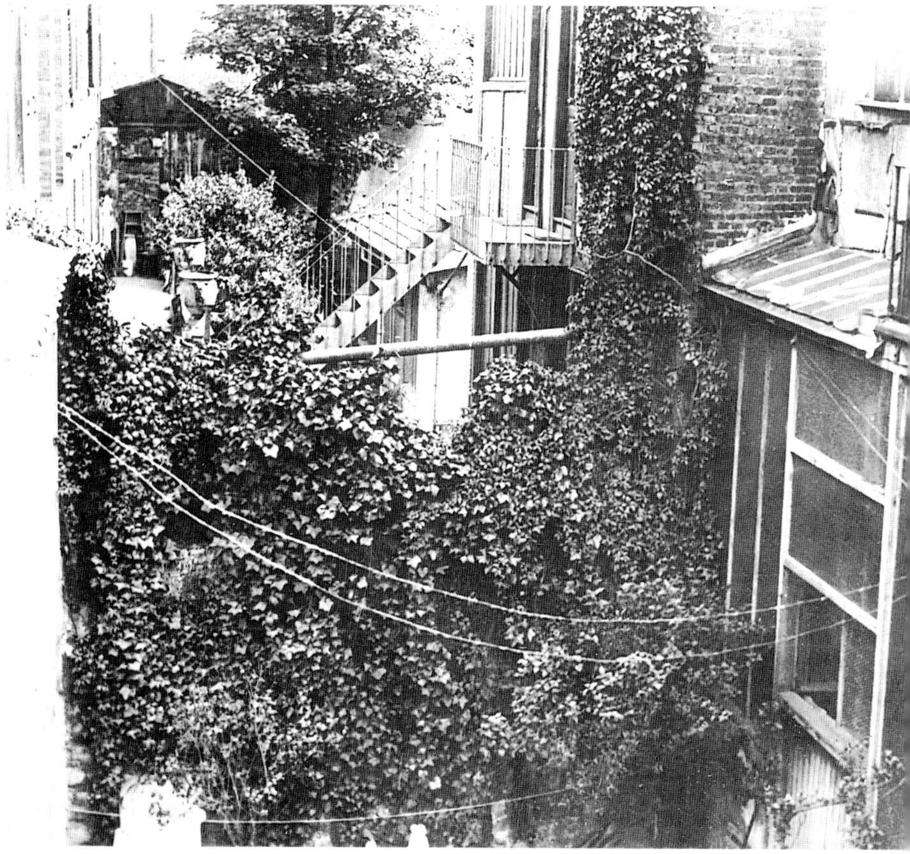

Pendant les années 1913-14, plusieurs ateliers de la cité Falguière sont occupés par Modigliani, Soutine, Foujita, pour ne citer que les peintres les plus célèbres. Mme Durchoux, patronne du « bois et charbon » qui faisait l'angle avec la rue Falguière, propriétaire de la cité, expulsa Modigliani pour négligence dans le règlement de son loyer. Les toiles, qu'il lui laissa en gage, servirent à rapiécer des sommiers usagés.

Les travaux de rajeunissement sont financés par le ministère des Affaires culturelles, la Ville de Paris, l'Agence nationale pour l'amélioration de l'habitat : rénovation de la rotonde, chauffage central et cuisines modernes, ateliers desservis par un escalier neuf, pavillons modernisés, jardin paysagé…

L'esprit bohème, qui prévalait au début du siècle, a disparu : la Ruche est désormais administrée et gérée. L'admission des artistes est conditionnée par un certain nombre de références et de critères nécessaires à la bonne harmonie de cette ancienne utopie devenue aujourd'hui réalité.

Les fourmilières de Montparnasse

Comme la Ruche, d'autres cités, impasses ou rues ont réuni peintres et sculpteurs de Montparnasse. La plupart ont disparu, rasées par les bulldozers au cours des grands travaux de Maine-Montparnasse. Cité Falguière habitent, dans les années 1913-15, Soutine, Foujita, Modigliani. Cette Villa rose, comme on l'appelait, du temps où la couleur de son crépi n'avait pas encore pris cette teinte misérabiliste, est la propriété de la dame

En 1910, Marc Chagall débarque à Paris, occupe un atelier dans l'impasse du Maine, puis rejoint la Ruche plus en rapport avec ses modestes moyens. Dans *Ma vie,* son autobiographie, il écrit : « Mon atelier comblé de tableaux, de toiles qui n'étaient pas d'ailleurs des toiles, mais plutôt mes nappes, mes draps, mes chemises de nuit mis en pièces. » Blaise Cendrars, Guillaume Apollinaire, l'aident en reconnaissant son génie poétique. La France adopte celui qui aimait à dire : « Paris est mon Vitebsk. » Le 25 juin 1959, Luc Fournol rencontre Marc Chagall dans l'île Saint-Louis ; le peintre est au faîte de sa gloire. Il aime, lui dit-il, retourner de temps à autre à la Ruche de la cité Dantzig pour un pèlerinage.

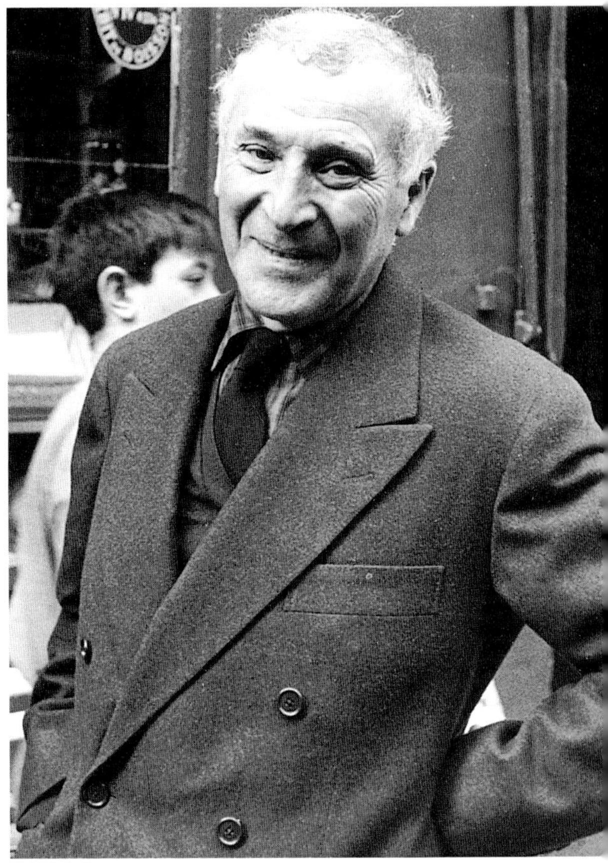

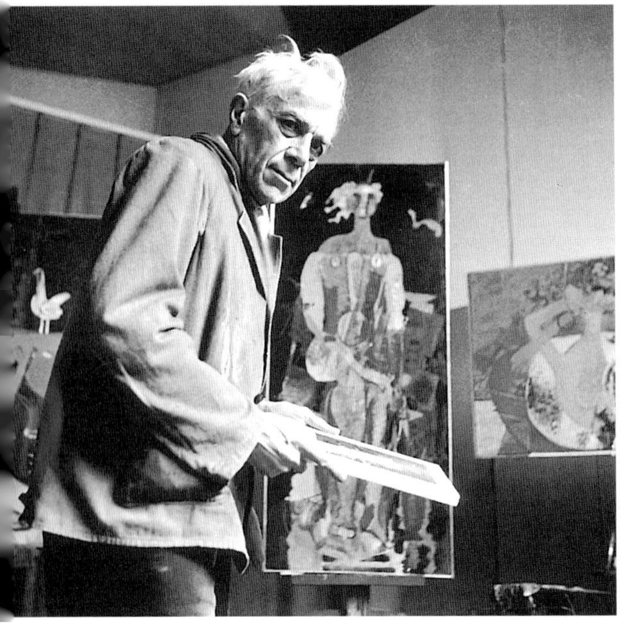

Certains peintres, nouveaux arrivés, firent construire des maisons-ateliers hors les limites classiques de Montparnasse. Auguste Perret édifia celle de Georges Braque rue du Douanier, près du parc Montsouris (le peintre dans son atelier). Foujita et André Derain eurent aussi la leur, pendant un temps, dans ce quartier excentrique de Montparnasse.

Durchoux, patronne du bois et charbon, bougnat faisant l'angle avec la rue Falguière.

Brave femme, Mme Durchoux n'est pas trop regardante pour la ponctualité du règlement des loyers, mais la patience a des limites, souvent outrepassée par la négligence obstinée de Modigliani. Lasse d'attendre son dû, elle décide de mettre le peintre à la porte de son atelier. Comme il ne possède rien, il lui laisse quelques tableaux en gage. On raconte que la pauvre femme confia, un jour, les toiles de ce « barbouilleur » à son fils pour rafistoler de vieux sommiers. Consternation quand elle constatera, quelques années plus tard, que les toiles de l'Italien se vendent une fortune.

C'est au 216, boulevard Raspail, détruit pour édifier le Studio Raspail, cinéma d'avant-garde, lui-même disparu, que va se réfugier Modigliani dans un des ateliers bordant une allée de cages vitrées alignées derrière un triste pavillon en meulière. Sa porte est reconnaissable au tas de blocs de pierre chapardés, la plupart du temps, sur des chantiers, matière première pour ses ébauches de sculptures qu'il achève chez Brancusi. Ce dernier, après avoir quitté la rue Montparnasse en 1916, restera fidèle à son atelier de l'impasse Ronsin jusqu'à sa mort survenue en 1957. Quant à Antoine Bourdelle, c'est dans l'impasse du Maine (aujourd'hui, rue qui porte son nom), qu'il travaille auprès de Georges Recipon, le sculpteur des quadriges du toit du Grand-Palais (Bourdelle aurait dû lui signaler que son char antique est placé à l'envers). Aujourd'hui musée, l'atelier occupé jusqu'à sa mort, en 1929, par le sculpteur de *l'Héraclès archer* présente la plus grande partie de son œuvre sculpté et peint.

L'ancienne cité Boulard, îlot fleuri où naguère le peintre Schuffenecker accueillait Paul Gauguin au retour de ses voyages lointains, a été le domaine de Terechkovich, après la dernière guerre. Ce dernier y a peint ses enfants — jeunes filles en fleur — affublées de robes de jadis à broderies anglaises. Les goûters dans le petit jardin fleurant bon le lilas et le seringa, évoquent l'atmosphère de *La Cerisaie* de Tchekhov, aux confins d'une époque qui s'achève.

Rue Campagne-Première, ouverte sur un terrain appartenant au général Taponier — il la baptisa ainsi en souvenir de sa première campagne à Wissembourg en 1793 —, habitent Per et Lucy Krohg, Rainer Maria Rilke, le photographe Eugène Atget, Louis Aragon, Elsa Triolet et Man Ray, comme la rue Joseph-Bara où voisinent les Krohg, Kisling, Zborovski, Salmon, Hermine David, Pascin et le sculpteur animalier Rembrandt Bugatti — que l'on retrouva pendu dans son atelier —, sont des phalanstères où la vie communautaire se montre, pour beaucoup d'entre eux, sous un jour meilleur dans les périodes de vaches maigres.

Ces demeures d'artistes n'ont rien de commun avec ces cités plus luxueuses construites hors des limites du Montparnasse classique. Rue du Douanier, près du parc Montsouris, Derain et Foujita ont eu leur hôtel particulier, voisin de la maison que Georges Braque fit construire par l'architecte Auguste Perret. Braque y resta jusqu'à sa mort alors que Derain s'installe en Ile-de-France à Chambourcy et que Foujita persécuté par son percepteur en pleine crise économique préfère rejoindre le pays du Soleil levant, sa patrie.

Le sculpteur Antoine Bourdelle (1861-1929) occupa, jusqu'à sa mort, un atelier dans l'impasse du Maine. C'est aujourd'hui un musée consacré à son œuvre. L'impasse, devenue rue, porte le nom de l'artiste. Ses œuvres monumentales et ses portraits, notamment celui d'Anatole France (ici avec le sculpteur), lui assurent une renommée internationale.

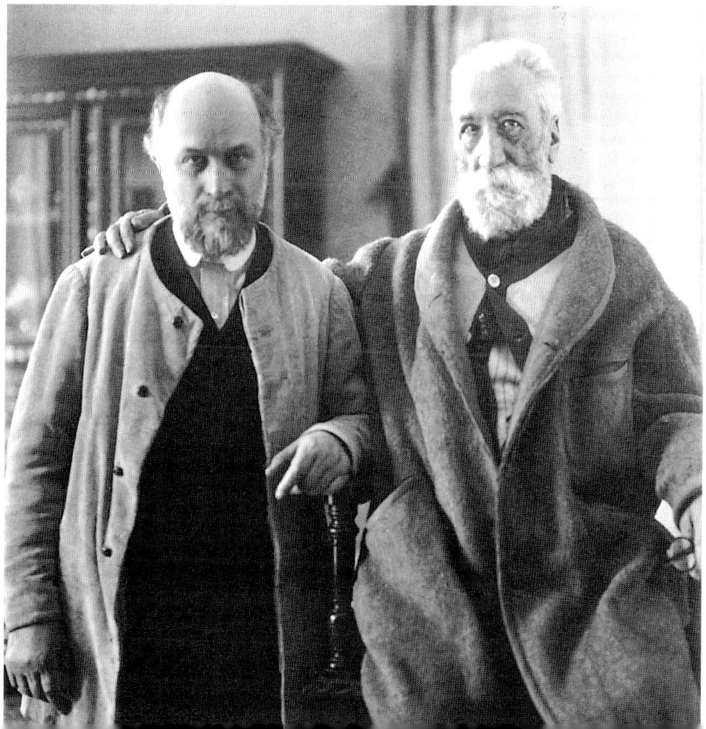

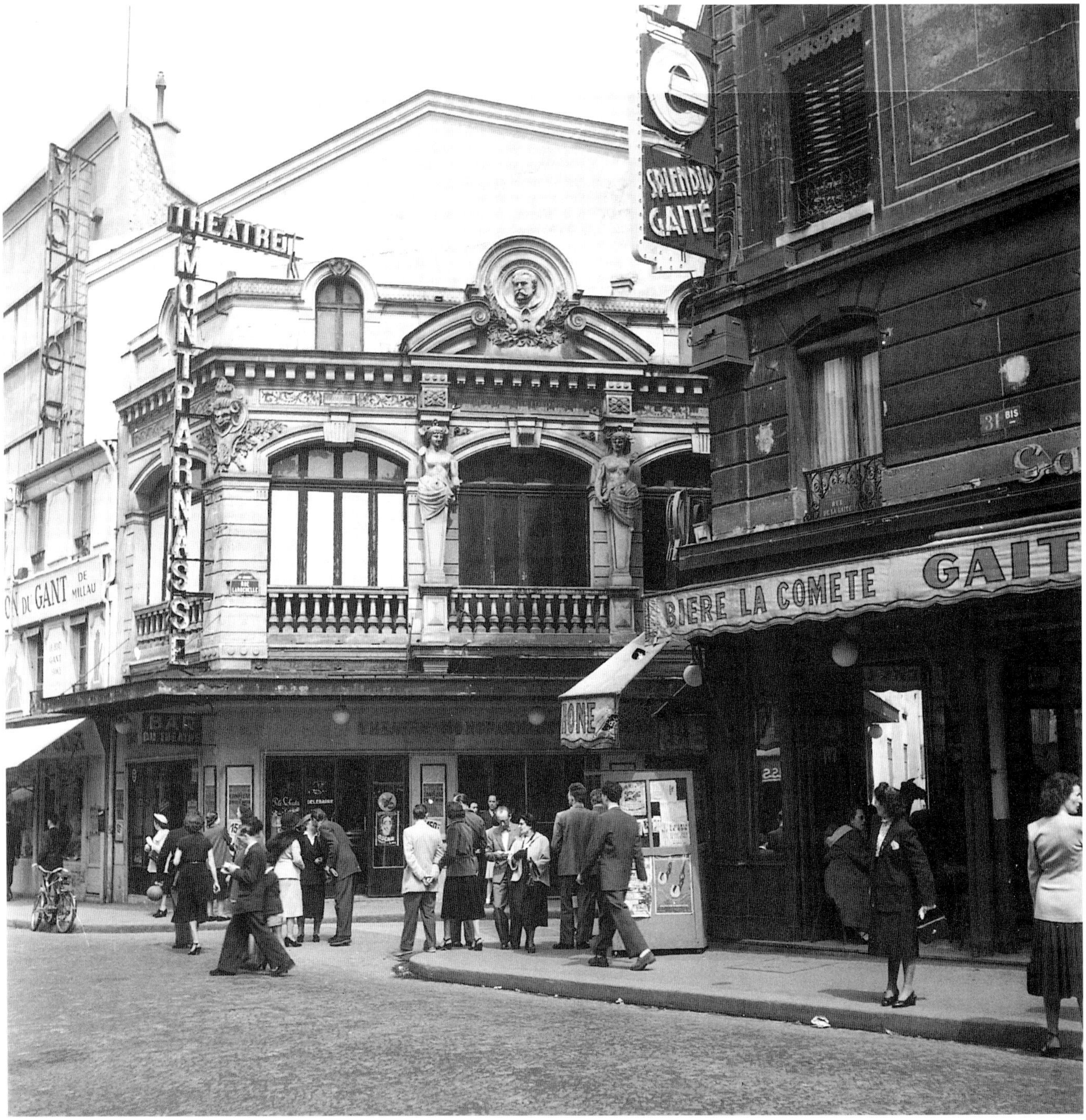

Le fronton du théâtre Montparnasse s'orne d'un médaillon représentant le portrait d'Henry Larochelle, par Mathieu Meunier, hommage de sa veuve au fondateur de la salle reconstruite en 1886. André Antoine et son Théâtre-Libre y donnent, en 1887, quelques représentations avec un nouveau comédien, Firmin Gémier. Le 13 octobre 1930, Gaston Baty en prend la direction, jusqu'en 1944, date à laquelle sa collaboratrice, Marguerite Jamois, lui succède. Sous leur direction, de grands comédiens ont joué des pièces d'Alfred Savoir, Stève Passeur, Jean Anouilh, Graham Greene.

Y a d'la joie !

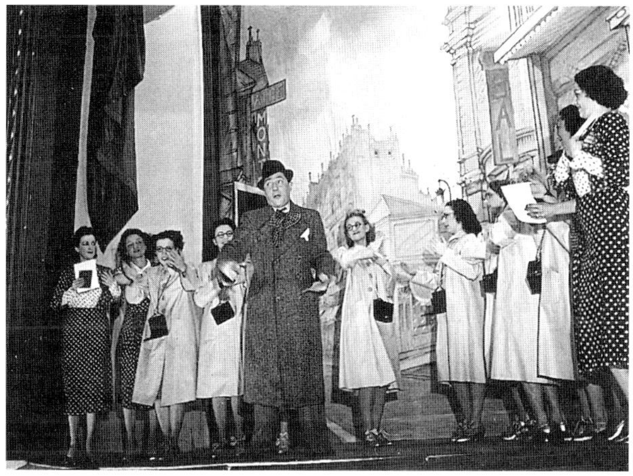

Y a d'la joie quand Georgius ouvre, en 1934, la revue de fin d'année au *Bobino* de la rue de la Gaîté.

Des guinguettes et des bals pour s'encanailler

Pleine de rires et de chansons, la rue des bals, des music-halls, des bistrots, ne pouvait s'appeler que rue de la Gaîté. Quand on la baptise ainsi, sous Louis-Philippe, le beaujolais blanc y coule à tonneaux ouverts dans les guinguettes où l'on vient se goinfrer d'escargots, de moules et de frites. À l'époque, c'est une partie du chemin qui, depuis la barrière du Montparnasse, mène à Clamart. On l'emprunte davantage pour ses distractions que pour rendre visite aux Clamartois. Les passionnés de la danse n'ont que l'embarras du choix entre le bal des Éléphants, situé au fond d'une cour — George Sand s'y est égarée un soir —, et ceux des Quatre Saisons, du Veau qui tète, du Sauvage, du Salon d'Apollon, de la Belle Polonaise, ou du Grateau, plus connu pour ses bagarres que pour ses tourbillons en musique.

À l'entrée de la rue, le *Richefeu*, trois étages avec terrasse, inaugure une formule de restauration singulière : la qualité du menu et du service décroît au fur et à mesure que l'on monte d'un palier. Au premier, le couvert comprend nappe et serviette, on y est dispensé de payer d'avance. Au second, c'est déjà plus sommaire : après avoir acquitté son écot, les repas sont servis à même le marbre d'un guéridon. Quant aux modestes convives du troisième, ils doivent se contenter d'arlequins peu alléchants. Aux clients de la terrasse, on ne sert qu'une assiette de pommes frites et un morceau de fromage. Le succès du restaurant est considérable, il permettra aux propriétaires, MM. Richefeu père et fils, de se retirer fortune faite.

Henry Larochelle, déjà propriétaire des théâtres de Grenelle et de Montmartre, laisse à sa mort le théâtre Montparnasse de la rue de la Gaîté, dans un état de vétusté inquiétant. Associée à Hartmann en 1886, sa veuve fait construire une salle nouvelle de mille deux cents places. Perpétuellement à la recherche d'un théâtre, Antoine,

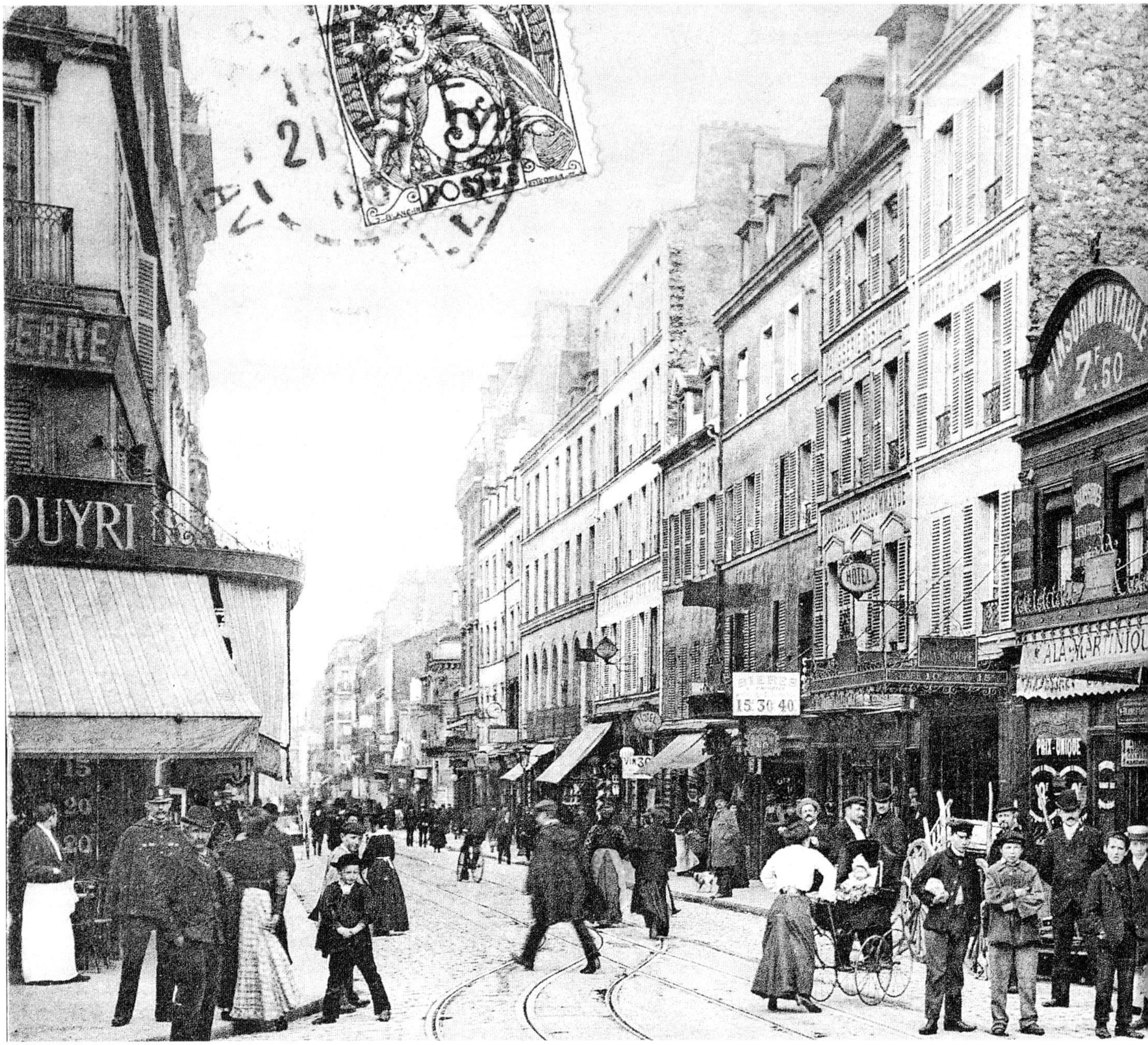

Rue de la Gaîté en 1900.
Les passants fascinés par l'objectif du photographe posent au milieu de la rue. Plus loin le théâtre Montparnasse à l'angle de la petite rue qui porte le nom de Larochelle, l'ancien directeur du théâtre depuis 1888.

le fondateur du Théâtre-Libre, confie son embarras à Hartmann. Amicalement, ce dernier accepte d'accueillir sa troupe chaque vendredi, jour de relâche.

Le 11 novembre 1887, Antoine y présentera *La Femme de Tabarin* — une pièce de Catulle Mendès, oubliée aujourd'hui, comme son œuvre poétique et dramatique — devant un parterre de « jules en

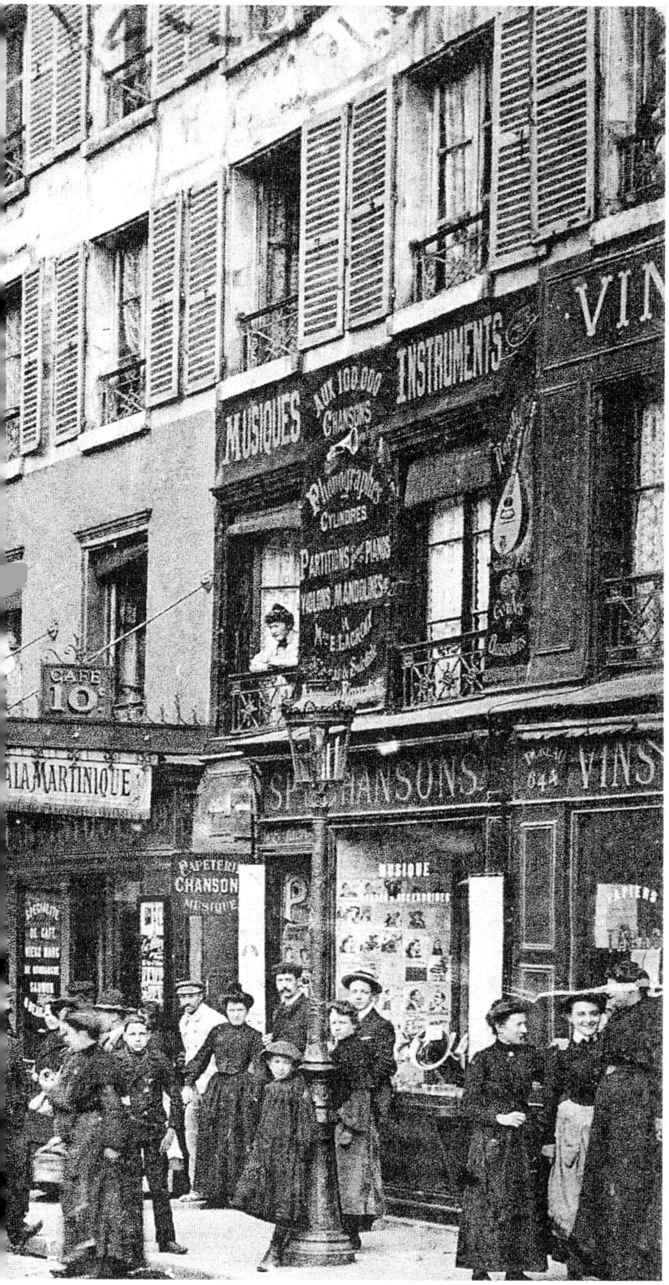

casquettes », venus en voisin des Mille Colonnes ; un établissement plutôt mal-famé, où l'on mange et l'on danse, où l'on vient surtout lorgner les femmes, décolletées jusqu'au ventre, dansant le quadrille, avec des déhanchements obscènes. Un témoin dit avoir aperçu un soir Sainte-Beuve — sans sa calotte noire — se dissimulant dans la foule. L'austère auteur des *Lundis* s'encanaillait ce soir-là, oublieux de ses amours illicites avec Adèle Hugo ?

Un dénommé Constant avait ouvert les Mille Colonnes en 1833, à l'endroit où se tenait le bal des Gigoteuses, connu pour sa variété lascive de chahut. Fermé pour cause de trop grande licence, la police avait autorisé sa réouverture, à la condition que ces demoiselles allongeassent leurs jupes et boutonnassent leurs corsages.

Le fils et le gendre de Larochelle, qui succèdent à Hartmann à la direction du théâtre Montparnasse, ne réussissent guère dans leur entreprise de diversification (concerts, projections, etc.). Avec l'arrivée de Gaston Baty, le 13 octobre 1930, la scène de la rue de la Gaîté reprend sa place parmi les grands théâtres parisiens. Pendant treize ans, l'ancien assistant de Firmin Gémier monte, adapte, met en scène un répertoire éclectique. Après son éloignement volontaire en 1943, Marguerite Jamois, sa fidèle interprète, lui succède et ajoute le nom de Gaston Baty à l'enseigne du théâtre. Elle poursuit, avec succès, la création d'œuvres de Jean Anouilh, Stève Passeur, Georges Neveux... Après sa disparition, Lars Schmidt en confie la direction artistique à Jérôme Hulot qui, en 1985, prend en main les destinées du plus grand des théâtres de la rue de la Gaîté, dirigé actuellement par Myriam de Colombi.

En 1896, Georges Dorfeuil, déjà directeur du Concert Parisien, installe l'électricité au Concert de la Gaîté-Montparnasse ; un événement. Chaque soir, on vient rue de la Gaîté applaudir la fine fleur du café-concert : Yvette Guilbert, Liane Desty, Maria Pacra (fille du fondateur du Concert Pacra), Fragson, Polin, Dranem, Mayol...

« Vers 1908, deux fois par an, écrit

Colette, mes compagnons Georges Wague, Christine Kerf et moi nous jouions la pantomime à la Gaîté-Montparnasse — par considération on disait : Chez M. Dorfeuille. »

Aux entractes, le public s'égaille dans la rue et dans les cafés voisins. Bon enfant, il applaudit les artistes déboulant de leur fiacre en costume de scène qui n'ont pas pris le temps de rafraîchir leur maquillage du spectacle précédent. On y applaudit un Maurice Chevalier de dix-sept ans et un Georgius de dix-neuf.

Les plus grands succès reviennent aux revues de fin d'année : « Oh Hisse ! », « C'est Kif-Kif! », « Trou là là! », « Elles en demandent, elles en veulent! », laissent assez présager l'esprit de ces spectacles.

À la Libération, Agnès Capri, ancienne élève de Dullin, présente sur cette scène devenue théâtre de la Gaîté-Montparnasse

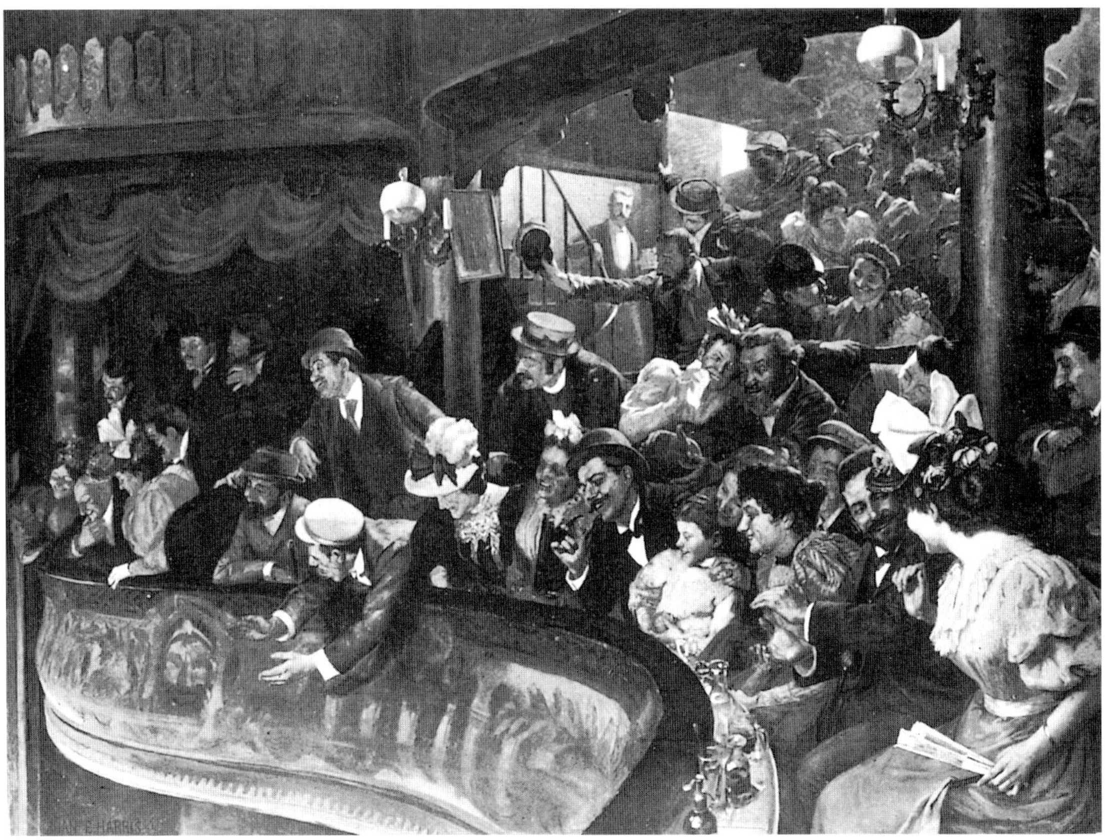

En 1897, le peintre Juan-Eduardo Harris évoque dans ce tableau le petit peuple du poulailler du Concert de la Gaîté. On y interpelle les artistes avec familiarité et enthousiasme, on pleure de vraies larmes ou l'on souligne les mots du comique de grands éclats de rire. Les femmes étouffent, les hommes trépignent, applaudissent ou agitent leurs chapeaux dans une joie exubérante.
Devenu théâtre de la Gaîté-Montparnasse après la Seconde Guerre mondiale, la compagnie, dirigée par André Reybaz, y crée *Quoat-Quoat,* la première pièce d'Audiberti.
Gérard Dorfeuille a animé pendant plus d'un demi-siècle la vie parisienne. Au Concert de la Gaîté-Montparnasse, il y a présenté chaque soir la fine fleur du café-concert : Yvette Guilbert, Dranem, Fragson, Mayol, Dorville. Il y fera débuter un Maurice Chevalier de dix-sept ans, et un Georgius de dix-neuf.

des sketches musicaux charmants, des tours de chant et de poésie. *Quoat-Quoat*, la première pièce d'Audiberti, est créée là. La Compagnie Grenier-Hussenot s'adjoint les Frères Jacques pour jouer et chanter *La Parade* sur des textes de Paul Verlaine et de Jules Laforgue, ainsi que *Orion le tueur* du poète Maurice Fombeure. *Victor ou les enfants au pouvoir*, la pièce de Roger Vitrac, entrevue et contestée à la Comédie des Champs-Elysées en 1929, y est remontée cette fois avec succès. Thanos, Christine Tsingos et Roger Blin, puis Michel Fagadau se succèdent à la direction du théâtre. Depuis 1983, Nicole Charmant accumule les succès, notamment *Qui a peur de Virginia Woolf?* de Tennessee Williams.

Au 75 du boulevard du Montparnasse, au fond de l'impasse, sous l'immeuble où jadis Soutine puis Pikelny eurent leur atelier, le théâtre de Poche ne semble pas souffrir du voisinage des vastes cinémas aux salles multiples. Jean Vilar, dès l'installation, en 1943, de la petite salle de soixante places, y a monté ses premiers spectacles. Aujourd'hui, Étienne Bierry suit l'exemple du fondateur du festival d'Avignon et cultive, en dépit de l'exiguïté des lieux, la magie dramatique.

Bobino ! Bobino !...

Bobino, pseudonyme d'un Paillasse de spectacle forain, joue et parade, dans une baraque située au coin de la rue de Fleurus et de la rue Madame. Fréquenté par une clientèle de quartier, ce petit théâtre du Luxembourg, créé en 1816, disparaît en 1867.

Fernand Strauss, prenant en 1873 la direction d'un modeste théâtre de la rue de la Gaîté, lui donne le nom de Folies Bobino ; référence au bateleur de la rue Madame. C'est une salle étriquée de trois cent vingt-cinq mètres carrés à laquelle est adjoint un café. Un promenoir, réservé aux fumeurs, fait le tour du théâtre. Entre des exercices au trapèze et des exhibitions équestres, des saynettes agrémentées de couplets graveleux pimentent le spectacle.

Strauss ne fait pas de bonnes affaires. Il cède sa place à une succession de directeurs qui ne réussissent pas mieux que lui à appâter les badauds de la rue de la Gaîté. Richain, nouveau directeur en 1894, obtient, lui, des résultats biens meilleurs. Pingre, il lésine sur le cachet des artistes, restreint les doses des consommations du café et, en écorniflant çà et là, va parvenir à faire sa pelote. En 1901, il ferme cinq mois, pour reconstruire la salle. Le bistrot est détruit — mais il est prévu dans la nouvelle salle une tablette fixée au bras du fauteuil pour poser son verre —, sa surface est utilisée pour agrandir la scène. Des revues et des spectacles plus attractifs sont régulièrement au programme.

Quand il se retire, en 1912, l'impresario Montpreux lui succède. Il engage des comédiens connus : Albert Brasseur, Galipaux, Raimu, De Max, Fauchois, Spinelly, Cassive... Ce ne sont plus les Folies Bobino, mais le « théâtre » Bobino.

Dans les années 1913-14, on y présente même quelques classiques : Molière, Racine, Beaumarchais. Mais au *Malade imaginaire*, à *Phèdre*, et au *Barbier de Séville* succèdent, à la demande du public, les tours de chant de Félix Mayol, Montéhus et Ouvrard. Bobino devient alors l'un des plus illustres music-halls de Paris.

Vers 1922, l'implantation des salles de

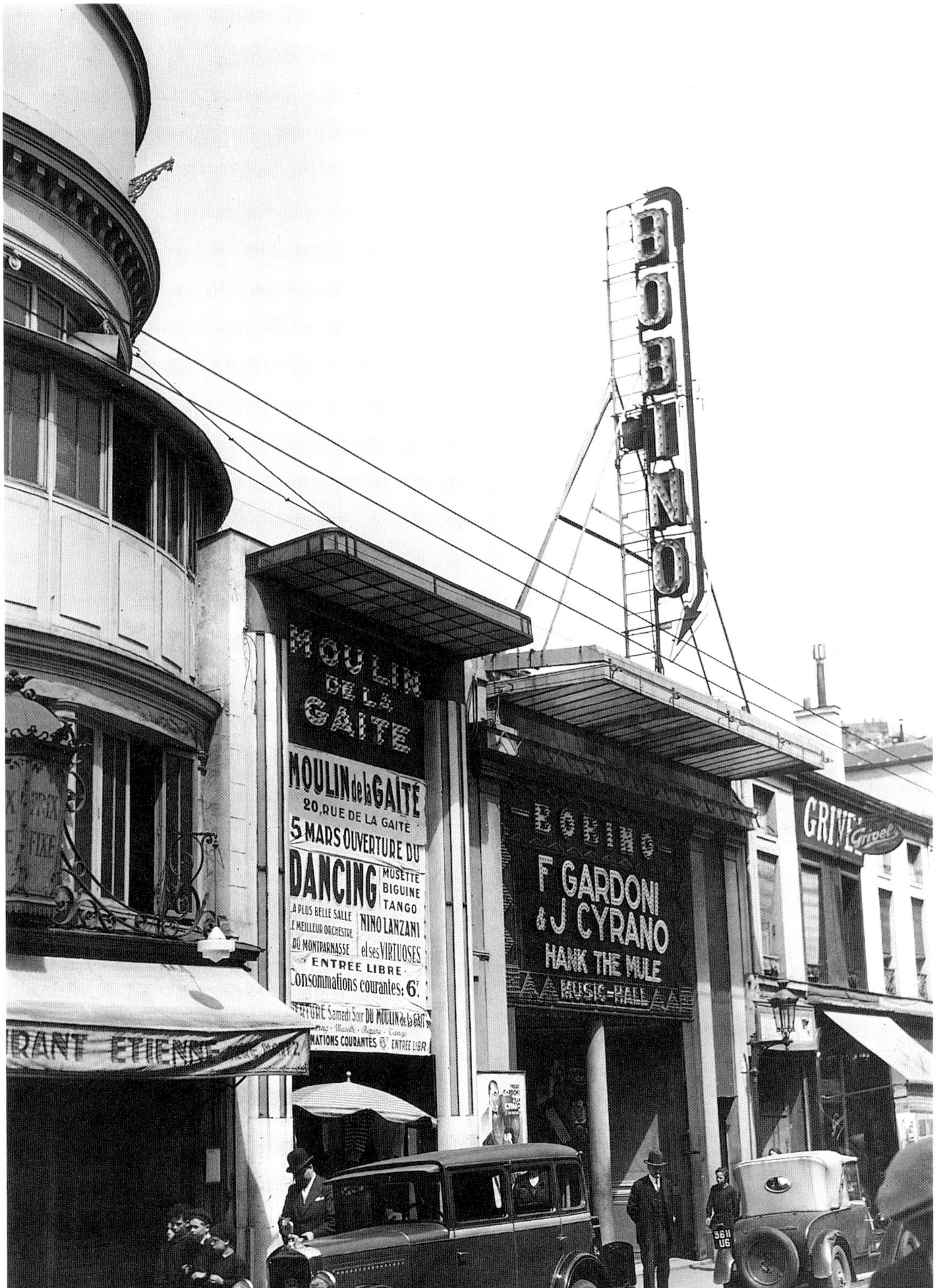

Bobino affiche, à partir du 12 mai 1932, Frédo Gardoni et son accordéon avec le chanteur Jean Cyrano. Au mois de mai 1939, Georgius vient animer « la Revue de Bobino » avec Jacqueline Francell, entourée de 25 artistes.

cinéma à Montparnasse menace son existence. Une société importante d'exploitation de salles de spectacles achète Bobino, et le transforme en un music-hall confortable, équipé d'une machinerie moderne.

Inauguré le 14 octobre 1927, le nouveau Bobino n'a plus rien de commun avec l'ancien. Rouge et or, cossu, avec d'immenses miroirs qui multiplient à l'infini son élégant décor, il est devenu le grand music-hall de Paris. On vient y applaudir : Damia, Florelle, Yvette Guilbert, Ouvrard, Alibert; le jeune Fernandel y débute un soir de décembre 1928.

Après quelques tentatives infructueuses pour le transformer en cinéma, Mitty Goldin en prend la direction artistique en 1934. Le futur créateur de l'A.B.C y monte des opérettes modernes : *Quatre jours à Paris*, *Les Pieds nickelés*, etc.

Ici vont triompher des artistes comme Félix Mayol en 1931, Charles (Trenet) et Johnny (Hess), Mireille, en 1934; Tino Rossi, Georgius, Reda Caire, en 1935; Jean Lumière, Pills et Tabet en 1936; Django Reinhardt et le quintette du Hot club de France, Suzy Delair, Jean Tranchant en 1938; Eliane Célis (la voix chantée de Blancheneige), Rina Ketty en 1939.

Pendant l'Occupation, les Parisiens viennent applaudir Georges Guétary, Gaston Ouvrard, Roger Nicolas, André Claveau,

Après la guerre, de nombreux artistes seront les vedettes du grand music-hall de la rue de la Gaîté.

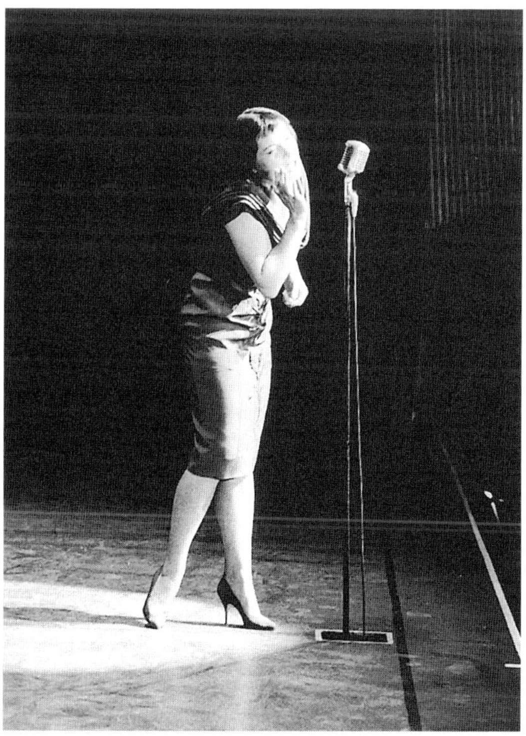

Colette Renard : des chansons grivoises chantées avec un art consommé du phrasé.

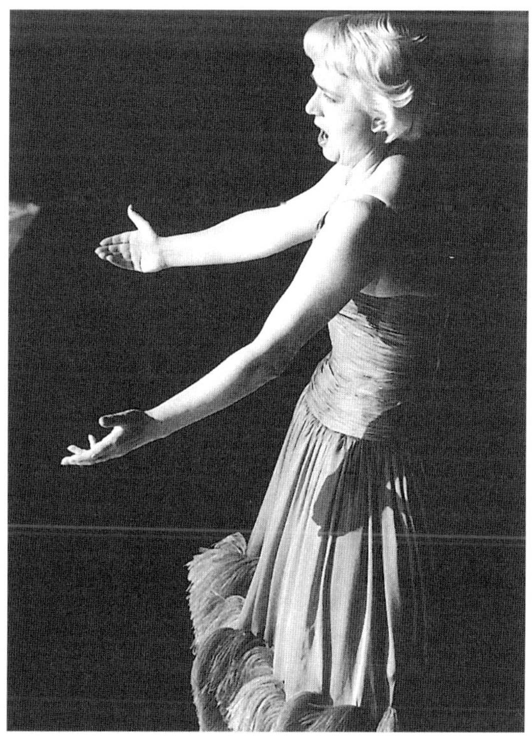

Jacqueline Maillan. Cocasse, drôle, amusante, comique, quel brio!

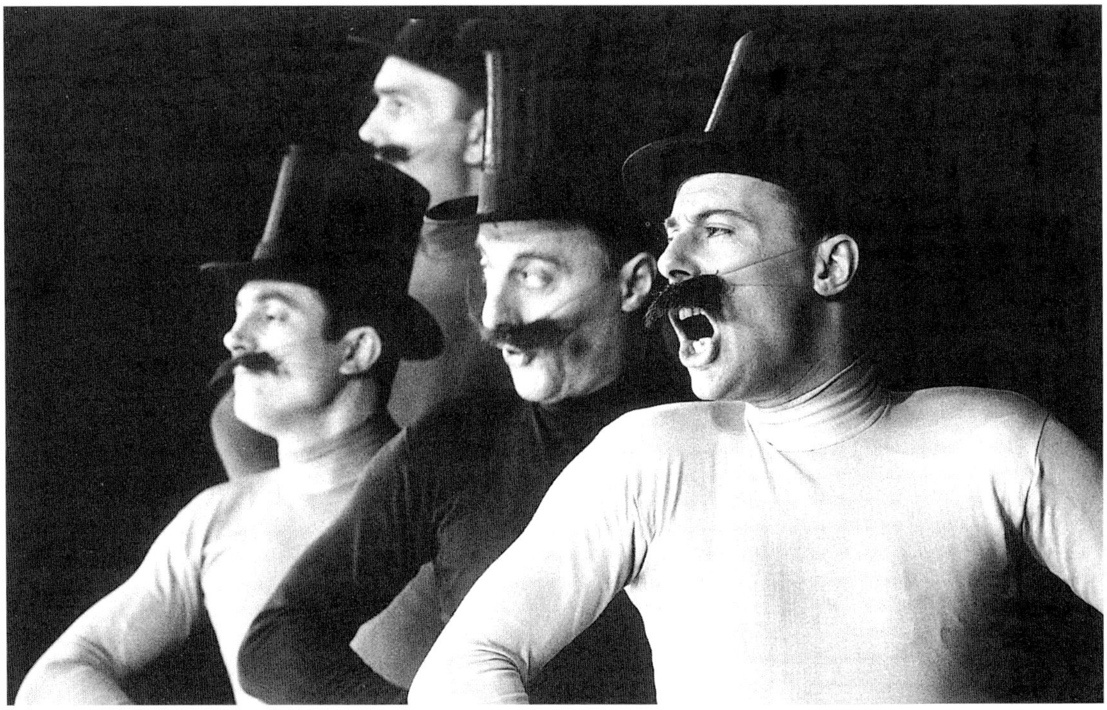

Les Frères Jacques, dans leurs costumes dessinés par Jean-Denis Malclès seront pendant un demi-siècle les athlètes de la Chanson.

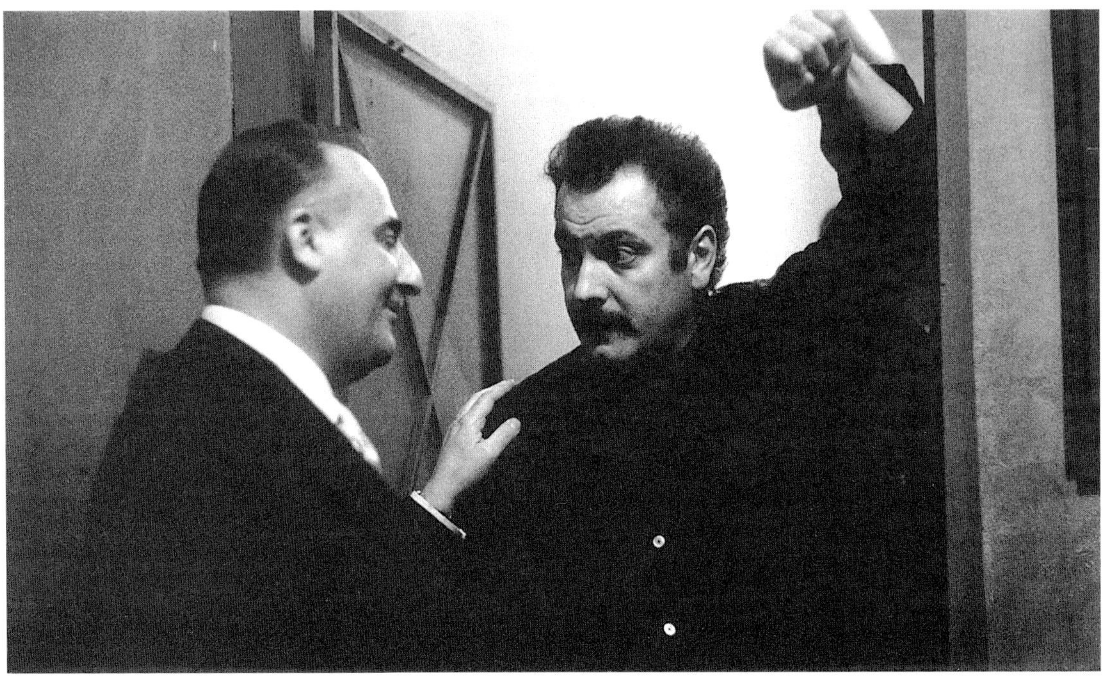

Georges Brassens reçoit à *Bobino* la visite de Bruno Coquatrix pour l'inviter à se produire sur la scène de l'*Olympia.* Il y recevra la consécration de son talent.

Francis Blanche, Jean Rigaut, Paul Meurisse, Édith Piaf, Charpini et Brancato... Puis la relève est assurée par Charles Aznavour, Bourvil, Line Renaud, les Compagnons de la chanson, Jean Richard, Henri Salvador, Mouloudji, Guy Béart, Jacques Brel, Léo Ferré, Georges Brassens et toutes les grandes vedettes de l'après-guerre.

Brassens et Brel s'y produisent presque chaque année ainsi que Juliette Gréco, Raymond Devos, Colette Renard, Nougaro, Patachou, Moustaki... C'est à Bobino, en février 1963, qu'Édith Piaf, malade, paraîtra pour la dernière fois sur une scène parisienne, avant de mourir le 11 octobre suivant et que Joséphine Baker fera sa dernière apparition en public au mois de mars 1975.

Les music-halls souffrent de la concurrence des émissions de variétés télévisées. Quand on peut voir chez soi, sur le petit écran, les plus grandes vedettes présenter leur tour de chant ou exécuter leur numéro, pourquoi se déranger ? Cette désaffection du public condamne, peu à peu, les grandes salles de music-hall classique ; c'est le cas de l'Alhambra, l'A.B.C. ou de l'Européen (maintenant théâtre). En 1984, Bobino est détruit. On édifie un hôtel moderne à sa place avec une salle nouvelle en sous-sol. On enterre vivant le moribond.

Philippe Bouvard, en prenant la direction de la salle souterraine, accorde un sursis à Bobino. Pour l'heure, spectacles de ballets exotiques, *one man shows*, assurent la continuité du vieux music-hall de Montparnasse. Ici, Philippe Bouvard procède à l'enregistrement, en public, de joyeuses émissions télévisées. Le rire ne pouvait déserter la rue de la Gaîté.

Au numéro 17, Attilio Maggiulli — ancien assistant de Giorgio Strehler — et sa troupe maintiennent la tradition de la commedia dell'arte à la Comédie-Italienne. Arlecchino, le vieux Pantalone, Pulcinella, Scaramuccia, personnages légendaires de Goldoni, assurent, sur cette scène de la rue la Gaîté, des spectacles satiriques ou féeriques pleins de fantaisie oscillant entre rire et émerveillement.

Le Café d'Edgar, boulevard Edgar-Quinet, le Grand Edgar, impasse de la Gaîté — que de familiarité avec l'historien peu porté sur la gaudriole ! —, ont gardé l'esprit du vrai café-théâtre, où s'illustrèrent Coluche, Romain Bouteille et quelques autres au Café de la Gare de la rue du Temple. Au numéro 15 de la rue du Maine, le Guichet Montparnasse présente de petites pièces d'une grande originalité et des spectacles de poésie.

Guy Béart. Ingénieur, mais surtout poète et compositeur, ses chansons sont reprises par Patachou et quelques autres avec le succès que l'on sait.

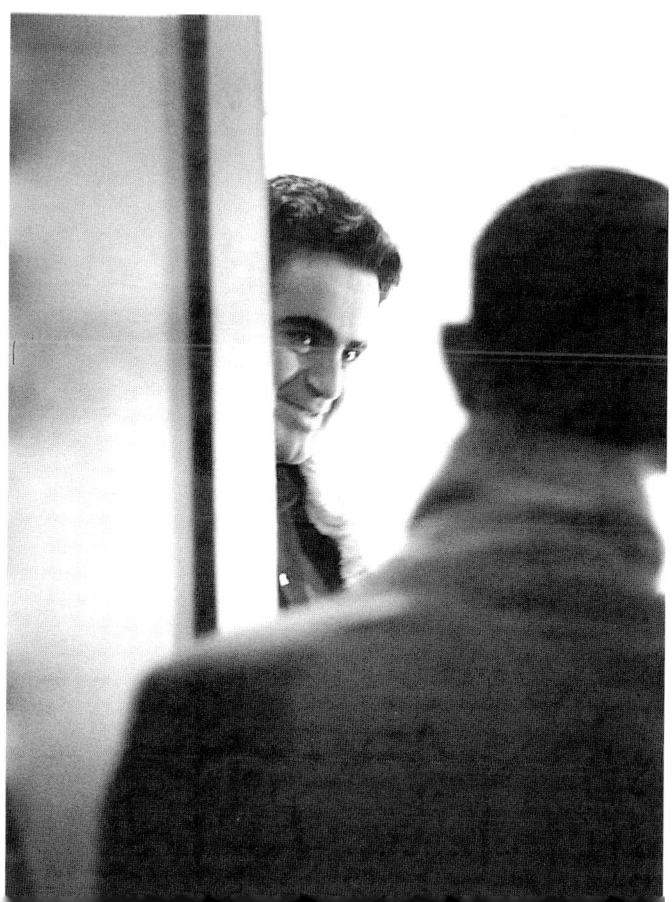

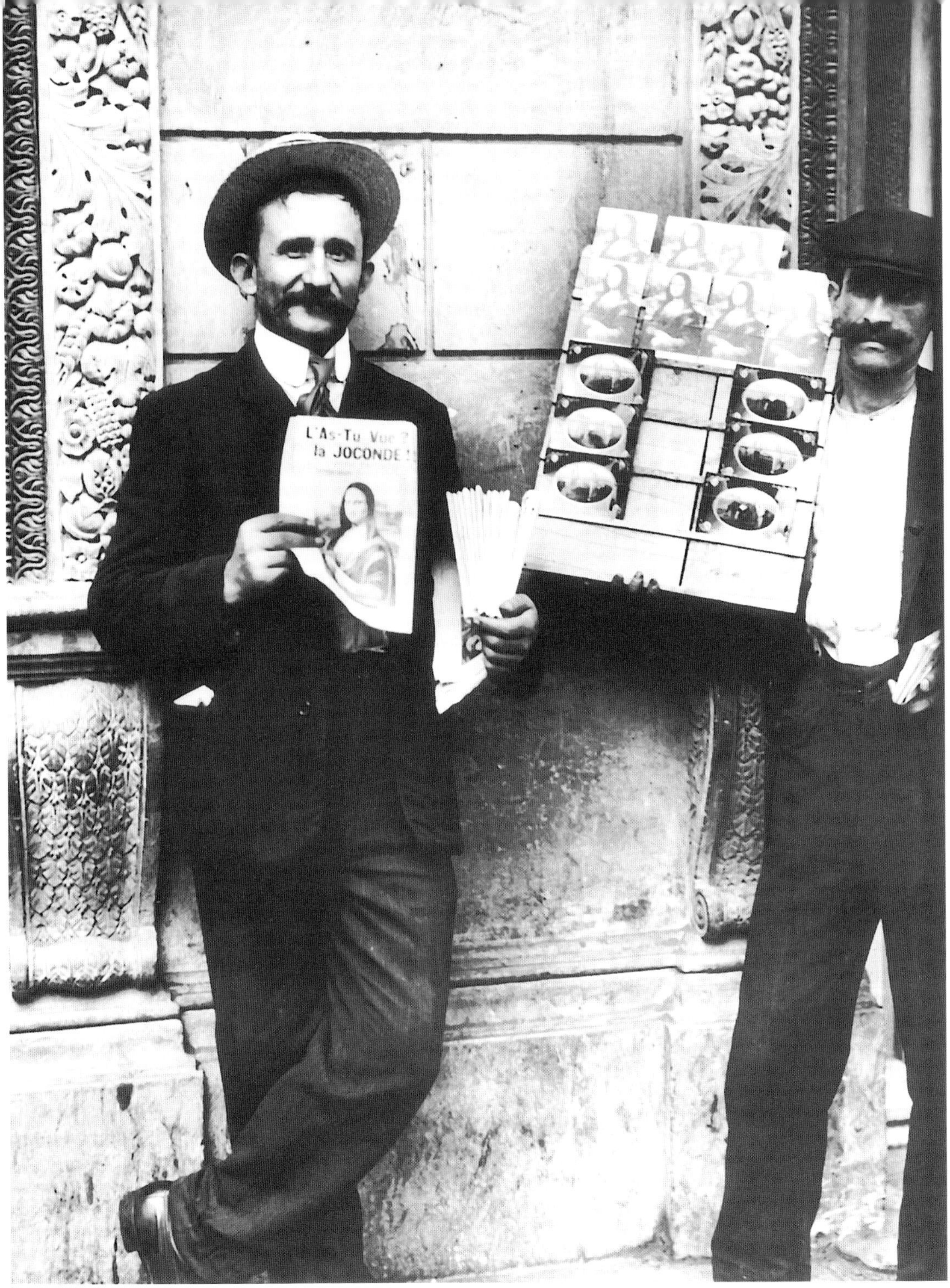

Le 22 août 1911, le vol de *La Joconde* provoque un énorme scandale. Apollinaire est arrêté, Picasso accusé à la suite de divers larcins déjà effectués, au musée du Louvre, par le secrétaire « très particulier » du poète.
Les chanteurs de rues proposent le « petit format » de *L'as-tu vu La Joconde?,* chansonnette satirique sur ce fait divers qui émeut la France entière. Retrouvée le 13 décembre 1913, chez un antiquaire de Florence à qui le voleur, Vicenzo Perugia a tenté de la vendre, *La Joconde* va enfin retrouver sa cimaise parisienne.

8

Où est donc passée Mona Lisa ?

Le Paris de la baronne

André Salmon le précise dans ses *Souvenirs sans fin*, la revue littéraire *Les Soirées de Paris* est créée en 1911 par André Billy, André Tudesq et lui-même, pour remettre en selle un Guillaume Apollinaire, très affecté par sa détention, à l'occasion de l'affaire du vol de *La Joconde*. Le 22 août 1911, *La Joconde* avait disparu de la cimaise de la grande galerie du musée du Louvre. Le tableau était retrouvé, deux ans plus tard, le 13 décembre 1913, grâce à un antiquaire florentin auquel le voleur, Vicenzo Perugia, avait tenté de le vendre. Avant de reprendre sa place au Louvre, la direction des Musées italiens avait exposé le tableau à Florence, ville où Leonardo da Vinci l'a peint au début du XVIe siècle.

Secrétaire du poète, Géry-Piéret, un jeune Belge cocasse mais coquin, avait convaincu Picasso de lui acheter deux statuettes hispano-romaines qu'il avait volées au Louvre en 1907. Pendant l'été 1911, à nouveau à court d'argent il apporte à Apollinaire une troisième statuette, volée elle aussi. On le convainc de la restituer au Louvre. L'idée lui vient, alors, de charger *Paris-Journal*, le quotidien où travaille Guillaume Apollinaire, du soin de la rendre au musée. Pressentant que la statuette que lui a remise Géry-Piéret a été volée comme celle qui vient d'être mystérieusement remise au Louvre, Picasso s'inquiète (son ami Apollinaire tout autant) de se trouver, malgré lui, dans la situation d'un receleur. Aussi les deux amis décident-ils, d'un commun accord, de s'en débarrasser au plus vite, en chargeant, eux aussi, *Paris-Journal*, de les restituer au musée comme en a usé avec succès Géry-Piéret.

Mais voici que, dans une lettre adressée au musée depuis la Belgique, ce toqué de Géry-Piéret — qui signe baron Ignace d'Ormessan (?) — s'accuse non seulement du vol des statuettes mais aussi du vol de *La Joconde*.

Apollinaire, soupçonné alors d'être son complice, est arrêté puis emprisonné le

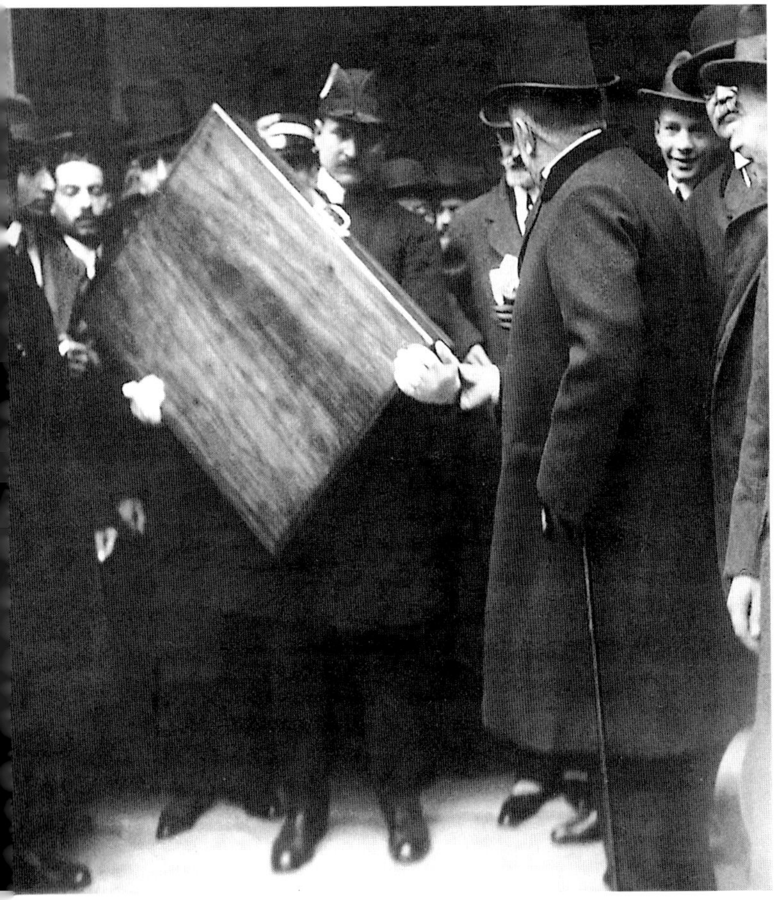

Disparue de la cimaise de la grande galerie du musée du Louvre depuis le 22 août 1911, *La Joconde* est de retour au bercail.
L'ambassadeur de France, S.E. Monsieur Camille Barrière, sort du ministère des Affaires étrangères, en tenant dans ses bras le précieux chef-d'œuvre.

Exposée pendant quelque temps à Florence où elle a été retrouvée, elle est présentée à la presse parisienne soucieuse de vérifier que Mona Lisa a conservé son énigmatique sourire.

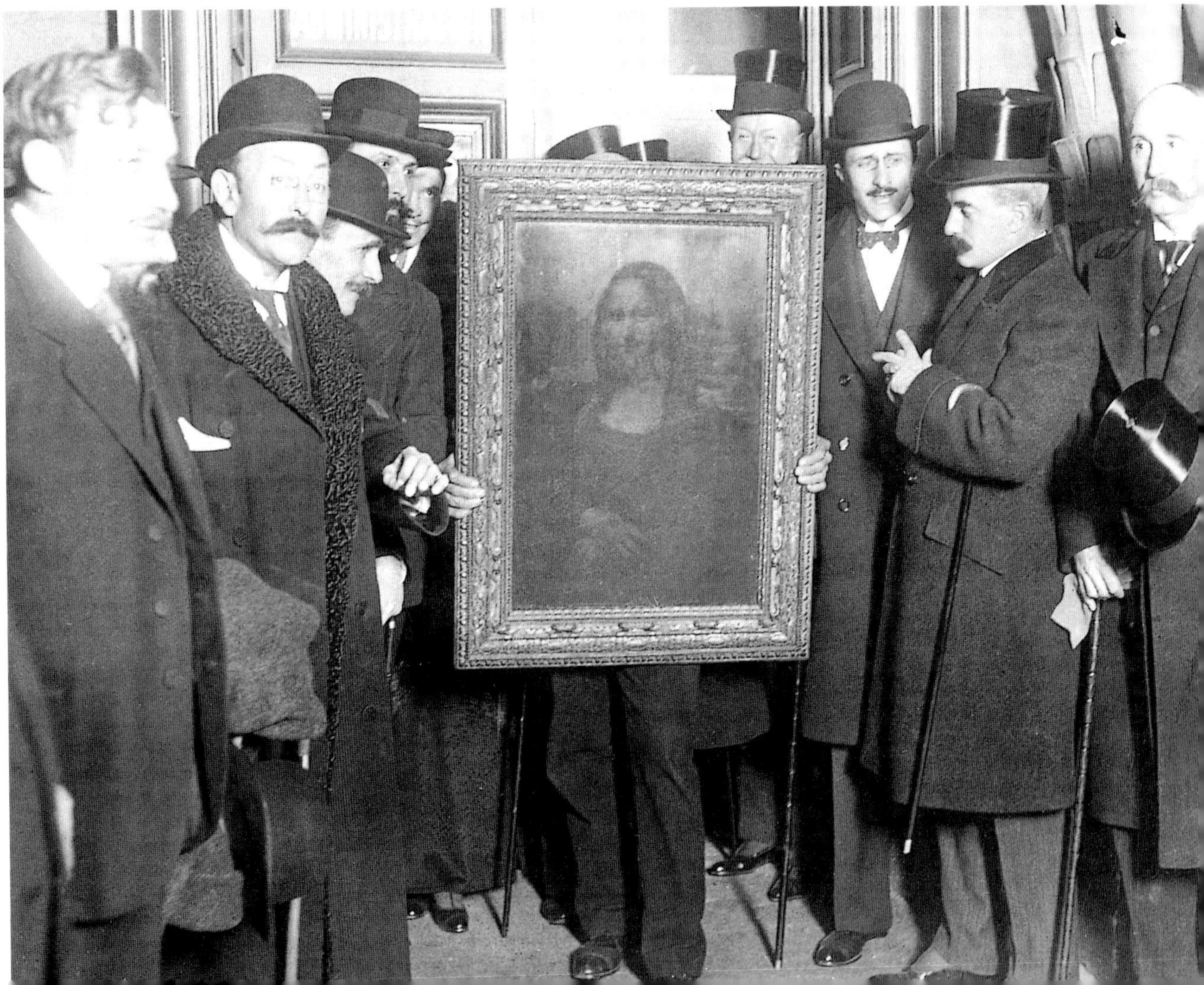

7 septembre. La presse titre : « Le vol du chef-d'œuvre de Léonard a été perpétré par un écrivain polonais de trente-trois ans du nom de Kostrowitzky, plus connu sous le nom de Apollinaire pour avoir signé des ouvrages érotiques à des fins mercantiles. » La police s'imagine tenir en lui le chef d'une bande internationale, en dépit des protestations de Picasso qui affirme que le prévenu est le plus grand poète vivant. Picasso est laissé en liberté, mais inculpé cependant de complicité dans le vol de *La Joconde*. Apprenant, par les journaux, l'arrestation d'Apollinaire, Géry écrit à la police sa confession afin d'innocenter le poète et le peintre. Ils comparaissent, quelques jours plus tard, devant la Justice et sont rapidement relaxés.

Apollinaire sort de prison sous les vivats de ses amis, mais inquiet et désorienté. Il est persuadé que les rédactions des journaux lui sont à jamais fermées et qu'après cette affaire ses chroniques d'art ne seront plus crédibles.

La revue *Les Soirées de Paris* va l'aider à retrouver le chemin des galeries et à continuer son action en faveur de l'art moderne.

Pendant la semaine de son incarcération, une perquisition avait été effectuée à son domicile de la rue Gros, à Auteuil, par le brigadier Robert. Ce dernier, qui passait pour l'un des plus fins limiers de la police, a mis la main sur l'abondante correspondance du poète. Les billets des petites amies, les lettres échangées avec les poètes, les peintres, les directeurs de journaux, tout est méticuleusement lu, étiqueté et catalogué par l'illustre policier aux longues moustaches grisonnantes.

Plus tard, Apollinaire dira à ses amis, non

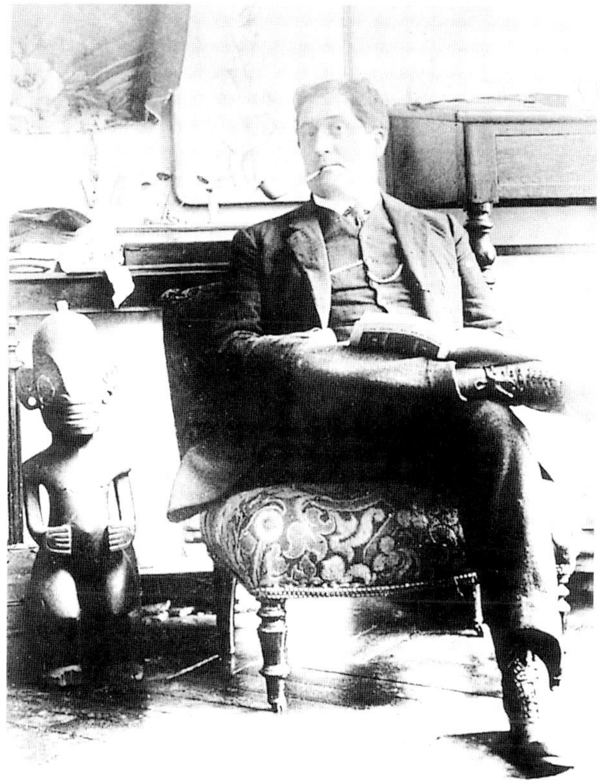

Guillaume Apollinaire, nom de plume de Wilhelm Apollinaris de Kostrowitzky (1880-1918). Poète, critique d'art parfois contesté, collaborateur de *La Revue blanche,* de *La Plume,* des *Soirées de Paris,* du *Festin d'Esope,* ami d'Alfred Jarry, Max Jacob, André Salmon, Picasso, Derain, Vlaminck. Son premier ouvrage, *L'Enchanteur pourrissant* (1909) est suivi de *L'Hérésiarque et Cie* (1910).
Profondément affecté par son emprisonnement lors de l'affaire du vol de *La Joconde,* il reprendra courage grâce à son ami André Billy qui lui offre une collaboration à la revue *Les Soirées de Paris.*
Avec *Alcools* (1913) et *Calligrammes* (1918), il s'affirme comme l'un des premiers poètes du XXe siècle. À la tête de toutes les avant-gardes, cet esprit curieux, érudit, a éveillé une sensibilité nouvelle dans le domaine des arts. La fraîcheur de son lyrisme contraste avec les quelques romans pornographiques, écrits pour des besoins pécuniaires, dans la précipitation. Engagé volontaire en 1914, blessé à la tempe en 1916, puis trépané, il meurt à Paris le 9 novembre 1918, atteint par l'épidémie de « grippe espagnole ». Il est assis dans le nouvel atelier que Picasso occupe à partir de 1909, 11, boulevard de Clichy.

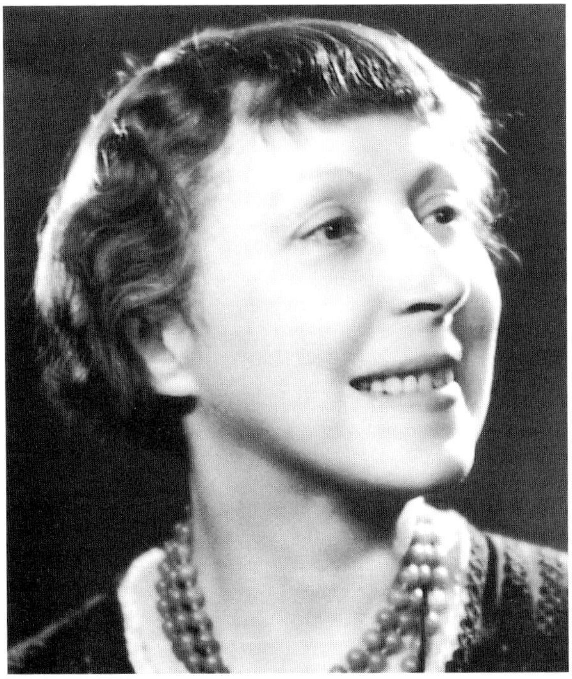

Marie Laurencin (1885-1956). « Elle a réalisé une œuvre qui ne s'apparente à aucune autre » écrit Apollinaire. Dans un style maniéré mais gracieux, elle a peint de nombreux tableaux, aquarelles, lithographies ainsi que des illustrations, des décors et des maquettes de costumes pour la Comédie-Française et les Ballets russes. Amie des peintres du Bateau-Lavoir, elle publia aussi des poèmes sous le pseudonyme de Louis Lalanne.

sans humour : « Sans le brigadier Robert, jamais mes lettres n'auraient été classées. »

« Mademoiselle Marie, je vais au Louvre, vous n'avez besoin de rien ? » demandait parfois le serviable Géry-Piéret à Marie Laurencin qui habitait avec Apollinaire. La compagne du poète pouvait-elle imaginer qu'il ne s'agissait pas du grand magasin, mais du musée national de France ?

Apollinaire a mené jusqu'ici toutes les batailles en faveur de l'art de son temps. Rédigeant des articles, prononçant des conférences, présidant des banquets-débats, allant et venant, sa moisson de livres et de journaux sous le bras.

Au début de l'année 1912, encore fragilisé par son emprisonnement, sa rupture avec Marie Laurencin le laisse abattu. *Les Soirées de Paris* seront, pour lui, le viatique pour un nouveau départ.

Apollinaire prend la tête des mouvements d'avant-garde. Son enthousiasme, notamment pour le cubisme, n'a pas l'approbation d'André Billy. Après son article dans le numéro un des *Soirées* titré : « Du sujet dans la peinture moderne », la revue voit arriver les désabonnements de lecteurs horrifiés par les propos révolutionnaires tenus par l'auteur d'*Alcools*. En juin 1913, Billy préfère abandonner la direction de la revue. Apollinaire se tourne alors vers des collaborateurs qui non seulement partagent ses idées, mais ont aussi les moyens de les mettre en œuvre. Ceux-ci rachètent le titre pour 200 francs (2 800 francs en 1997).

La baronne Hélène d'Œttingen est peintre et écrivain. Elle expose au Salon des indépendants des œuvres qu'elle signe François d'Angiboult, écrit des critiques et des romans sous le pseudonyme de Léonard Pieux et des poèmes sous le nom de Roch Grey. Son frère Serge Jastrebzoff est un homme cultivé, peintre, sous le nom de Serge Férat, il est, avec les frères Villon, fondateur de la Section d'or. Tous deux s'engagent à financer les prochains numéros des *Soirées de Paris*, dont la dernière livraison a vidé la caisse de la revue.

Dans son charmant appartement du 278, boulevard Raspail, la baronne d'Œttingen organise des rencontres tumultueuses, entre ceux qui viennent de se rallier au cubisme, et les partisans du futurisme. Severini, Soffici, Chirico, affrontent Picasso, Léger, Modigliani, Kisling, les poètes Max Jacob, Blaise Cendrars, et le sculpteur Zadkine.

Le 15 novembre 1913, Apollinaire publie

le dix-huitième numéro des *Soirées*, numéro spécial, orné de cinq œuvres, toiles et tableaux-reliefs, authentiquement cubistes de Picasso. On trouve, dans la même livraison, son article sur le Salon d'automne où il réaffirme son attachement à Matisse et où il fustige les futuristes — suit, comme une traîne majestueuse, un poème de la baronne, signé de son pseudonyme, Roch Grey.

Devant ce qu'ils considèrent comme une provocation, les quarante derniers abonnés abandonnent la revue.

Il en faut plus pour abattre la baronne. En accord avec Apollinaire, elle prépare un nouveau numéro consacré à Henri Rousseau. Il paraît le 15 janvier 1914 avec plusieurs lettres du Douanier au poète qui le célèbre. La dernière livraison, datée juillet-août 1914, est consacrée à Natalia Gontcharova et Michel Larionov, les peintres du rayonnisme.

La revue va, très rapidement, trouver un nouveau lectorat, obtenir une audience internationale, jusqu'au moment où la guerre brisera son essor.

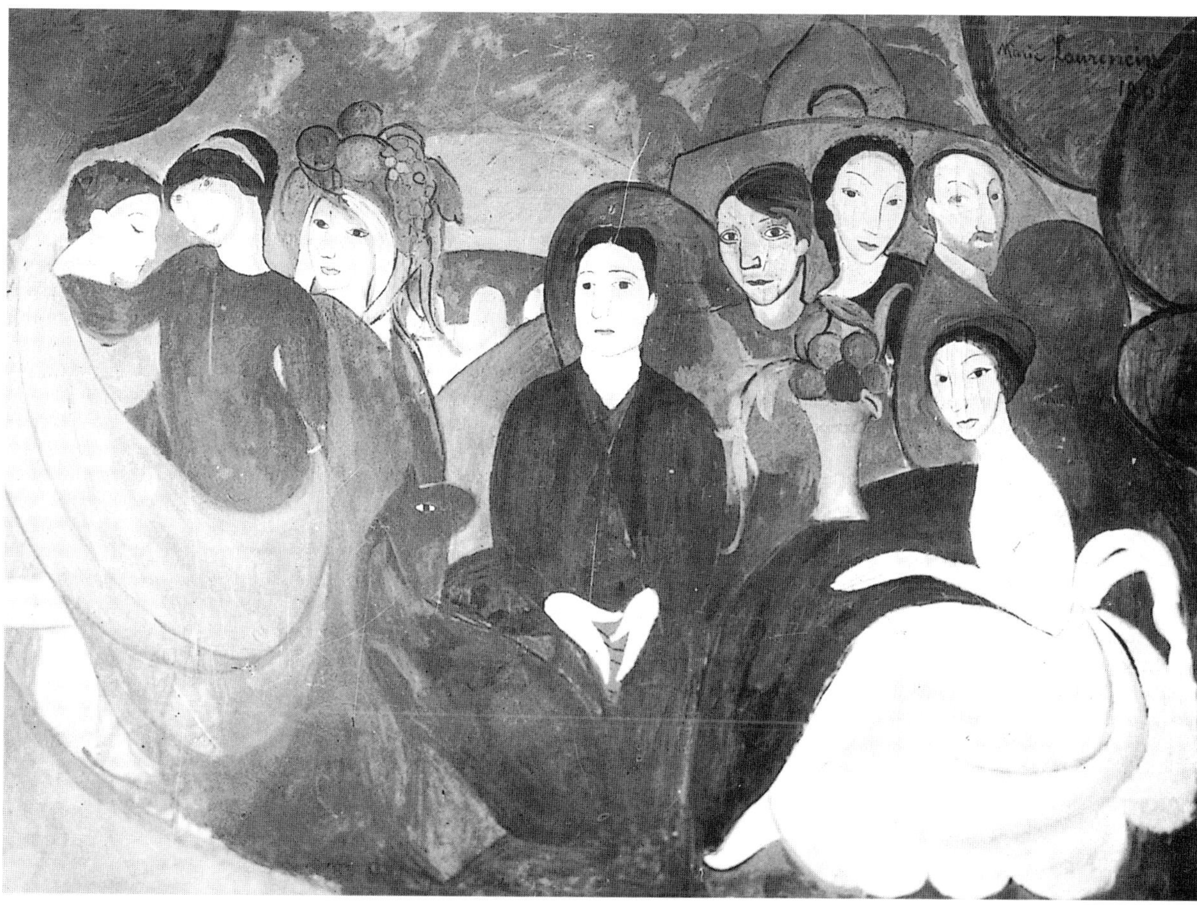

***Apollinaire et ses amis* par Marie Laurencin (1909), Musée national d'art moderne. Initialement intitulé *Réunion à la campagne,* c'est sous ce titre qu'il est présenté au Salon des indépendants en 1909. Guillaume Apollinaire, au centre, est entouré : à gauche, Gertrude Stein, Fernande Olivier et une femme non identifiée ; à droite Pablo Picasso, la poétesse Marguerite Gillot, Maurice Cremnitz. Marie Laurencin est au premier plan.**

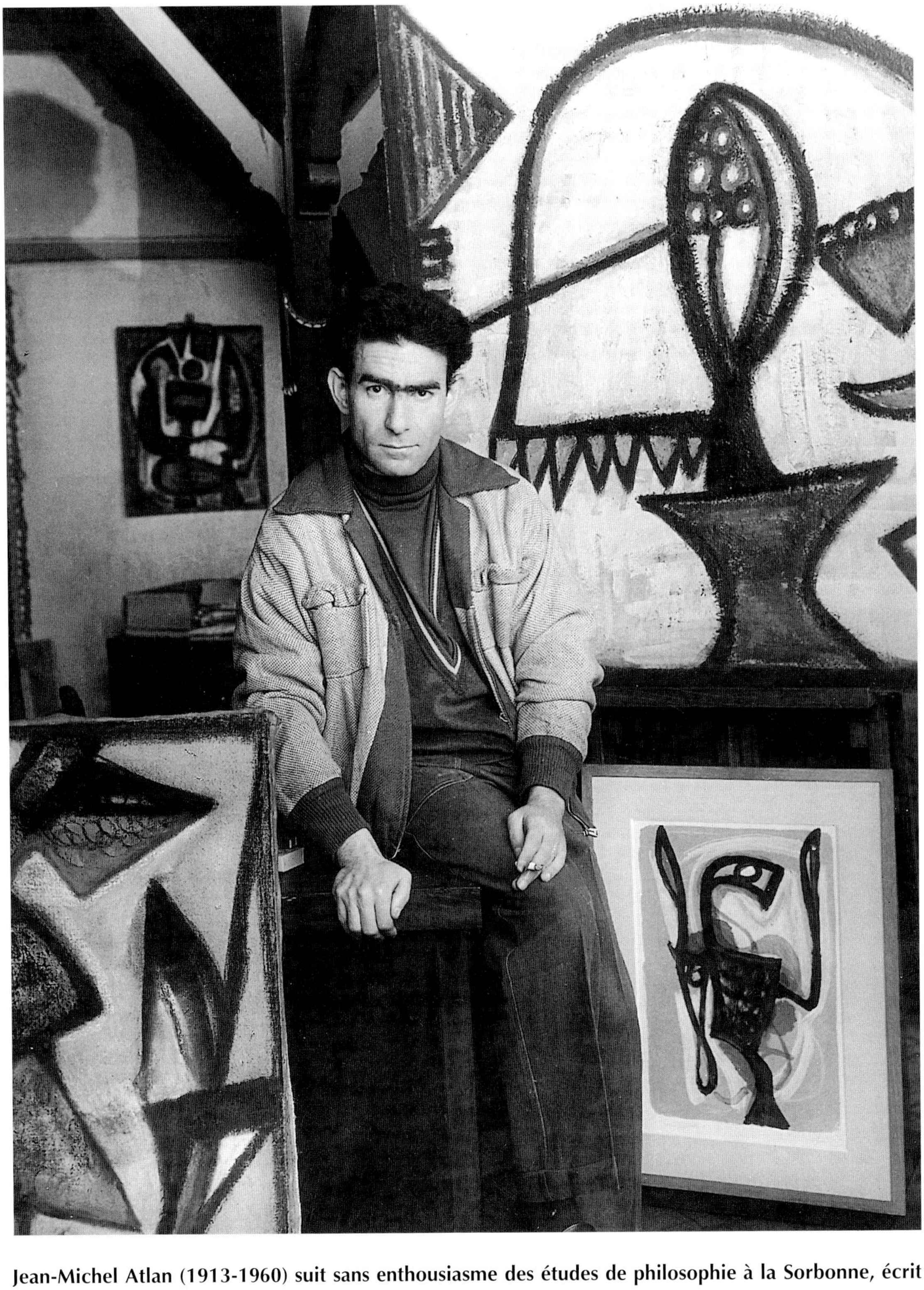

Jean-Michel Atlan (1913-1960) suit sans enthousiasme des études de philosophie à la Sorbonne, écrit de la poésie, puis s'engage dans la Résistance. Afin d'échapper à la répression allemande, il feint la folie. On l'interne à Sainte-Anne, il y peint parmi les fous. Il passe d'une certaine figuration expressionniste à une abstraction aux formes souples, aux effets de matière brutalement colorée. Gertrude Stein le fait connaître aux États-Unis et Okamoto au Japon. L'organisation plus sage de ses tableaux aux formes cernées de noir souligne les accords de couleurs vives ou fanées, inspirées des Arts premiers. Atlan est ici dans son atelier de la rue de la Grande-Chaumière, point de rencontre des plus grands créateurs des années 50.

Alfred Manessier (1911-1993) ; après des études d'architecture à l'école des Beaux-Arts, il fréquente les académies de Montparnasse, fait la connaissance de Roger Bissière, alors professeur à l'académie Ranson.
Il s'éloigne de la peinture figurative, son *Magnificat des moissons,* en 1952, se présente dans un jaillissement de couleurs. La *Montée de Moissac* en 1959, d'un style plus ample avec ses rythmes serpentants, précède de nombreuses compositions religieuses, moins structurées, mais offrant des coloris très denses, dont les bleus accusent le mysticisme religieux de l'artiste. Marqué profondément par un séjour effectué à la trappe de Soligny en 1943, son œuvre témoigne de préoccupations religieuses intenses.
Il crée des vitraux non figuratifs pour plusieurs églises de France, notamment pour celles des Bréseux dans le Doubs en 1948, et pour celle d'Arles-Trinquetaille en 1952, ainsi que pour la chapelle de Hem dans le Nord, en 1957, Alfred Manessier a été l'un des maîtres de la renaissance du vitrail. Il est ici dans son atelier de Montparnasse, en 1947.

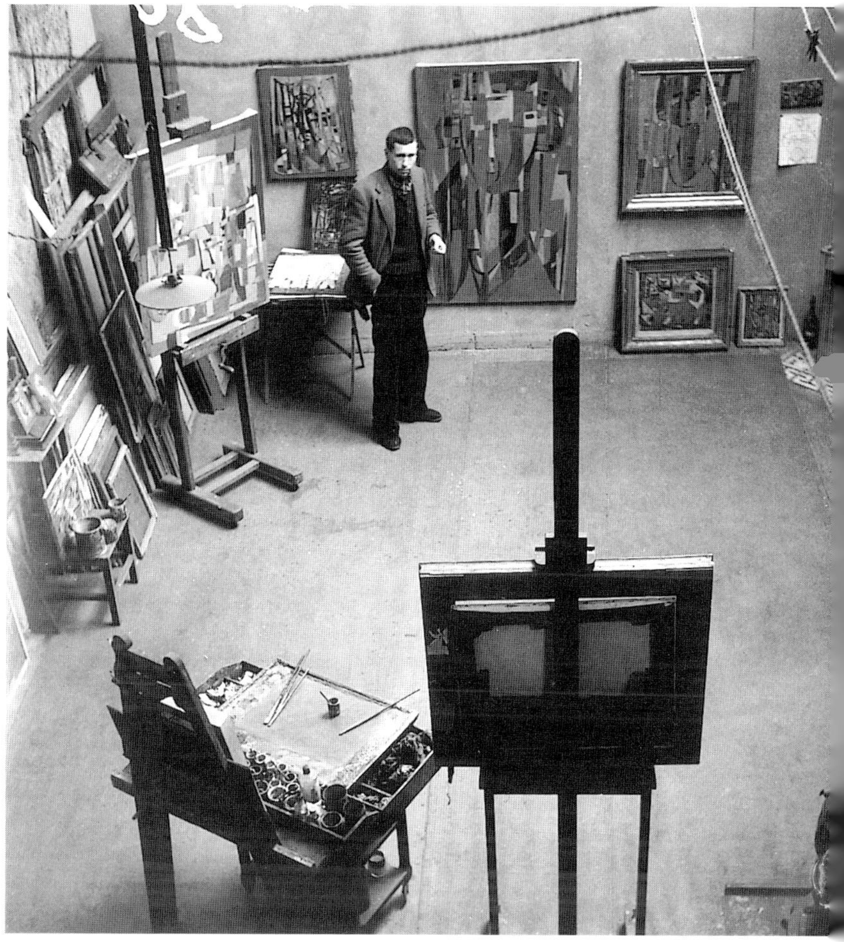

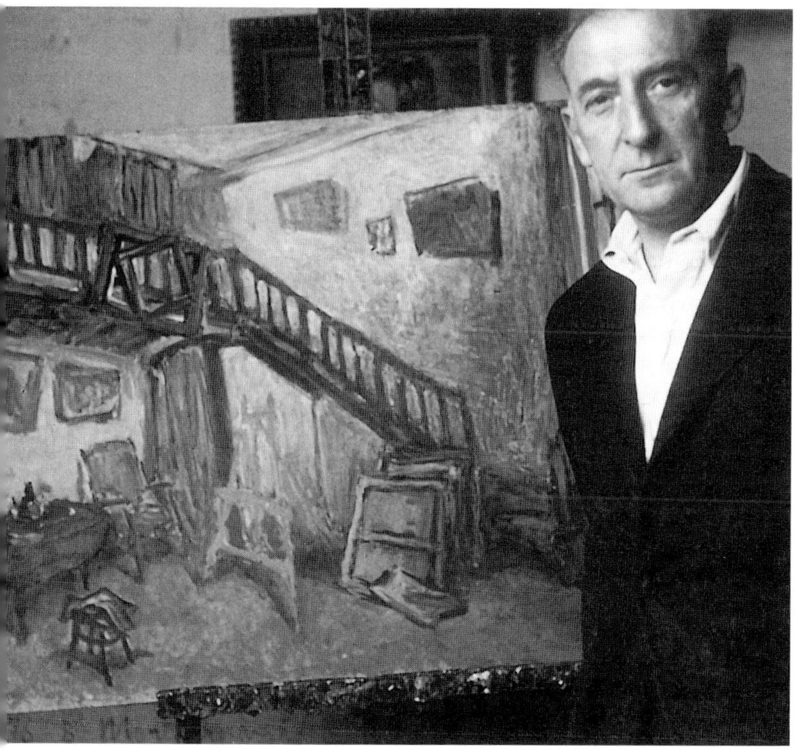

Robert Pikelny (1904-1986), peintre français d'origine russe, arrive à Paris en 1923 après être passé par Berlin et Vienne. Son ami Jean Pougny l'aide à survivre en partageant avec lui son atelier de Montparnasse, rue du Moulin-de-Beurre, aujourd'hui disparue dans la restructuration du quartier Maine-Montparnasse. Ami de Krémègne, Larionov, Zadkine, Fenosa mais aussi des écrivains Samuel Beckett, Ivan Bounine, Joseph Mandelstam, son œuvre si personnelle ne peut être associée à celles de Soutine, Chagall, Kisling, ses illustres compagnons.
Ses goûts le rangent davantage vers ces maîtres des accords nuancés et de sensibilité contenue que sont Vuillard et Bonnard. Il a passé toute sa vie parisienne dans son atelier du 75, boulevard du Montparnasse qui a été, comme on le voit ici, un de ses motifs favoris.

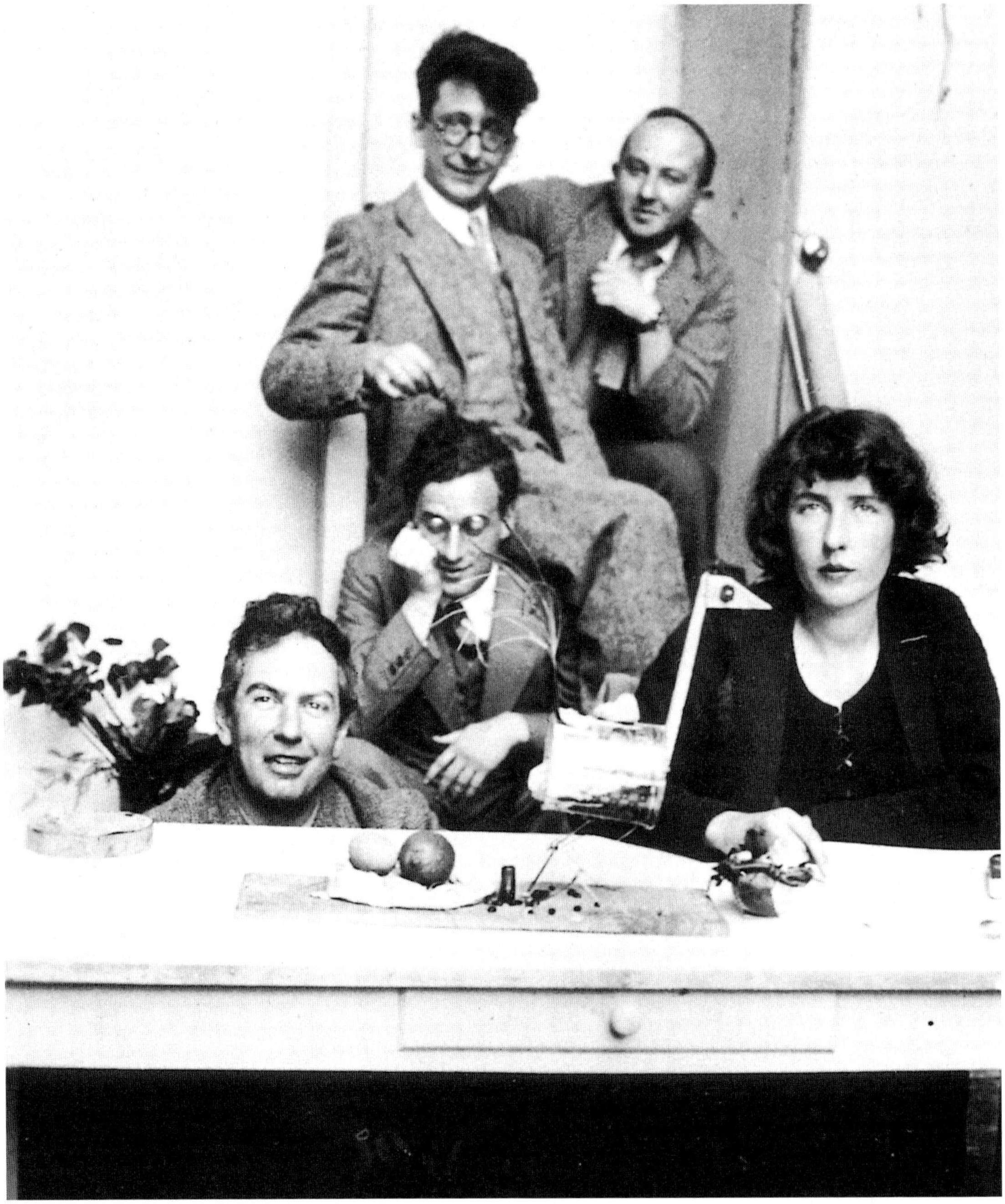

Jean Hélion (1904-1987) dans son atelier de l'impasse Nansouty en 1934. À cette époque il participe à la création du groupe Abstraction-Création. Après avoir été l'un des maîtres de l'art abstrait, il revient à la figuration avec des tableaux où, dans un décor rigoureux, des personnages énigmatiques se partagent la surface de la toile avec des accessoires comme un banc public, un journal, ou un parapluie. À partir de 1952, peindre la réalité elle-même, est le seul propos d'Hélion.
Au fond de gauche à droite : Jean Hélion, Anatole Jankowski. Devant : Alexandre Calder, William Einstein et Luisa Calder.

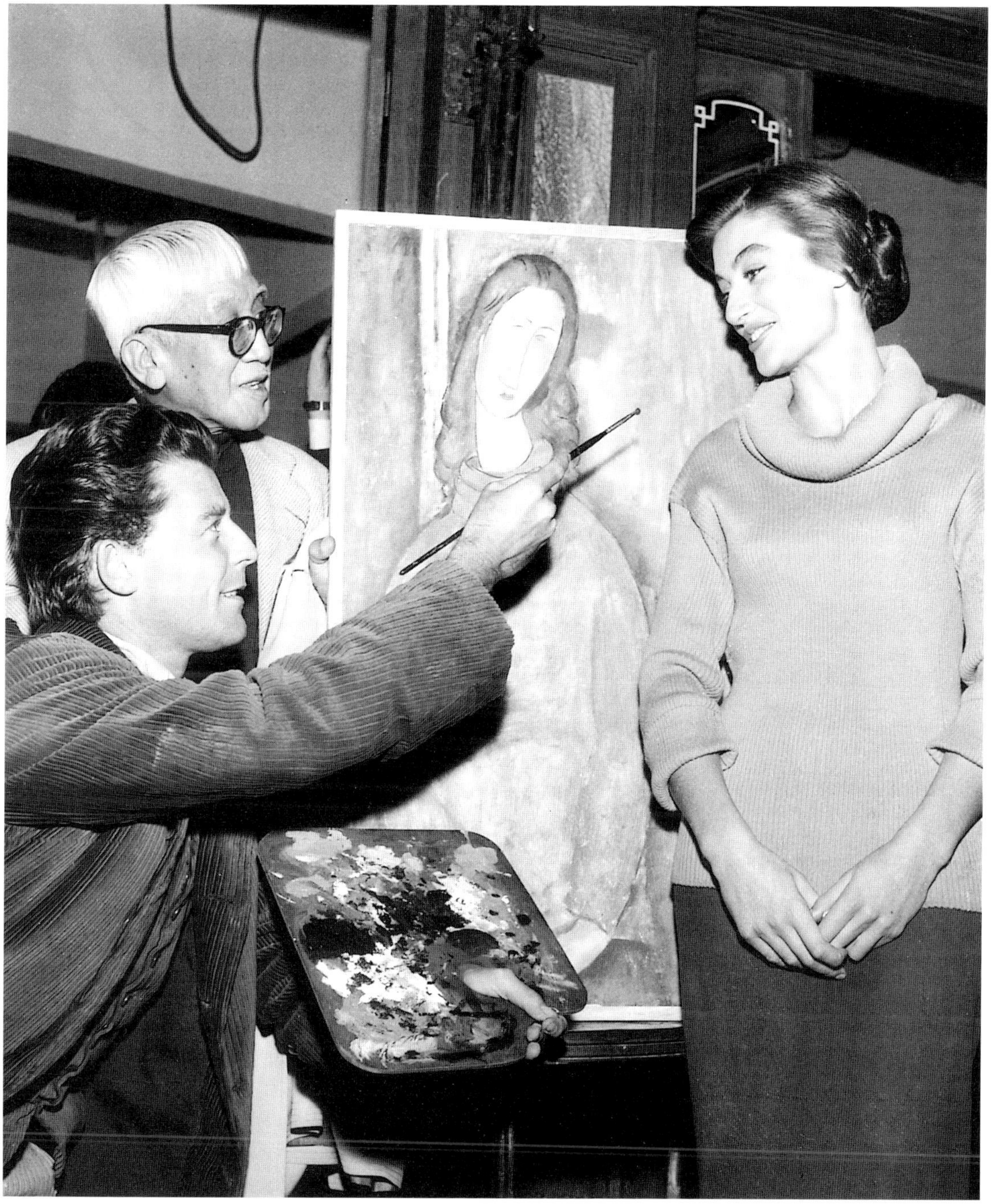

Anouk Aimée et Gérard Philipe prennent conseil de Foujita pour une scène de *Montparnasse 19,* un film sur la vie d'Amedeo Modigliani tourné par Jacques Becker en 1958. Inspiré de l'ouvrage *Les Montparnos* du critique d'art Michel Georges-Michel, ce film ambitieux n'est pas le meilleur de Gérard Philipe. Il meurt l'année suivante, à trente-sept ans comme le personnage qu'il incarne dans le film.

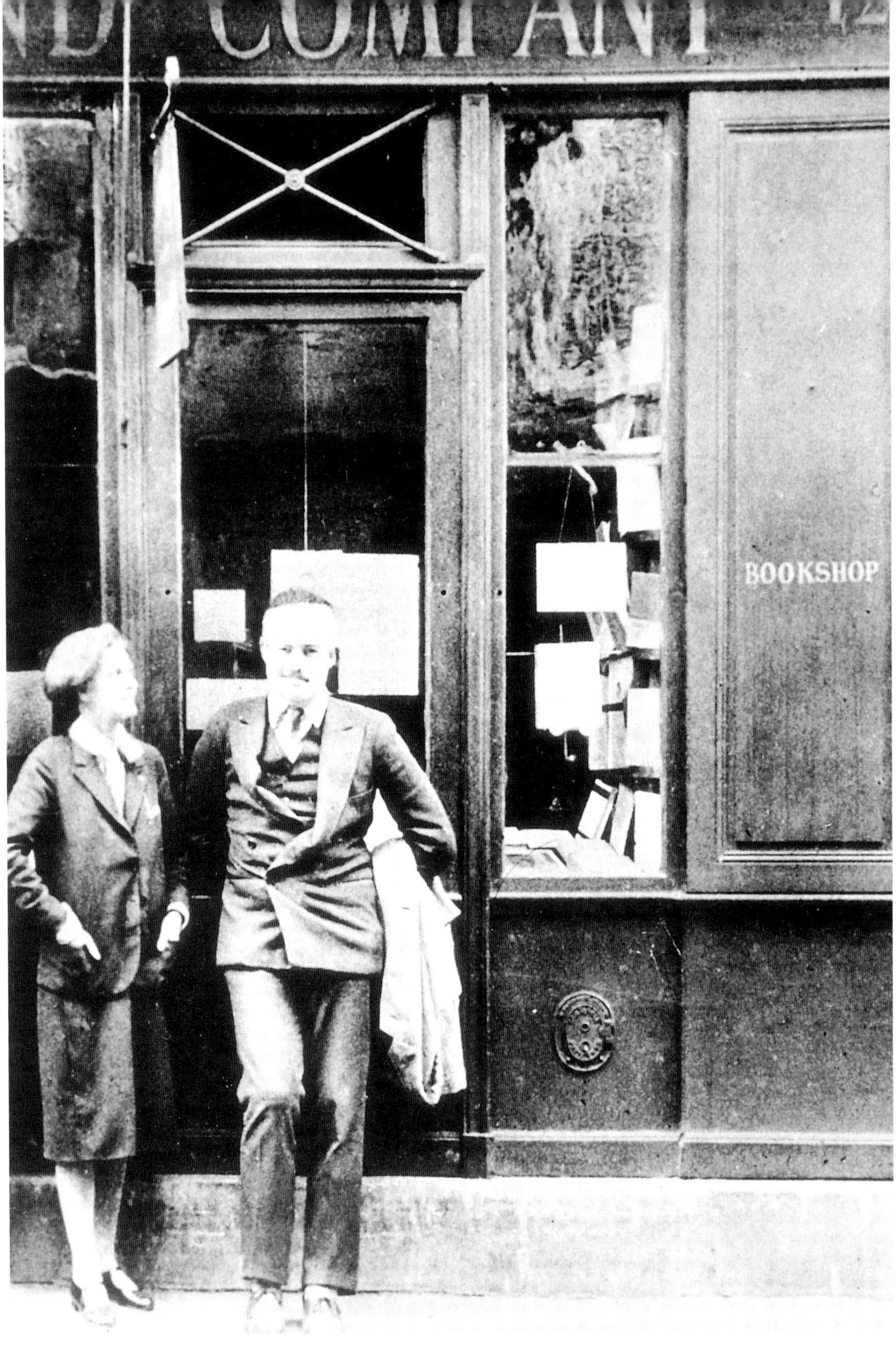

Dans sa petite librairie du 12 rue de l'Odéon, Sylvia Beach, une Américaine issue d'une famille de pasteurs de l'État de New Jersey, entreprend en 1921 la publication de *Ulysses,* le célèbre roman de James Joyce, qui ne trouve pas d'éditeur. En dépit de son inexpérience, mais grâce à son obstination et à son courage à toute épreuve, elle parvient à ses fins en 1922/23. Après cet exploit, sa librairie Shakespeare & Co devient une sorte de centre culturel où se rencontrent les écrivains du monde entier passant par Paris.

Visiteur assidu de la librairie de la rue de l'Odéon, Ernest Hemingway, qui a reçu la lucarne de sa salle de bains sur la tête, pose aux côtés de Sylvia Beach (1928).

9

Ladies or gentlemen publishers

L'édition ou le bonheur des dames

Dans les années 20, publier des plaquettes et des livres est devenu la grande affaire d'Américaines et d'Anglaises qui trouvent à Paris une liberté de créer qu'un puritanisme étroit, comme celui des États-Unis, ou un système de classes rigide, comme en Grande-Bretagne, ne stimule guère.

Énergiques et passionnées de littérature, dégagées des obligations bourgeoises, sexuellement libérées, Paris est pour elles la terre d'élection pour mener une vie de travail sans aucune contrainte. Elles publient de nombreuses revues anglophones, soutiennent les écrivains américains fuyant, à cette époque, une censure oppressante : *Little Review, Broom, The Exile,* et bien d'autres titres apportent, à la littérature d'outre-Atlantique, le rayonnement nécessaire à la connaissance des œuvres de cette génération qui va se retrouver, un jour, chez elles, couverte d'honneur et de gloire.

Déjà au cours du XIXe siècle, de nombreux peintres et écrivains américains avaient vécu et travaillé à Montparnasse pour les mêmes raisons. Après l'armistice de 1918, les Américains bénéficient d'un change plus que favorable, dans cette France victorieuse mais exsangue où ils peuvent mener une vie de bohème à bon marché. Paris, pour ceux-là, constitue un éden qu'exaltent les vins et le parfum des femmes.

Sylvia Beach, aidée d'Adrienne Monnier, Nancy Cunard, Gertrude Stein et Alice Toklas, et autre Caresse Crosby, se lancent dans des entreprises éditoriales, plus ou moins hasardeuses, dont certaines restent à l'honneur des lettres anglo-saxonnes.

Dans la petite librairie, *Shakespeare & Company,* au 12, rue de l'Odéon, se rencontrent non seulement des écrivains et des traducteurs, mais aussi des musiciens et des compositeurs souvent venus étudier auprès de Nadia Boulanger. Ici se nouent des relations amicales entre Erik Satie et George

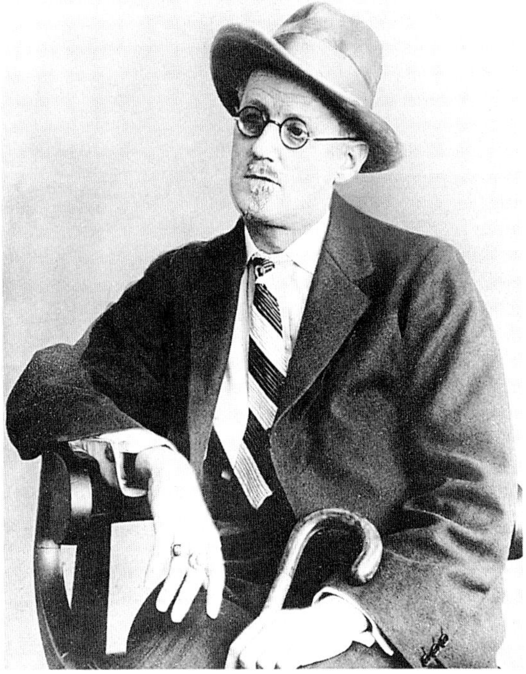

James Joyce (1882-1941) se fixe à Paris en 1920. Son livre *Ulysses,* considéré en Angleterre et aux États-Unis comme un ouvrage pornographique, est interdit. Il n'y sera diffusé qu'en 1933.

Gershwin, Darius Milhaud et Virgil Thomson. Passage obligé de tout artiste américain débarquant à Paris, la librairie de Sylvia Beach constitue un carrefour des amitiés franco-américaines. Au cours de l'été 1921, Sylvia Beach reçoit la visite de James Joyce. Morose, il lui annonce que la publication de son roman, *Ulysses*, ne dépassera pas, aux États-Unis, le stade de projet. Les extraits de son livre paraissant en feuilleton dans *Little Review* viennent de cesser de paraître à la troisième publication. Ils ont été saisis par la douane américaine pour obscénité et les responsables de la revue traînés devant les tribunaux. Avec l'ingénuité la plus parfaite, Sylvia Beach lui propose d'éditer son livre à Paris. Joyce surpris, puis reconnaissant, accepte.

Avec une inexpérience absolue, une abnégation totale, une obstination jamais découragée, elle se met à l'ouvrage. Elle mettra plusieurs années pour publier le livre considéré, depuis lors, comme l'un des chefs-d'œuvre de la littérature du XXe siècle. Dans cette aventure, la tendre complicité de sa voisine du 7, rue de l'Odéon, la libraire des *Amis des livres,* Adrienne Monnier — qui en éditera la traduction française —, lui sera d'un grand secours.

Mais qui est Sylvia Beach, se demande-t-on dans les milieux littéraires de la capitale? D'où vient cette jeune femme qui se lance, avec une telle impétuosité, dans l'édition? Elle répond que, issue d'une famille originaire de l'État de New Jersey qui a compté neuf pasteurs dans ses rangs — milieu familial qui ne semblait pas la destiner à devenir l'éditeur d'un ouvrage jugé pornographique par son époque —, elle est arrivée à Paris, en 1915, pour étudier la littérature française. Certains supposent, un peu vite, qu'elle va se spécialiser dans les publications érotiques. Que nenni! Ils comprennent vite qu'ils font fausse route quand ils viennent la voir dans sa librairie. Vêtue d'un pantalon et d'une veste de velours noir, un nœud papillon émerge d'un col blanc rabattu. Son allure d'institutrice presbytérienne ne laisse plus planer de doute sur l'austérité et le caractère univoque de ses mœurs.

Jules Romains la rencontre en 1917 et lui trouve un visage rond, rose, avec des yeux bleus. Elle semblait, dit-il, entrer au service de la littérature comme d'autres décident d'entrer dans les ordres. Il lui trouve la voix autoritaire et charmante; très appliquée, très limpide, musicale et pleine d'assurance.

Après bien des vicissitudes, Sylvia Beach

publie *Ulysses* en 1922-23. Les exemplaires qu'elle envoie à ses correspondants en Amérique sont brûlés. À force d'obstination et d'ingéniosité, elle réussira à faire parvenir clandestinement aux États-Unis un certain nombre d'exemplaires à partir des Grands Lacs qui, via Chicago, arriveront à leurs destinataires (la diffusion d'*Ulysses* ne sera autorisée officiellement qu'en 1933); en Grande-Bretagne, ils sont immédiatement saisis par la douane.

On dit que si *Ulysses* a pu paraître en France c'est parce que les imprimeurs de Darantière à Dijon ne comprenaient pas un mot d'anglais. Les éditions successives paraissent habillées d'une jaquette des œuvres de Shakespeare en un volume; Sylvia Beach prend cette mesure pour détourner l'attention des pudibonds et ne pas ranimer les rumeurs de scandale qui continueront longtemps à entourer l'ouvrage.

Ulysses est l'unique ouvrage publié par Sylvia Beach. Lorsque le livre rencontrera le succès que l'on sait, la librairie *Shakespeare & Company* — certains la baptisèrent Stratford-on-Odéon —, comme celle des *Amis des livres,* deviendra le sanctuaire littéraire du VIe arrondissement pour les fervents du célèbre écrivain irlandais. Les deux librairies sont alors une sorte de centre culturel où des écrivains du monde entier conversent, lisent les revues littéraires, reçoivent leur courrier.

Gertrude Stein, la rigoureuse égérie-virago du 27 de la rue de Fleurus, aime à prévenir à ses visiteurs : « L'Amérique est mon pays, mais Paris c'est chez moi. » Elle aussi rencontre des difficultés pour se faire éditer aux États-Unis. Elle décide donc de publier ses œuvres elle-même et fonde en 1927, avec son amie Alice Toklas, une maison d'édition. Pour financer le capital de leur nouvelle société, Gertrude Stein vend un tableau de sa collection, qui comporte des Braque, des Douanier Rousseau, des Picasso, des Matisse... Elle cède à un amateur américain pour 12 000 dollars (150 000 francs 1997) *Fillette à cheval* (1905) de Picasso; ainsi naissent Plain Editions.

Gertrude Stein, pas plus que Sylvia Beach, n'a la moindre expérience du métier d'éditeur. Elle écrira, à ce propos, dans *Autobiography* : « Tout ce que je savais faire, c'était d'abord de faire imprimer un livre puis de le faire distribuer, c'est-à-dire de le vendre. » Approvisionner les libraires amé-

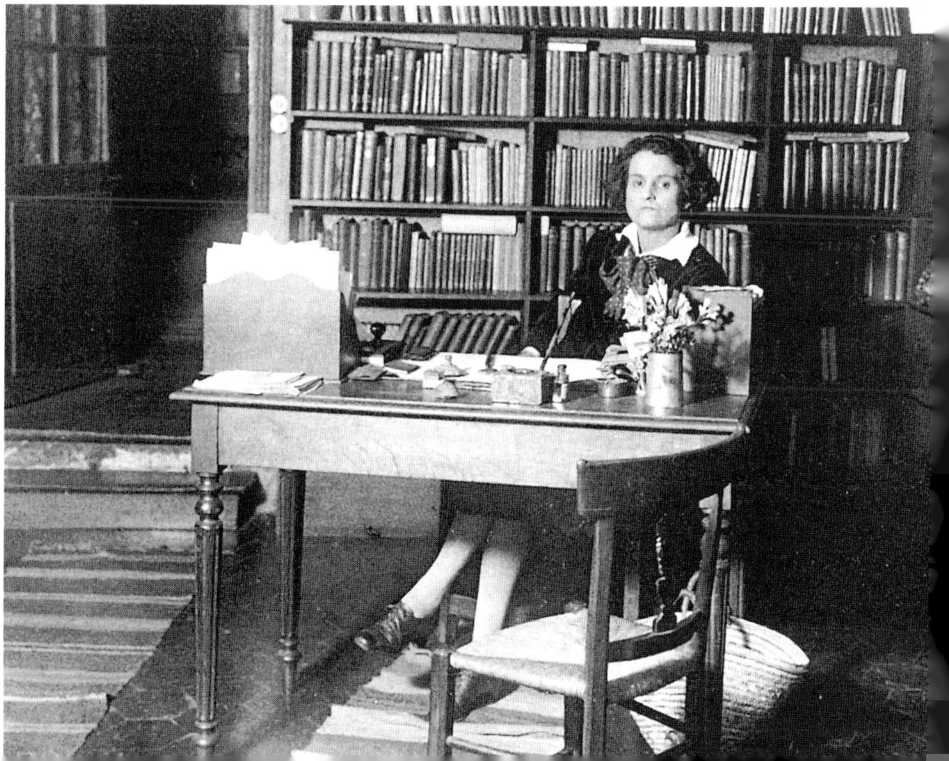

Sylvia Beach, à droite, jeune Américaine, libraire à l'enseigne de Shakespeare & C° rue de l'Odéon à Paris. Sa traduction française d'*Ulysse* paraît en 1929. Comme ses amis écrivains américains, Joyce fréquente *Le Select* et *La Maison des Amis des livres* d'Adrienne Monnier, amie et voisine de Sylvia Beach.

ricains à partir de Paris n'est pas aussi simple qu'elle l'imagine, et les difficultés commencent avec le premier ouvrage de sa production *Lucy Church Amiably*. Elle demande un devis à Darantière à Dijon qui a donné toute satisfaction à Sylvia Beach pour l'impression de *Ulysses*, mais elle trouve son devis trop élevé; c'est finalement l'imprimerie Union de la rue Méchain qui inaugure la première livraison de Plain Editions. Il sera suivi de *How to Write*, imprimé par Darantière qui accepte les contraintes de présentation imposées par miss Stein. Les difficultés de transmission des ouvrages, l'infime résonance des critiques dans la presse américaine, n'incitent pas ces dames à poursuivre leur carrière d'éditeurs. Après des performances médiocres, Plain Editions cessent leurs activités en 1932.

Farouchement américain, le couple ne retourne qu'une seule fois aux États-Unis en 1934, pour une tournée de conférences, après le fulgurant succès de l'*Autobiographie d'Alice B. Toklas*. À cinquante-huit ans, Gertrude Stein obtient enfin de son pays cette gloire littéraire qu'elle a tant attendue. L'Amérique semble ne plus lui tenir rigueur de son exil parisien.

Autobiographie d'Alice B. Toklas (1933), *Autobiographie* (1937), *Les Choses comme elles sont*, ouvrage publié après sa mort en 1946, sont les meilleurs succès de librairie de Gertrude Stein. Alice Toklas, qui lui survivra une vingtaine d'années, avant de la rejoindre au Père-Lachaise, consacrera ces années à publier les inédits de Gertrude et à écrire ses Mémoires, *What is Remembered* (Ce dont on se souvient).

Polly, ainsi que la surnomment ses amis, est l'épouse d'Harry Crosby, neveu du banquier new-yorkais Morgan. Le couple va vivre trois ans en Europe. Ils écrivent des poèmes qu'ils éditeront eux-mêmes. Au moment de publier un recueil de poésie de sa femme, Harry considère que le nom de Polly Crosby, sur une couverture, n'est guère poétique et que Mary, son véritable prénom, ne sonne guère mieux. Son choix se fixe sur le mot Caresse — un prénom peu apprécié par la famille américaine — et c'est donc sous le nom d'auteur de Caresse Crosby que *Crosses of Gold* paraît en janvier 1925.

Harry et Caresse fondent alors les Editions Narcisse, se préoccupent eux-mêmes de l'impression de leurs livres et choisissent un artisan imprimeur du quartier pour composer et imprimer leurs œuvres. Celui-ci, plus spécialisé dans les faire-part de naissance et de décès, n'est pas peu surpris de se voir choisi par ce couple d'Américains qui lui soumet des modèles d'ouvrages luxueux en lui demandant de s'en inspirer.

« Mais cela va revenir très cher », dit l'imprimeur. Le prix n'a aucune importance lui assure-t-on.

L'artisan installé à deux pas de Montparnasse va composer et imprimer : *Sonnets for Caresse* et *Red Skeletons* de Harry, puis *Painted Shores* et *The Stranger* de Caresse.

Harry Crosby, très marqué par la guerre qu'il a faite en France, est un lecteur appliqué de Mallarmé, Rimbaud, Huysmans, Poe. Il hérite à la mort de son cousin Walter Van Rensselaer Berry, Parisien de longue date, d'une bibliothèque de huit mille volumes ainsi que d'un lot impressionnant de lettres de Marcel Proust adressées à ce cousin, qui n'est autre que le dédicataire de *Pastiches et Mélanges*.

Sous le label Black Sun Press, créé en 1924, les Crosby publient James Joyce, Kay

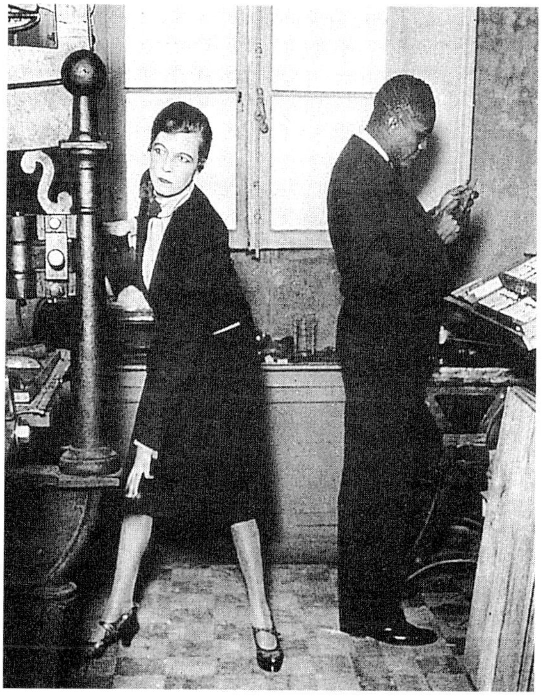

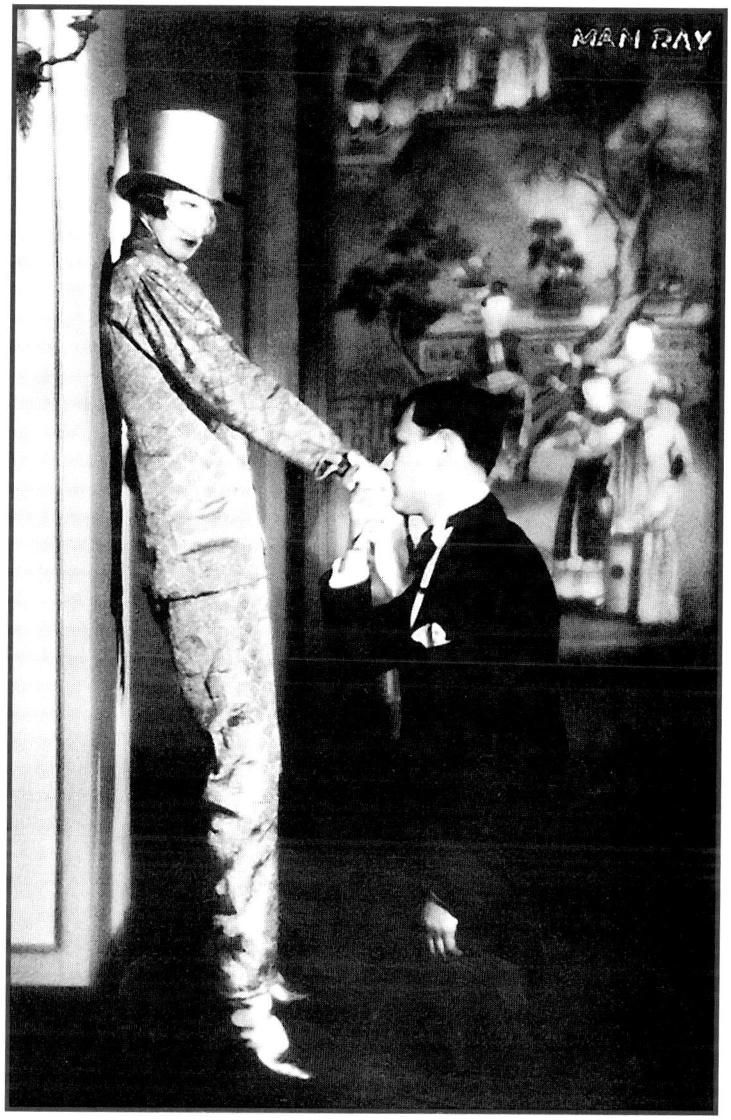

Petite fille de sir Samuel Cunard, l'armateur anglais, Nancy Cunard (1896-1965) débarque à Paris au début des années 20. Familière du Bœuf sur le toit et des intellectuels américains de Montparnasse, elle s'entiche de Louis Aragon puis réalise un vieux rêve : apprendre l'imprimerie manuelle. Elle installe une presse dans un village des environs de Paris, en 1928, fonde Hours Press (édition-imprimerie), publie ses poèmes, imprime de petits ouvrages à tirage limité. Par l'intermédiaire d'Aragon, elle noue des relations avec les surréalistes. Elle est alors plus connue, disent certains, pour les œuvres qu'elle inspire que pour les siennes propres. Sa liaison avec Henry Crowder, un musicien de jazz noir, scandalise sa famille. Elle revend bientôt sa presse pour se consacrer à la rédaction et à l'illustration d'un énorme ouvrage de huit cent cinquante-cinq pages et cinq cents illustrations, *Negro,* pour lequel elle engage cent cinquante personnes, noires la plupart, venant de trois continents. Sa déchéance commence lorsqu'un jour, exténuée par l'alcool, Police-Secours la ramasse ivre morte dans un caniveau. Elle venait d'achever ses Mémoires. Le contrat de son éditeur est arrivé le lendemain de sa mort, en 1965.

Sa proverbiale élégance n'est jamais prise au dépourvu. Ici à gauche, dans un tailleur de Chanel, Nancy règle le massicot de son imprimerie de La Chapelle-Réanville, tandis qu'Henry Crowder, le jazzman américain, son nouvel amant, composteur en main, assemble les caractères d'un texte à imprimer. A droite, avec Tristan Tzara à ses pieds, au cours d'un bal masqué chez le Comte de Beaumont en 1924 pendant les fameuses « soirées de Paris ».

Boyle, D.H. Lawrence, Hart Crane, Robert McAlmon. Tirages à quelques centaines d'exemplaires destinés aux happy few.

Harry Crosby demande à sa famille de vendre dix mille dollars d'actions en l'informant que Caresse et lui ont décidé de mener à Paris « une vie folle et extravagante ». À la fin de 1929, le couple retourne au États-Unis où Harry met fin à ses jours, à la suite d'un prétendu pacte suicidaire passé avec une maîtresse.

Caresse poursuit son œuvre poétique et son travail d'éditeur. Elle publie en collection de luxe Ernest Hemingway, William Faulkner, Max Ernst, Carl Jung, George Grosz, Dorothy Parker.

Nancy Cunard, petite-fille de l'armateur anglais, fondateur de la Cunard Line, débarque à Paris au début des années vingt. Elle se mêle aux intellectuels américains, fréquente Le Bœuf sur le toit, publie des poèmes et s'entiche de Louis Aragon. Miss Cunard entretient un vieux rêve : apprendre l'imprimerie manuelle.

C'est à Paris qu'elle va le réaliser. Elle rachète, pour trois cents livres, le matériel des Three Mountains Press de Bill Bird qu'elle installe dans une ferme normande, près de La Chapelle-Réanville, un village à soixante-dix kilomètres de Paris. Elle y fonde, en 1928, Hours Press (édition-imprimerie) où Louis Aragon, son amant de l'époque, lui sert d'interprète et de gérant. Elle engage un imprimeur professionnel, Maurice Levy, censé lui apprendre les rudiments du métier. Mais, entre le maître et l'élève, le torchon brûle. Elle affirme que ce métier doit pouvoir s'apprendre en quelques jours, lui soutient qu'il faut sept ans pour former un ouvrier imprimeur. On est loin du compte.

Un ami lui demande d'imprimer un rapport fastidieux « sur l'industrie des pierres ponce des îles Lipari », ce pensum est une excellente expérience qui l'oblige à se soumettre aux contingences du métier d'imprimeur.

Personnage réputé à Montparnasse, sa liaison avec le musicien de jazz noir Henry Crowder, scandalise sa famille mais la sensibilise à la cause afro-américaine.

Ses relations avec les surréalistes, André Breton, René Crevel, les écrivains américains Ezra Pound, Robert McAlmon, Janet Flanner, les artistes Brancusi, Kokochka, Ortiz de Zarate font dire aux méchantes langues qu'elle est plus connue pour les œuvres d'art qu'elle inspire que pour les siennes propres.

Comme Caresse Crosby, Nancy Cunard publiera de nombreux et beaux petits ouvrages à tirage limité de ses écrivains favoris : Ezra Pound, Iris Tree, Lewis Carroll. En 1931, elle revend sa presse et son matériel d'imprimeur et cesse ses activité commerciales pour se consacrer à *Negro*, ouvrage de huit cent cinquante-cinq pages et de cinq cents illustrations qui paraît en 1934. Pour cet important travail, elle engage cent cinquante personnes, venant de trois continents, la plupart des Noirs.

Montparnasse aura donc joué, à cette époque, un rôle capital dans l'édition des auteurs américains. William A. Bradley, le célèbre agent littéraire qui les fréquente, imposera la plupart de leurs œuvres aux éditeurs d'outre-Atlantique. Quant à leurs traductions, elles éveilleront dans le monde une grande curiosité. Cette littérature nouvelle ne sera pas sans influencer, en Europe, une nouvelle génération d'écrivains dont Sartre et Camus à des degrés divers.

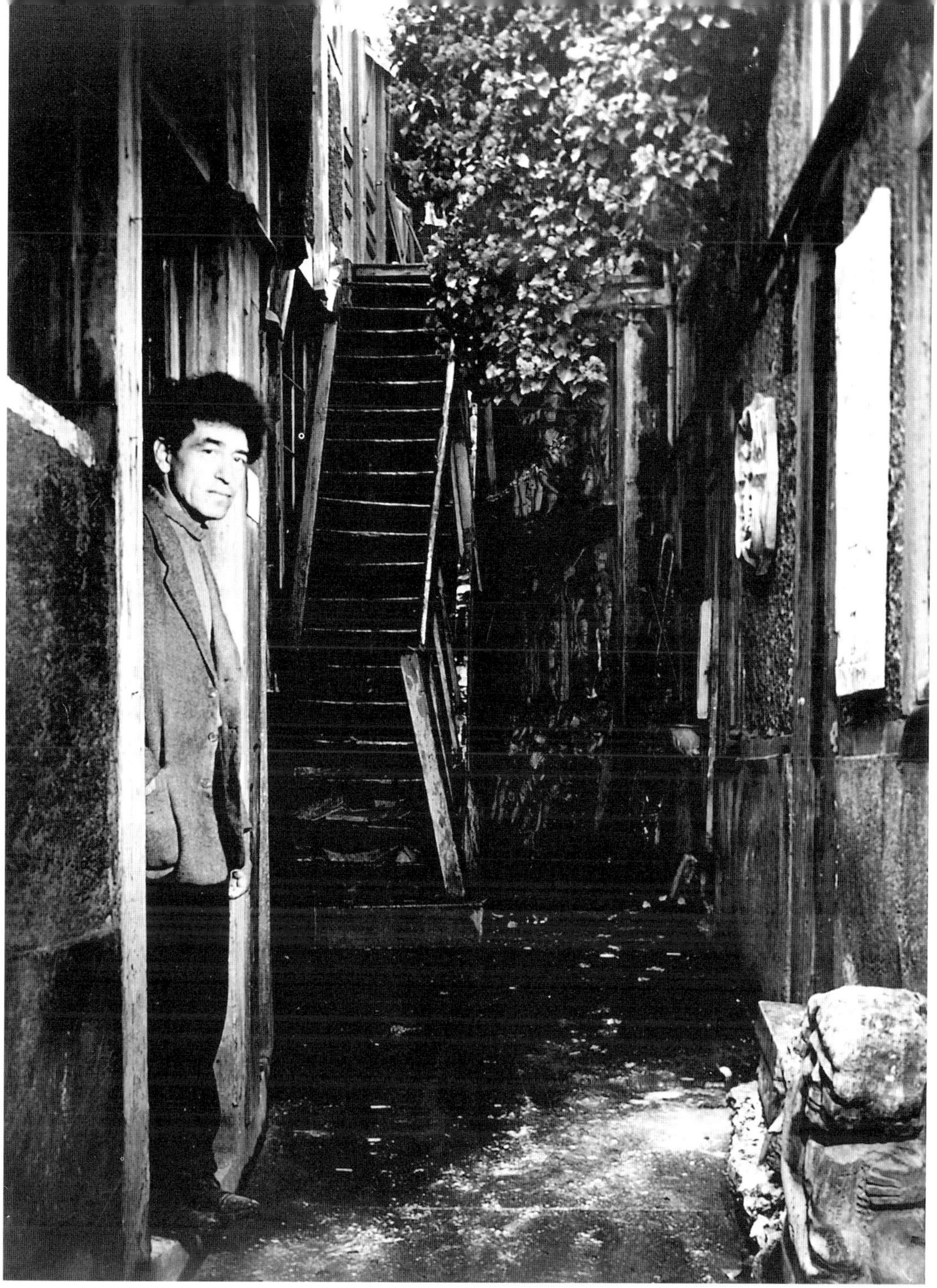

Alberto Giacometti (1901-1966), né dans les Grisons en Suisse, s'installe à Montparnasse en 1922. Il passe trois années d'étude auprès de Bourdelle puis rejoint le mouvement surréaliste en 1930. Parallèlement à la sculpture, il n'a cessé de peindre et de dessiner. Sa technique graphique consiste à s'approcher du motif en l'encerclant d'une multitude de lignes donnant une grande mobilité au sujet. Sa sculpture, d'abord marquée d'un symbolisme élémentaire puis par le surréalisme ne peut le satisfaire. Entre 1935 et 1945, il reprend ses études d'après nature et traverse une période d'angoisse. Dans son atelier de la rue Hippolyte-Maindron, il poursuit ses recherches dans le modelage de statuettes de plus en plus petites pouvant se loger dans une boîte d'allumettes. Longilignes et rugueuses ses sculptures plus récentes, tel *L'Homme qui marche,* sont empreintes de mélancolie et de solitude. Les portraits de sa femme Annette et de son frère Diego font l'objet de nombreuses études qui témoignent de l'anxiété de cet artiste solitaire et secret.
Giacometti sur le pas de la porte de sa maison de la rue Hippolyte-Maindron, l'atelier est au rez-de-chaussée, il habite à l'étage.

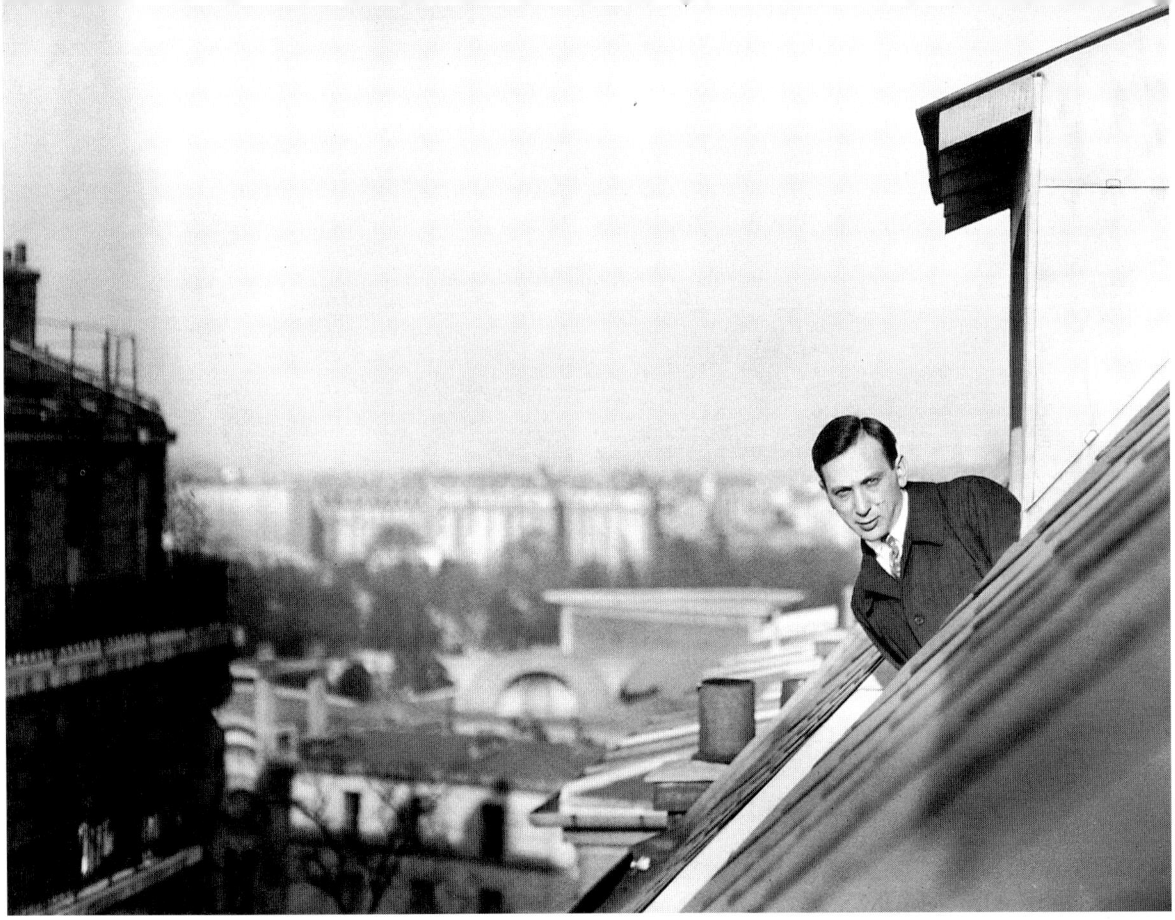

André Kertész (1894-1985), photographe, né en Hongrie, a vécu à Montparnasse de 1926 à 1936. Il a photographié de nombreux artistes du quartier. Cet autoportrait date de 1925, lorsqu'il habitait sous les toits dans un immeuble de la rue de Vanves.

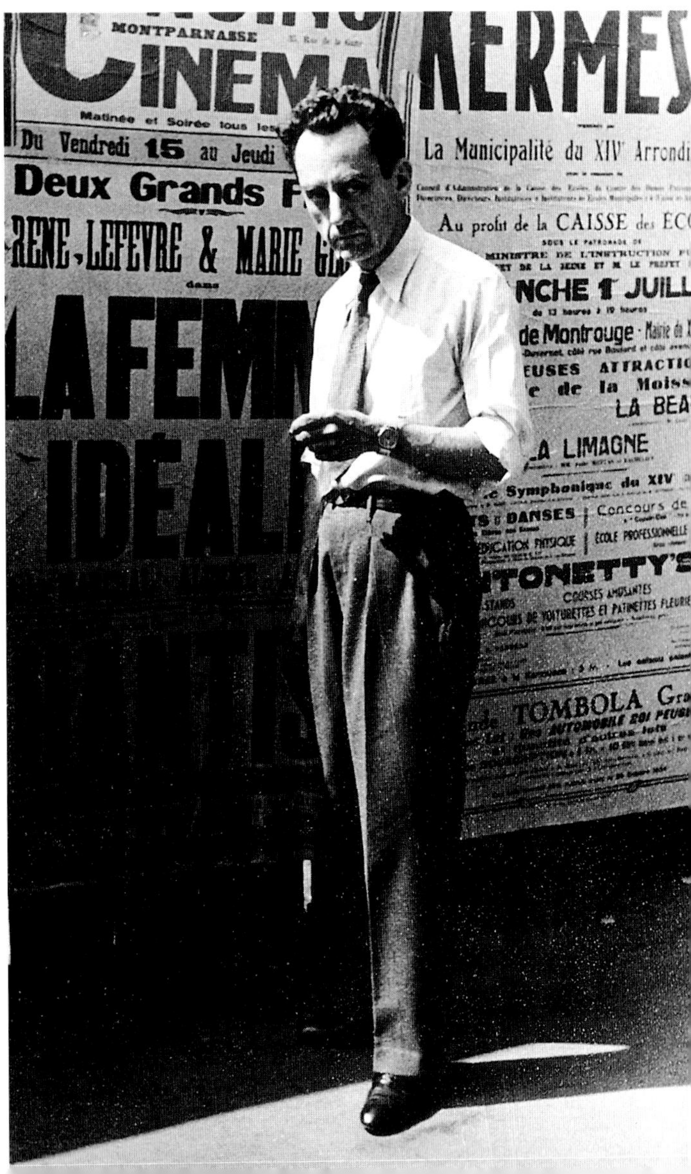

Man Ray (1890-1976), peintre, dessinateur, cinéaste, photographe américain, a passé la majorité de sa vie à Montparnasse. Illusionniste et touche-à-tout dans le domaine de l'art moderne, il participe au mouvement Dada ; invente le procédé des rayographes, sorte de photographies obtenues sans appareil de photo par le placement d'objets directement posés sur la surface sensible. Mêlé à tous les courants artistiques, il fréquente les peintres et écrivains les plus célèbres de son temps, photographie leurs modèles, et vit avec les plus belles filles de Montparnasse.

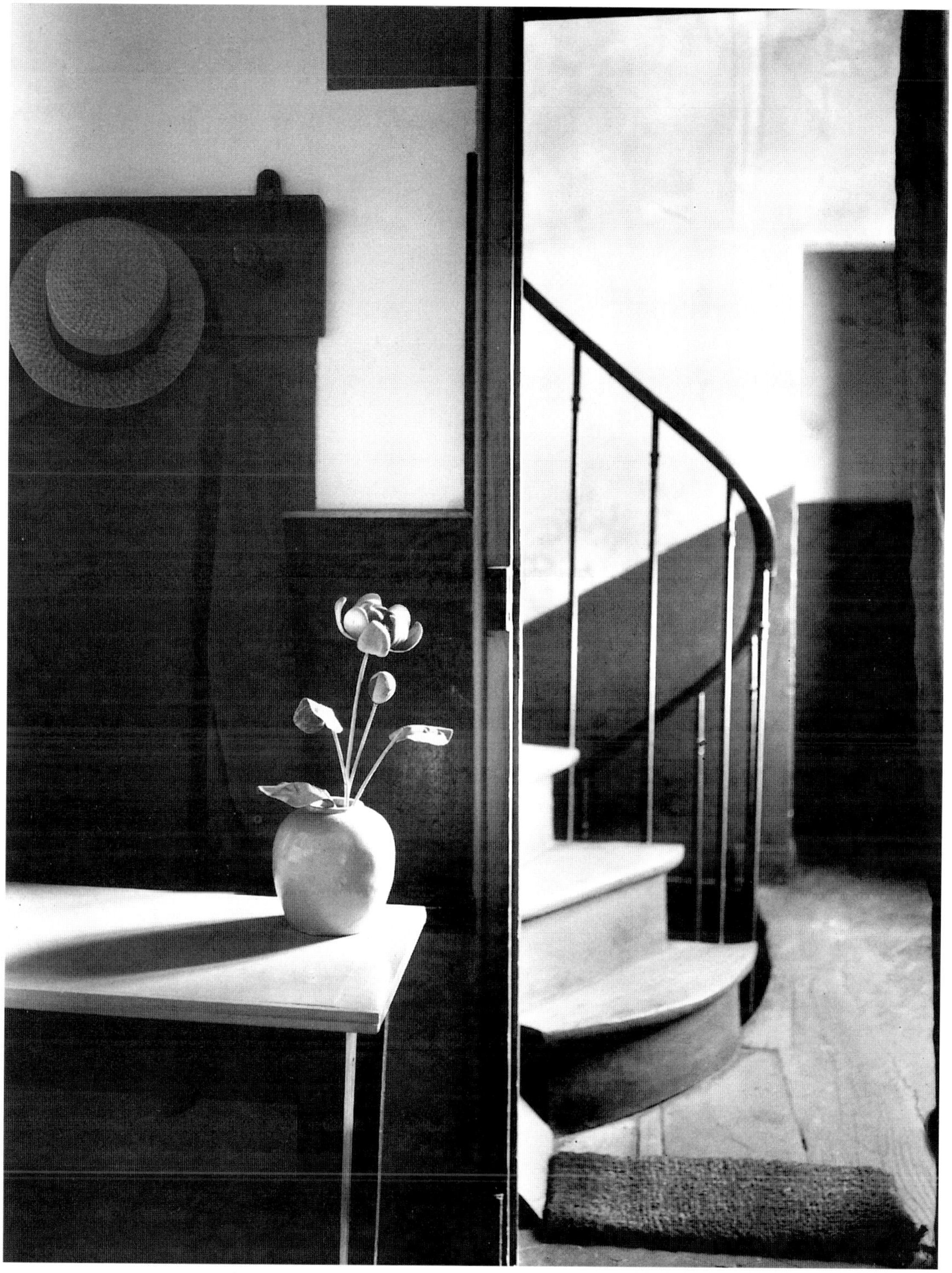

En 1926, le peintre hollandais Piet Mondrian occupe un atelier prêté par son compatriote Conrad Kickert au 26 de la rue du Départ. Les lignes et les plans de l'atelier semblent déjà une œuvre de Mondrian. Michel Seuphor, son premier biographe, vient lui rendre visite et s'étonne de trouver sur un guéridon un vase rond avec une fleur artificielle, tulipe blanche dont les feuilles ont été peintes en blanc. Mondrian lui explique que cela représente, pour lui, l'image d'une présence féminine. Seuphor a demandé à son ami, le photographe hongrois, André Kertész, de photographier l'atelier et l'objet insolite à son emplacement.

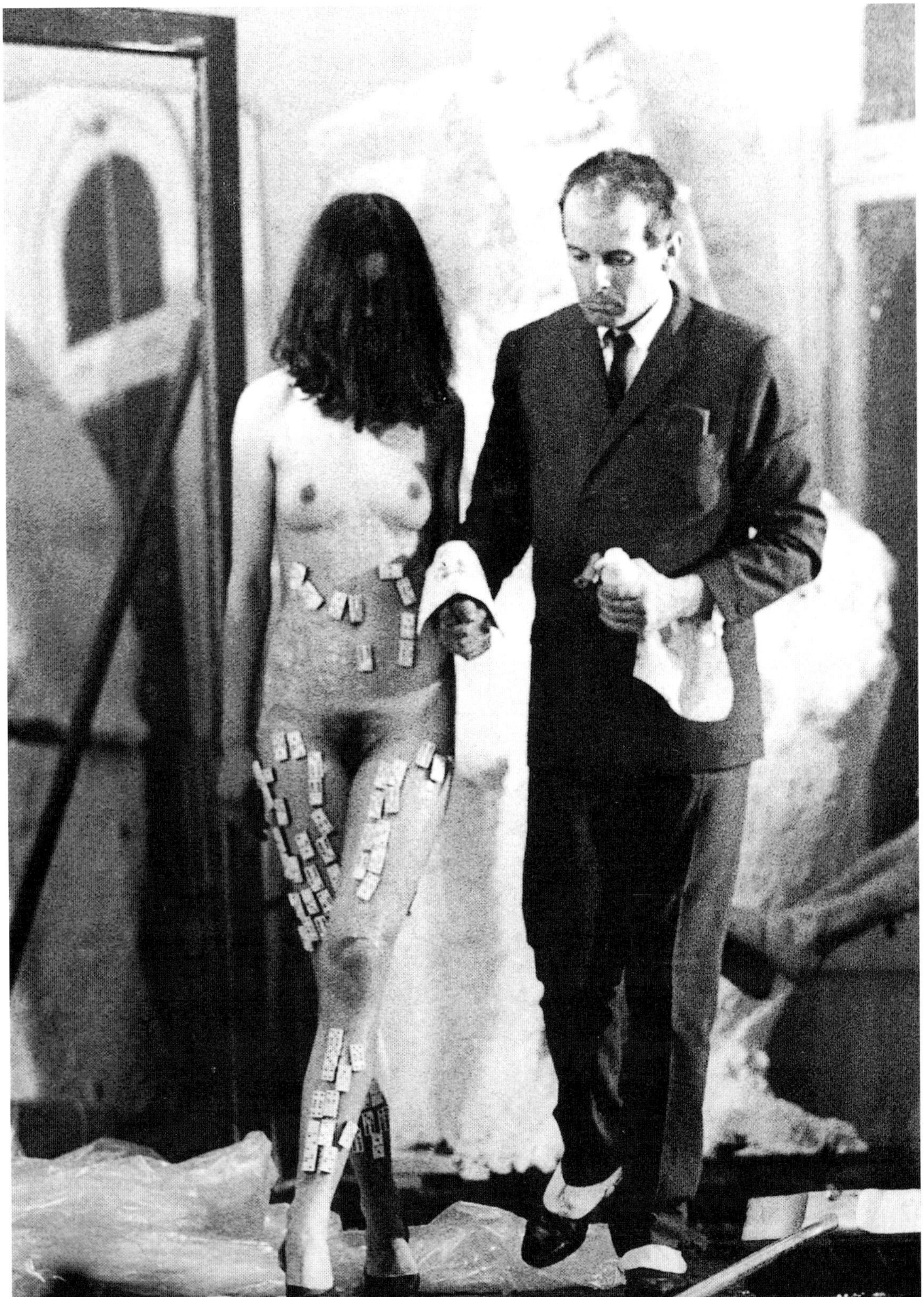

Dans les années 60 l'American Center innove en présentant, certains soirs, les premiers happenings en Europe. Dans la journée il n'est pas rare de voir, dans la piscine du parc, Henry Miller se baigner nu comme il en a l'habitude sur sa plage déserte de Big Sur en Californie.

10

Le Raspail vert et noir

Les vertes années de l'American Center

Au-delà de son croisement avec le boulevard du Montparnasse, le boulevard Raspail mène vers la place Denfert-Rochereau où se détache, au loin, le meilleur profil du lion de Belfort dû à Bartholdi. On entre dans un secteur aux commerces peu nombreux, moins animé, presque bucolique, avec une double rangée d'arbres sur les trottoirs. Ici point de cinéma depuis la disparition du Studio Raspail, peu de cafés si ce n'est le *Café des Arts* et le sympathique *Raspail Vert,* brasserie-restaurant-tabac — longtemps « annexe » de l'American Center — qui offre, à la belle saison, sa terrasse ensoleillée. Les arbres du cimetière voisin et ceux des parcs des hospices catholiques donnent aux rives du boulevard un caractère champêtre. On devine derrière les murs, des jardins silencieux où trottinent des valétudinaires.

De 1934 à 1986, l'American Center a occupé au numéro 261, entre la rue de Chevreuse et la rue de la Grande-Chaumière, un bâtiment construit sur l'emplacement d'une assez belle demeure du XVIIIe siècle. François-René de Chateaubriand a habité un pavillon construit dans son parc où il planta des arbres en quantité. Le grand cèdre, placé devant le perron du Centre américain, demeure protégé. Une plaque posée en 1932, date des travaux de construction du centre, précisait que ce cèdre du Liban, planté par l'auteur des *Mémoires d'outre-tombe*, serait l'objet de soins attentifs de la part des architectes pendant la durée des travaux.

Selon la vocation de son fondateur, Dean Frederick Beekmann, l'American Center était ouvert en priorité aux « jeunes étudiants de bonne famille ». À sa réouverture en 1945, le Centre va se consacrer à l'art contemporain, et devient le creuset de l'avant-garde franco-américaine dans le domaine du théâtre, de la danse, du jazz, de la poésie. Fini l'esprit de patronage paroissial prôné par son fondateur. Le pauvre a dû se retourner dans sa tombe lorsque s'y est

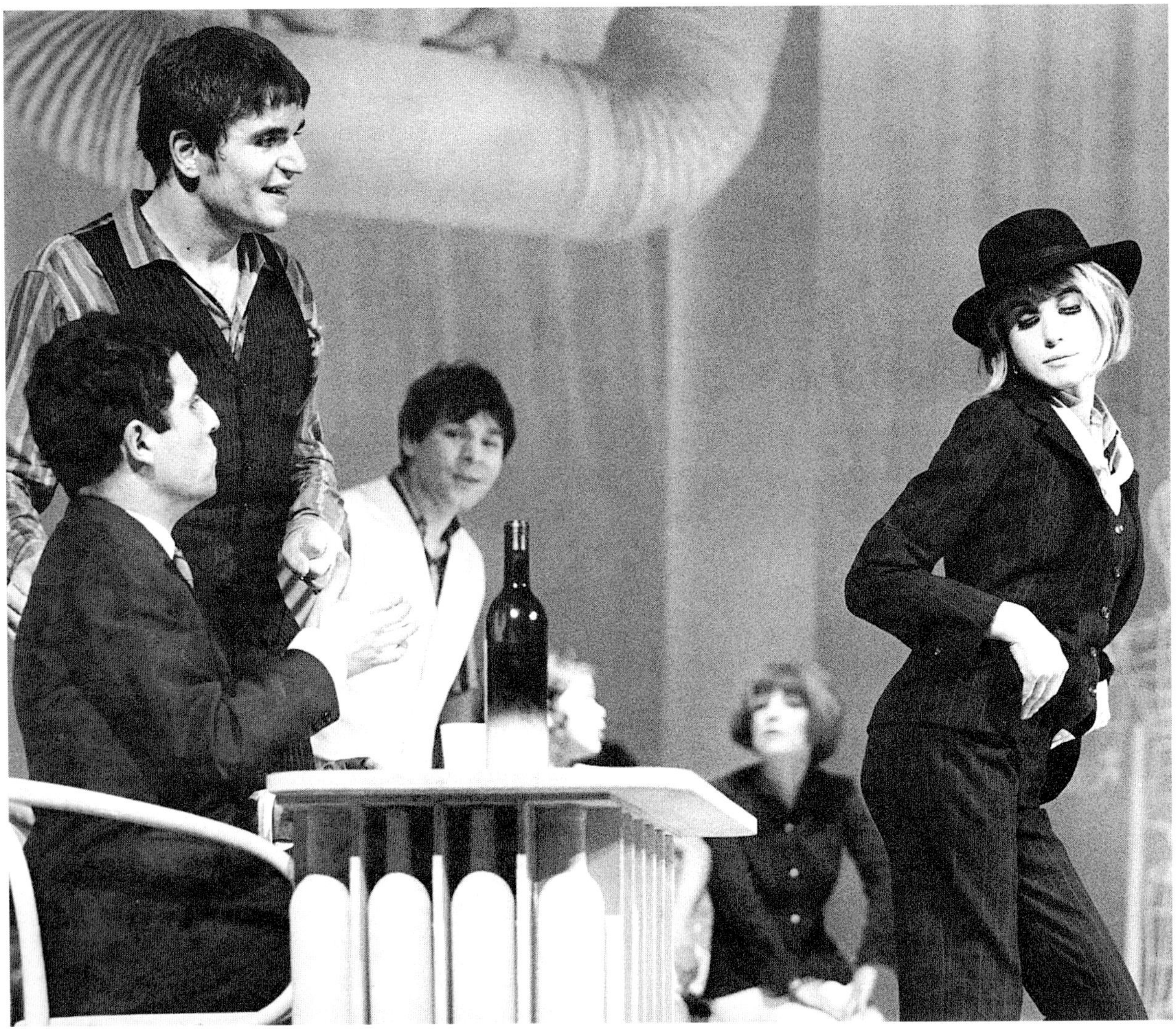

De jeunes comédiens débutent à l'American Center sous la direction de Marc'O. Ils sont aujourd'hui des acteurs confirmés : Jean-Pierre Kalfon, Joël Barbouth, Michèle Moretti, Bulle Ogier.

déroulé, en 1964, le premier happening européen. Un spectacle plutôt *hard*, avec strip de Rita Renoir, reine des effeuilleuses du Crazy Horse Saloon.

Lieu mythique du Montparnasse d'après-guerre, avec son parc, sa piscine, son bar, l'American Center a été sacrifié aux intérêts de groupes puissants capables de métamorphoser un site protégé, non constructible, en terrain à bâtir. Une opération réglée par un simple jeu d'écritures a dû rapporter son pesant d'or.

Aujourd'hui le cèdre de Chateaubriand se reflète dans la façade vitrée du très beau bâtiment édifié par l'architecte Jean Nouvel pour abriter le Centre d'art moderne de la fondation Cartier.

Quant au nouvel American Center, construit par l'architecte américain Frank Gehry, il s'élève sur un terrain du parc de Bercy, vis-à-vis de la Bibliothèque nationale de France.

Ce nouveau centre demeure le creuset de l'avant-garde artistique franco-américaine.

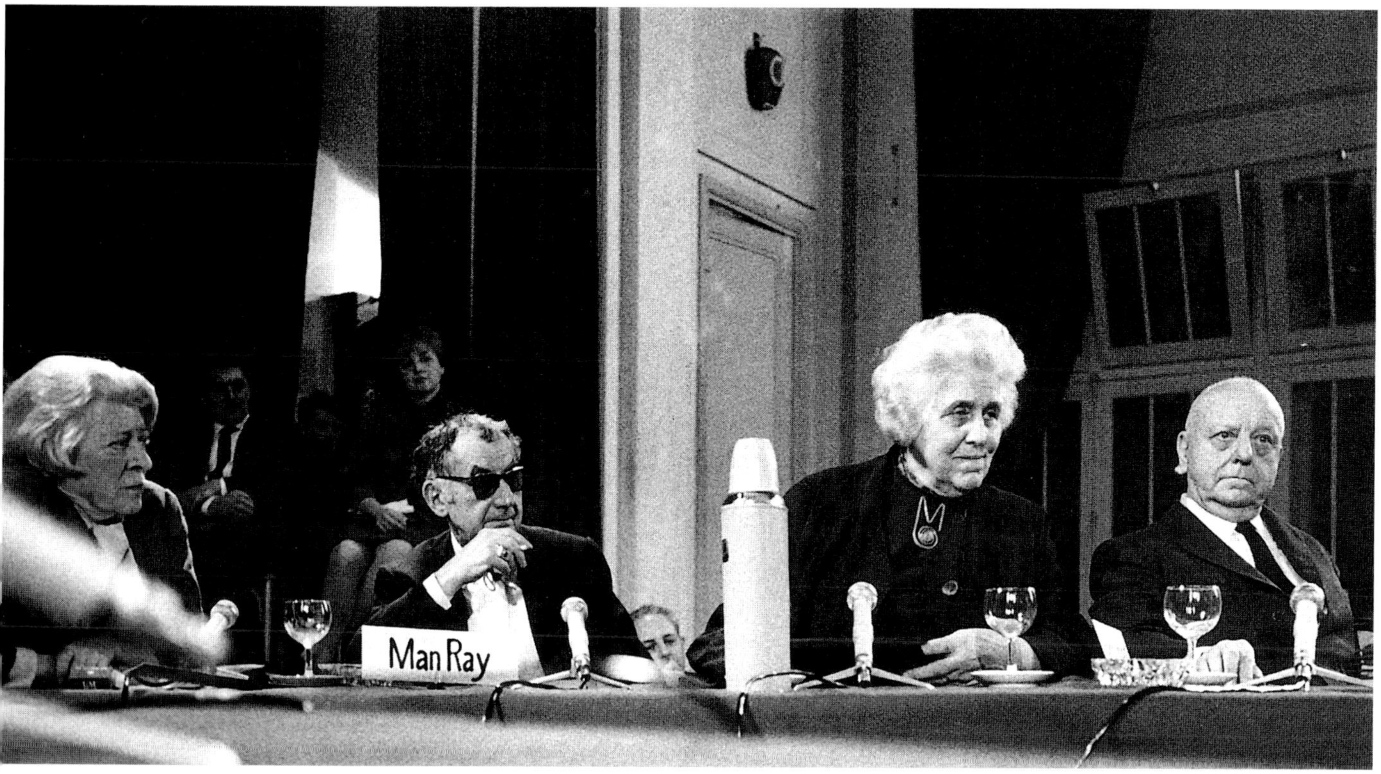

Les activités culturelles de l'American Center sont les plus diverses : jazz, peinture, théâtre, cinéma, danse, rencontres... Ici entre Man Ray et Virgil Thomson, Maria Iolas dirige une table ronde sur le thème de « la génération perdue ».

Le clos des chers disparus

Curieuse alliance de la joie et de la mélancolie, le cimetière Montparnasse jouxte la rue de la Gaîté. Est-ce cela qui inspire à ce champ du repos éternel où gisent tant de personnages illustres, plus de nostalgie que de tristesse ?

Vers 1850, ses abords foisonnaient de bistrots, bastringues et guinguettes voisinant avec les marbriers et les entrepreneurs de pompes funèbres. Immense, planté d'arbres, il recèle une grande diversité de monuments funéraires qui invite le promeneur à s'interroger sur son érudition à la lecture des épitaphes. Chauveau-Lagarde et Henrion de Pansey, Edgar Quinet et Pierre Renouvin, Paul Cabet et Denis Chaudet, Désiré Nisard et Edouard Schuré — juristes, historiens, sculpteurs, écrivains — sont des noms moins présents à notre esprit que René Cassin et Moro-Giafferi, Henri Martin et Augustin Thierry, Constantin Brancusi et Ossip Zadkine, Joseph Kessel et Jean-Paul Sartre.

D'autres monuments anonymes inspirent la curiosité. Celui-ci montre un homme ne cachant rien de sa nudité disant adieu à sa compagne elle aussi dans le plus simple appareil. Il lui donne un dernier baiser alors que, implacable, la dalle du tombeau va se refermer sur elle. Cette sublimation du dernier adieu, érigée au Luxembourg, a dû être enlevée du jardin public à la suite d'une pétition dénonçant son indécence. Il a trouvé sa place au cimetière, où l'on passe les yeux baissés devant ce témoignage déchirant de la séparation ultime.

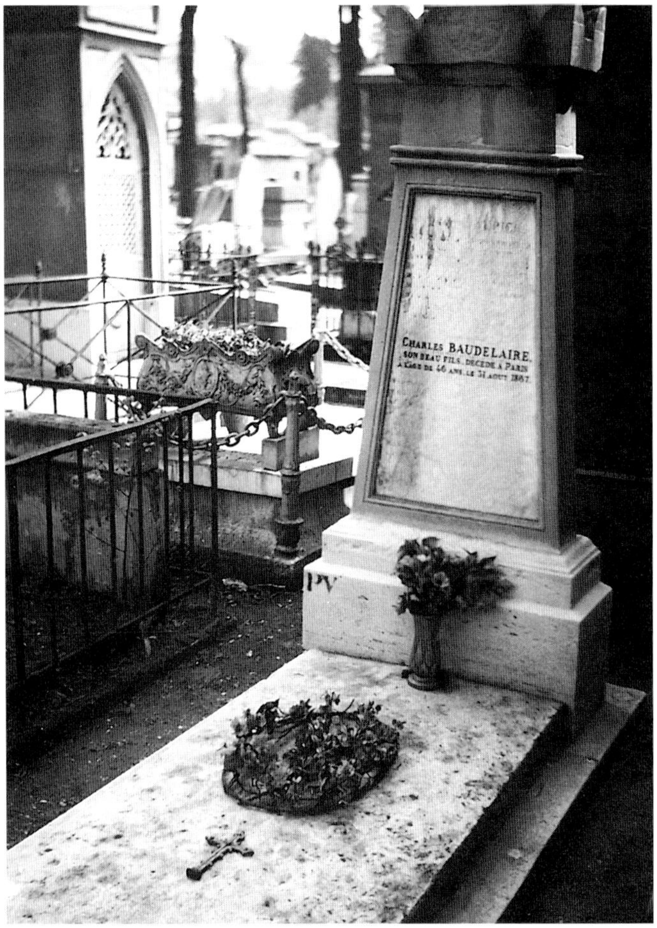

Charles Baudelaire (1821-1867) repose au cimetière Montparnasse. Il y a été inhumé dans le même tombeau que celui du commandant Aupick, son beau-père qu'il détestait.

L'amour est glorifié tout autrement par le *Baiser* de Brancusi sur la tombe de Tania Rechevskaïa ; sobre étreinte de deux êtres dans un simple bloc de pierre.

Plus insolite, la tombe des époux Pigeon d'un hyperréalisme désarmant. Dans leur lit, monsieur Pigeon, vêtu d'une veste de pyjama à laquelle ne manque pas un bouton, fait ses comptes, éclairé par la lampe de son invention ; allongée à ses côtés, Mme Pigeon, coiffée d'un bonnet de nuit de dentelle, dort d'un sommeil, qui dans ce lieu, ne peut être qu'éternel.

Ecrivains et poètes, peintres et sculpteurs, acteurs et savants, musiciens et religieux, hommes politiques et militaires, la liste des célébrités reposant ici est un *Who's Who* des morts. Les gardiens vous diront que les sépultures les plus demandées sont celles de Maria Montes, Jean-Paul Sartre et Charles Baudelaire, dont la stèle surmontée d'une croix porte le nom de Jacques Aupick, général de division, sénateur, ancien ambassadeur à Contantinople, à Madrid, et détesté par son beau-fils qui gît pour l'éternité près de lui.

L'Exposition universelle de 1889 a consacré sa renommée mondiale ; Charles Pigeon (1838-1915), inventeur de la lampe inexplosive qui porte son nom, repose au côté de son épouse au cimetière Montparnasse. Le sculpteur de leur tombeau n'a pas ménagé son talent pour immortaliser le couple au soir de leur vie. Mme Pigeon sommeille tandis que son époux, encore vêtu, un livre à la main, médite, ou fait les comptes de la journée.

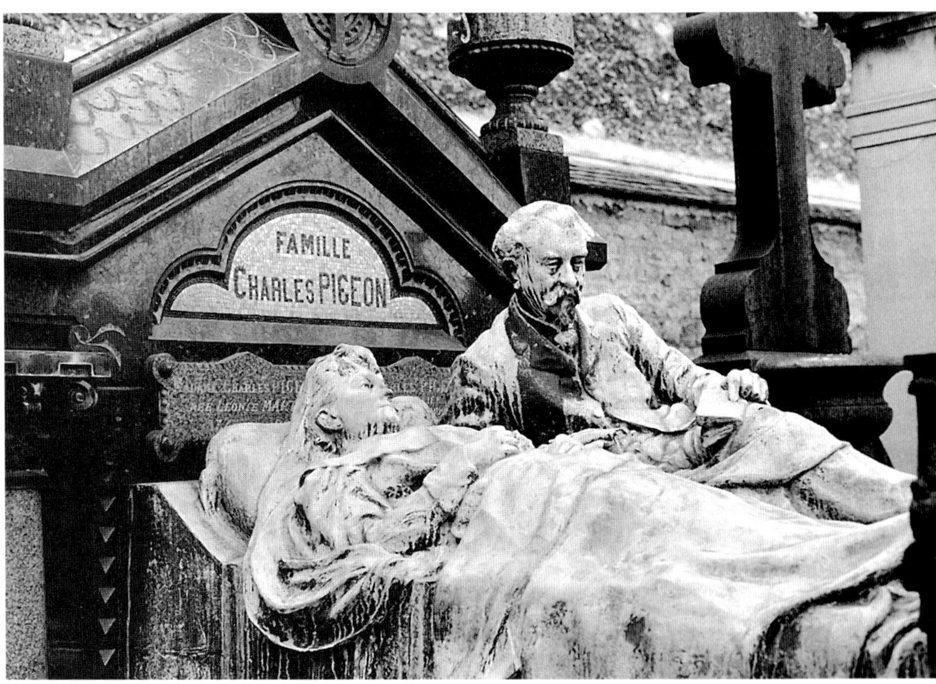

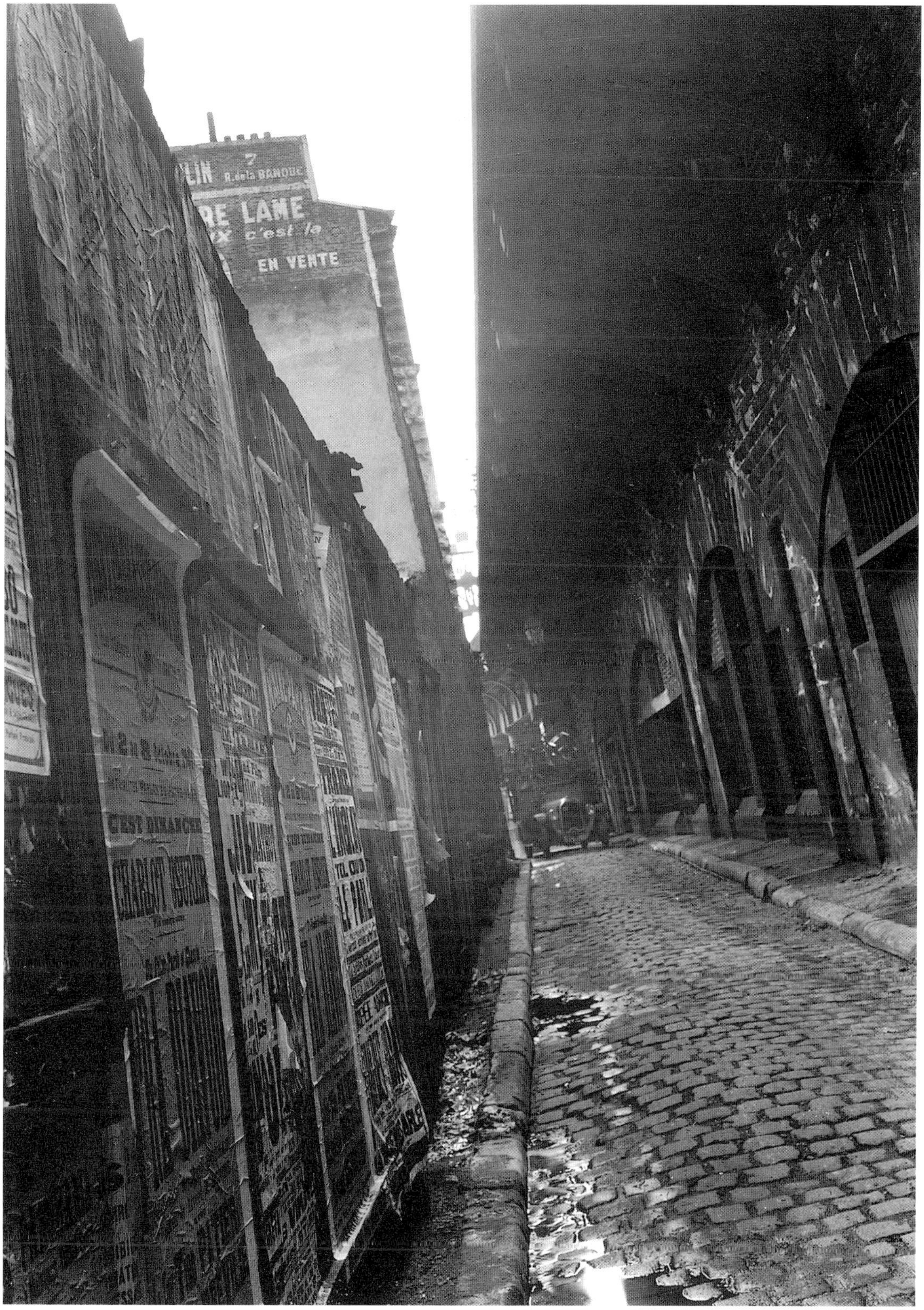

Octobre 1931. La rue du Viaduc, vue prise vers le sud, surplombée à droite par la plate-forme des rails de chemin de fer de la gare. Cette rue n'existe plus depuis que le plan d'urbanisation du quartier a transformé de fond en comble la configuration de Montparnasse, en faisant disparaître bon nombre d'ateliers d'artistes au profit de bureaux et d'hôtels.

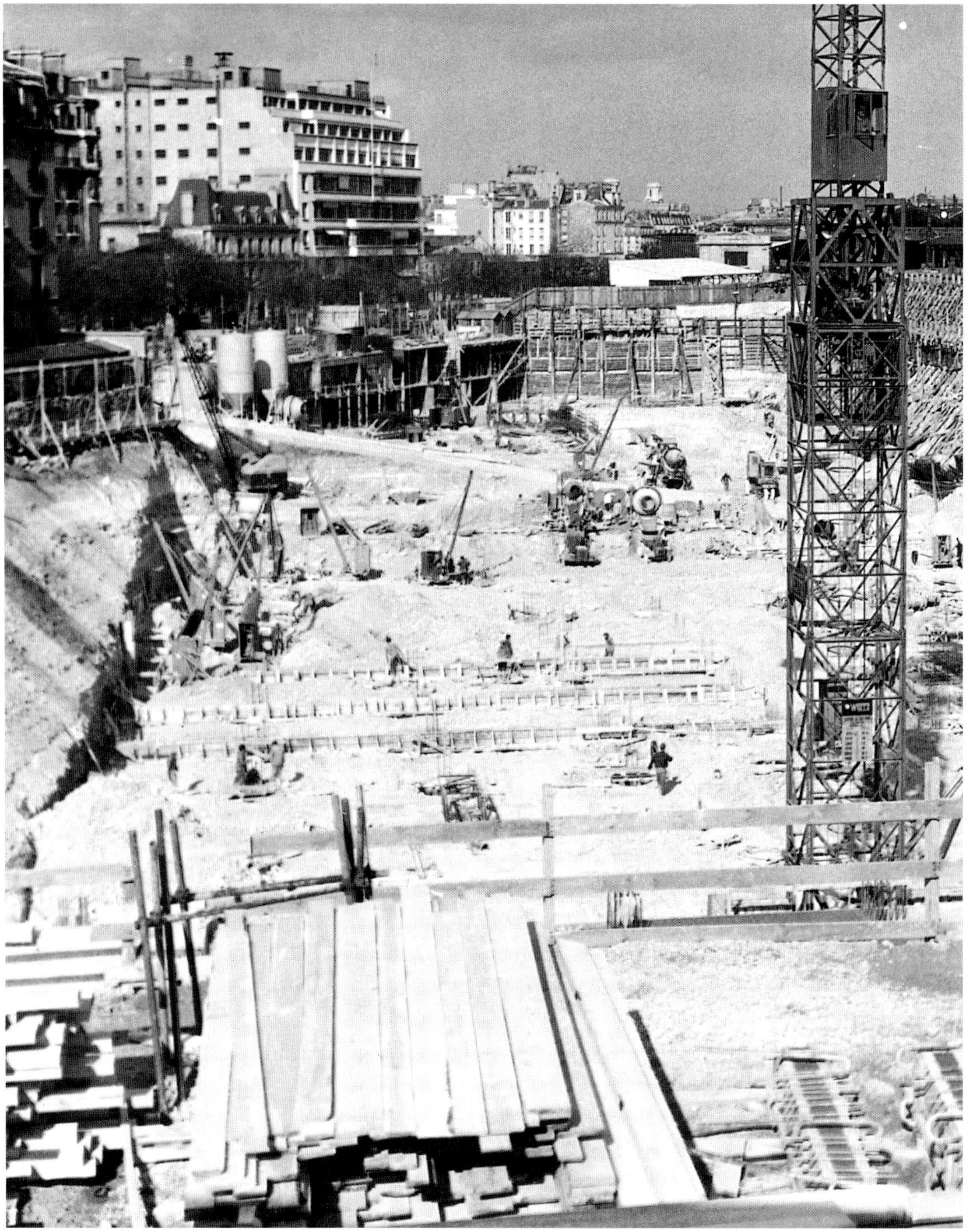

L'état du chantier au cours des grands travaux d'aménagement de la nouvelle gare T.G.V. de Montparnasse qui ravit à Austerlitz le trafic ferroviaire du réseau Sud-Ouest.

Épilogue

Le neuf, le nouveau et moderne aujourd'hui

Les promoteurs immobiliers s'en sont donné à cœur joie pour effacer ce qui fut longtemps le décor pittoresque de Montparnasse. Certes, ce quartier n'a jamais eu d'unité architecturale, ni plan d'urbanisme arrêté, mais pourquoi ce nouveau patchwork d'immeubles géants, ce néo-Manhattan, oublieux du passé de l'un des quartiers les plus densément artistiques de Paris.

La tour Maine-Montparnasse domine le panorama parisien ; du haut de ses deux cent neuf mètres, elle rivalise avec la tour Eiffel en lui dérobant le monopole de la verticalité. La place de Catalogne, dans un style néo-grec dû à l'architecte Ricardo Bofill, est vivement controversée.

Les T.G.V. au départ de Paris-Montparnasse, gare nouvelle et porte océane, foncent vers l'Ouest et chipe à Austerlitz le trafic ferroviaire du Sud-Ouest. Ils s'élancent désormais à 300 km/h vers Le Mans, Rennes et Nantes, Tours, Angoulême et Bordeaux. En Ile-de-France, ils suivent une partie du parcours de l'autoroute A10, faisant la nique aux automobilistes stoppés au péage de Saint-Arnoult-en-Yvelines.

Montparnasse voit aujourd'hui davantage de voyageurs pressés et stressés que de rapins traînant aux terrasses des cafés. Alexandre Breffort, tendre humoriste, disait : « J'aime les rides de ma ville j'aime ce qu'il faut lui faire avouer, la pudeur de ses petits squares pour rentiers, ses délicatesses de village qui a réussi. » Après un lifting sérieux, Montparnasse a perdu ses ridules. Lui, l'ancien « taxi », comme d'ailleurs son compère Albert Simonin seraient bien empruntés, s'ils étaient encore de ce monde, pour conduire leurs clients par ces larges avenues percées à travers les pavillons à jardinets et les vétustes cités d'ateliers. Les bistrots *Au rendez-vous des chauffeurs*, où des « Irma la Douce » servaient le rouge en ballon, ne sont plus que souvenir. En troquant le volant pour le stylo, nos deux compères ont raconté dans des journaux et des livres leurs expériences de ce Paris frondeur et gouailleur d'autrefois.

Aujourd'hui, Montparnasse n'a pas à attendre la résurrection de son passé. Les quelques nostalgiques qui en rêvent encore n'ont pas à espérer la renaissance des extravagances enfuies.

La cure de rajeunissement a fatalement oté à ce quartier cette atmosphère bohème qui a régné pendant près d'un siècle ainsi que sur son cosmopolitisme. Les bulldozers n'ont pas seulement fait disparaître les petits bistrots, les petits commerces, mais la convivialité de ses habitants.

Une gare monumentale au pied d'une tour de mégapole, quelques théâtres dans une rue qui ne revendique plus le monopole de la gaieté, un carrefour plutôt lugubre, des cinémas multisalles, des cafés et d'anciennes brasseries sans l'éclat de leur lustre ancien, de cet inventaire baroque poindra peut-être demain l'âme nouvelle de ce quartier sinistré, écartelé entre son passé et son avenir.

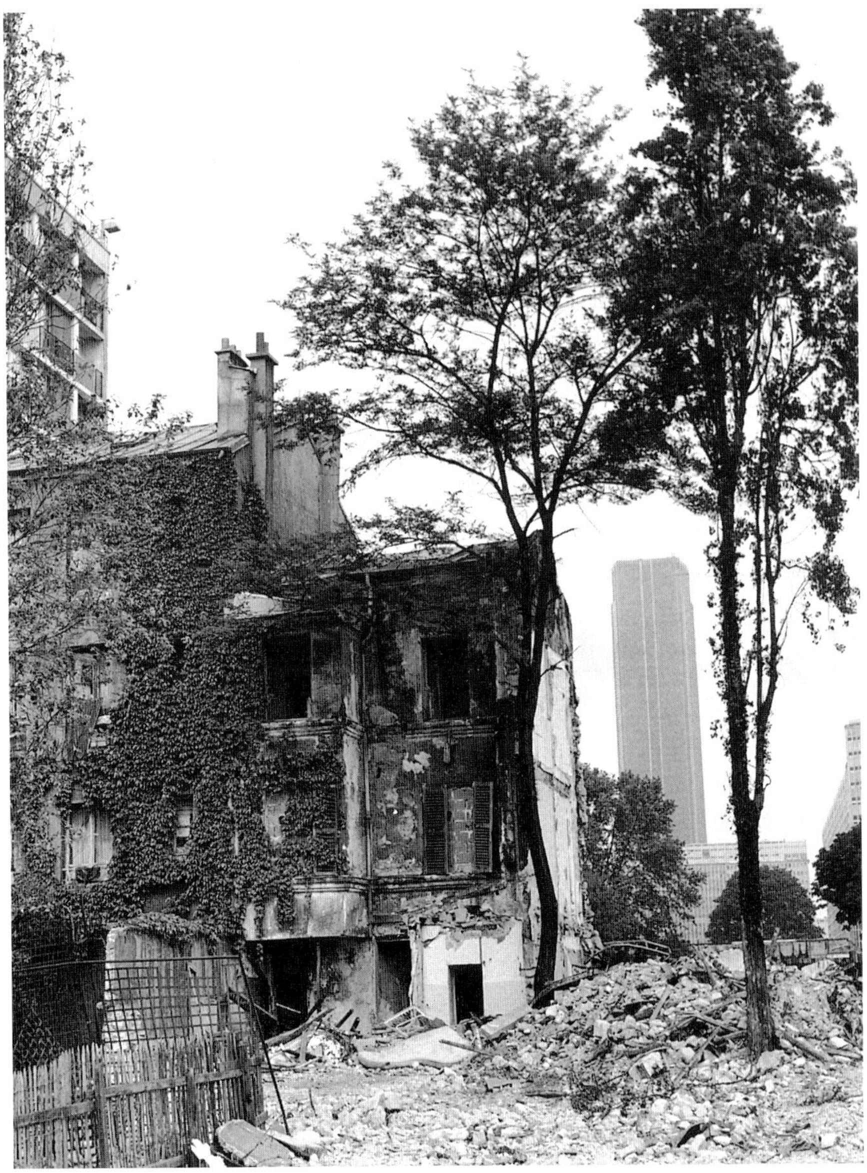

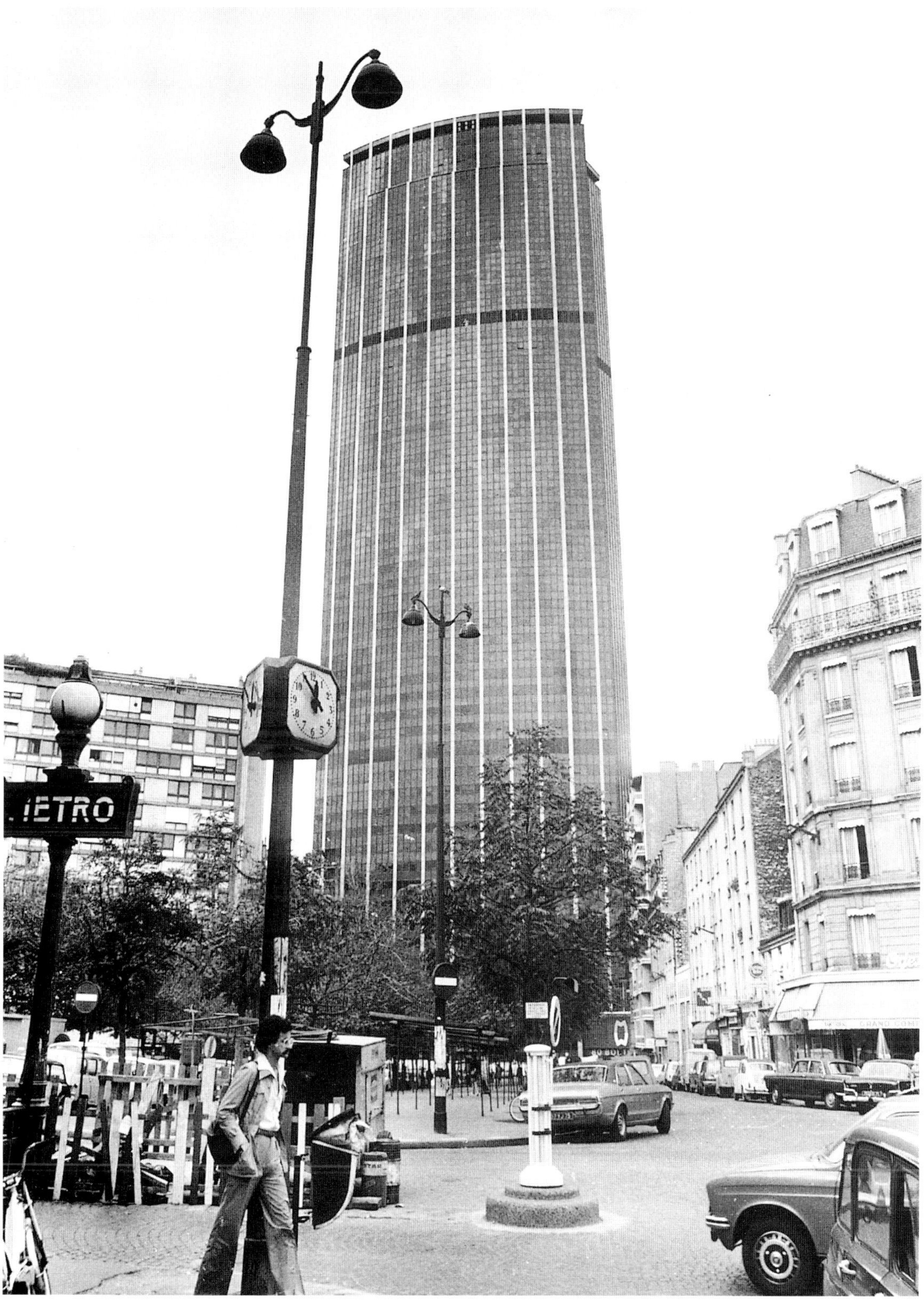

Comme le quartier des Halles, Montparnasse a subi une sérieuse cure de rajeunissement. Bulldozers et pelleteuses n'ont épargné ni les petits pavillons en meulière entourés de jardinets, ni les bistrots, rendez-vous des vieux Montparnassiens auxquels venaient se mêler Algériens et Portugais.
« Tout doit disparaître », les petits commerces, les restaurants à couscous et à morue grillée ; place à la tour, à la gare géante, aux hôtels modernes, à l'imposante place de Catalogne. Montparnasse mise sur la verticalité.

Brève bibliographie

The Artist in Studio par Alexandre Liberman, Thames and Hudson, 1960

Les Années 20 par Pierre Faveton, Messidor-Temps Actuel, 1982.

Les Cafés littéraires par Gérard-Georges Lemaire, Veyrier, 1987.

Paris était une femme par Andréa Weiss, Anatolia, 1996.

Kiki et Montparnasse par Billy Klüver et Julie Martin, Flammarion, 1989.

Music-hall et café-concert par André Sallée et Philippe Chauveau, Bordas, 1985.

Les Artistes de Montparnasse par Jeanine Warnod, Mayer-Van Wilder, 1988.

Montparnasse vivant par Jean-Paul Crespelle, librairie Hachette, 1962.

Paris vous regarde par Pierre Cabanne, éditions Pierre Bordas et Fils, 1988.

Les Bals de Paris par André Warnod, éditions C. Grès & Cie, Paris, 1922.

Les Confidences de Youki par Youki Desnos, librairie Arthème Fayard, 1957.

La Folle Époque par Jean-Paul Crespelle, librairie Hachette, 1968.

La Vie parisienne, cafés et restaurants des Boulevards 1814-1914 par Robert Courtine, librairie académique Perrin, 1984.

Aragon par Pierre Daix, Flammarion, 1994.

Mémoires brisés par Nino Frank, Calmann-Lévy, 1967.

La Vie quotidienne à Montparnasse à la grande époque 1905-1930, librairie Hachette, 1976.

Paris est une fête par Ernest Hemingway, Gallimard, 1964.

Connaissance du Vieux Paris par Jacques Hillairet, éditions Princesse, 1951

Le Roman de Pascin par André Bay, Albin Michel, 1984.

Rue de l'Odéon par Adrienne Monnier, Albin Michel, 1989.

La Coupole par Françoise Planiol, Denoël, 1988.

Published in Paris, l'édition américaine et anglaise à Paris 1920-1939, Imec éditions, 1996.

Paris par Jean Follain, Phébus, 1978.

Souvenirs sans fin par André Salmon, Gallimard, 1961.

Picasso et ses amis par Fernande Olivier, Stock, 1933.

Henry Miller. Entretiens de Paris présentés par Georges Belmont, Stock, 1993.

Montparnasse par Gustave Fuss-Amoré et Maurice des Ombiaux, Albin Michel, 1925.

Le Roman de l'art vivant par Florent Fels, librairie Arthème Fayard, 1959.

La Ruche et Montparnasse par Jeanine Warnod, Weber, 1978.

Propos d'atelier par André Salmon, nouvelles éditions Excelsior, 1938.

Journal littéraire de Paul Léautaud, Mercure de France, 1986.

Journal, mémoires de la vie littéraire par Edmond et Jules de Goncourt, Bouquins, Robert Laffont, 1989.

Dictionnaire universel de l'art et des artistes, sous la direction de Robert Maillard, Fernand Hazan, 1967.

Dictionnaire des peintres, sculpteurs, dessinateurs et graveurs par E. Bénézit, Gründ, 1959.

Le Raspail vert, l'American Center à Paris par Nelcya Delanë Seghers éditeur, 1994.

Paris disparu par Feliks Topolski, Weber éditeur, 1974.

Journaux, revues, magazines d'hier et d'aujourd'hui.

Table

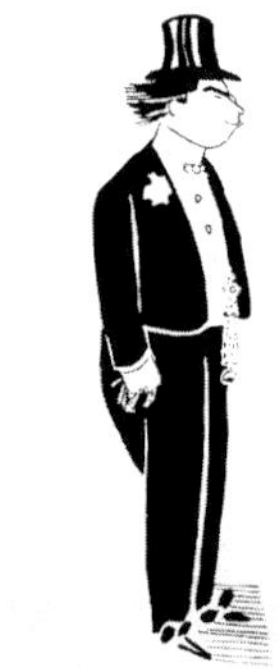

Prologue
9

1

Montparnasse pour aller danser
14

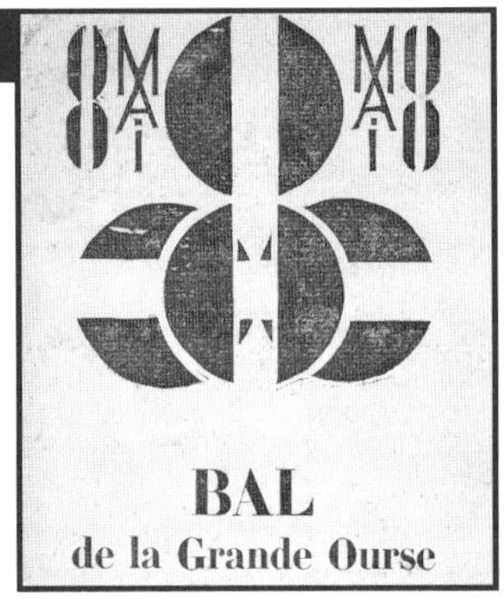

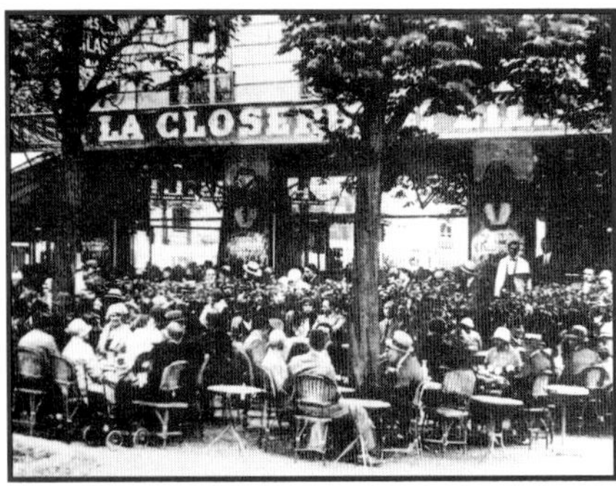

2

La Closerie dont le prince est un poète
20

3

Ombre et lumière de la guerre
34

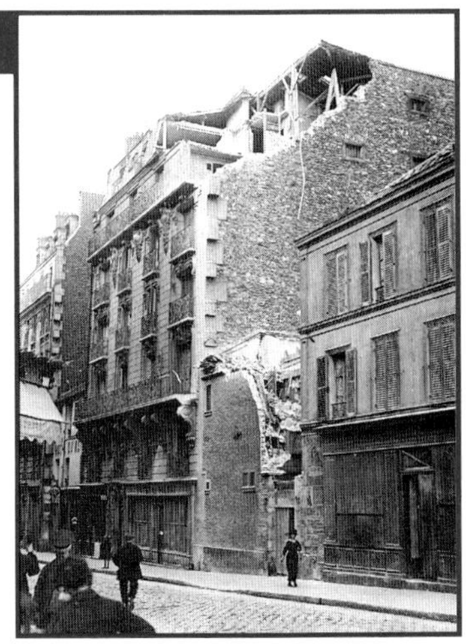

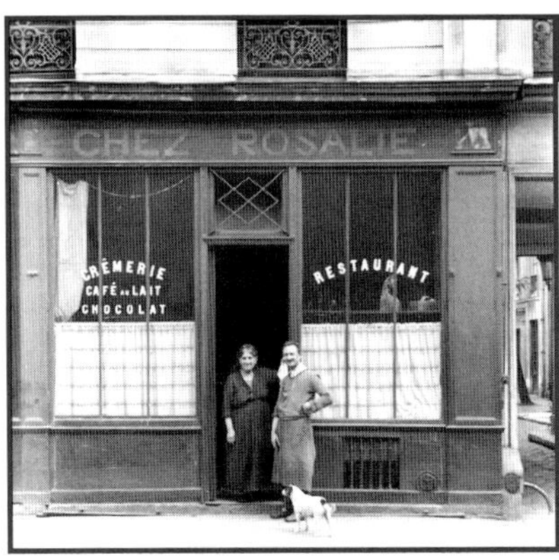

4

Mastroquets et aubergistes
46

5

Les Empereurs de la limonade
54

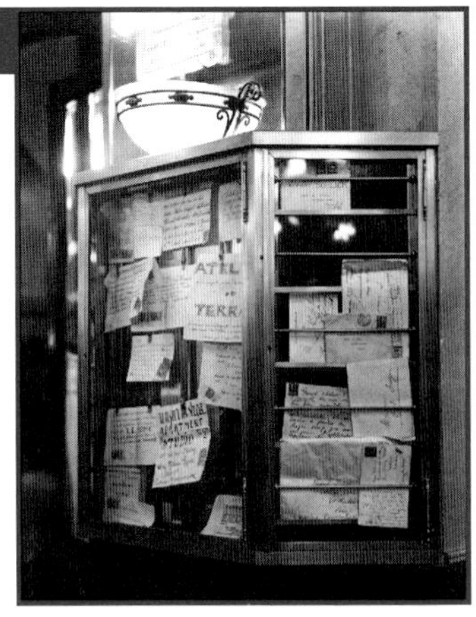

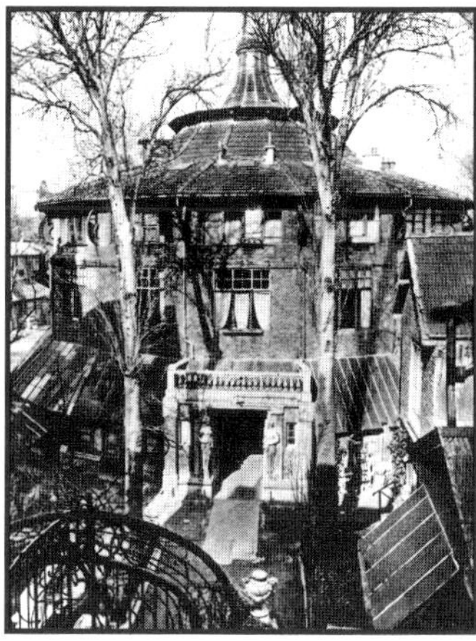

6

Abeilles
et bourdons
de la ruche
102

7

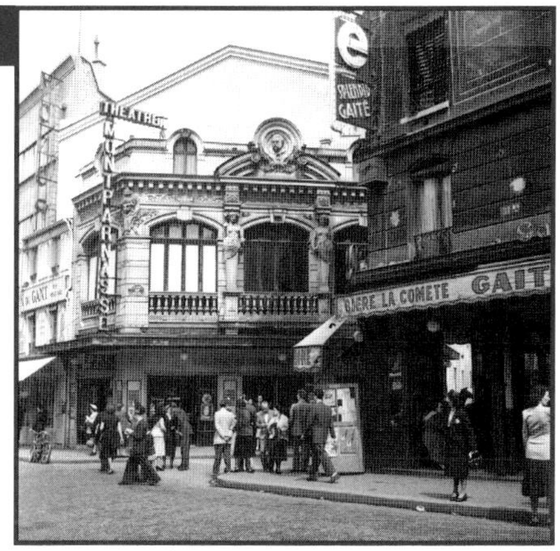

Y a d'la joie!
112

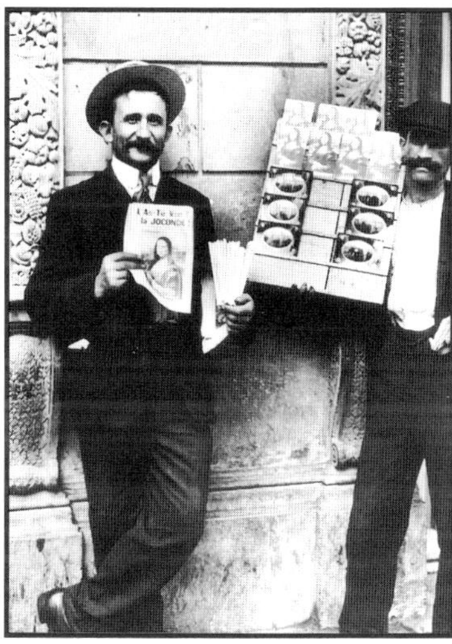

8

Où est donc passée
Mona Lisa?
122

9

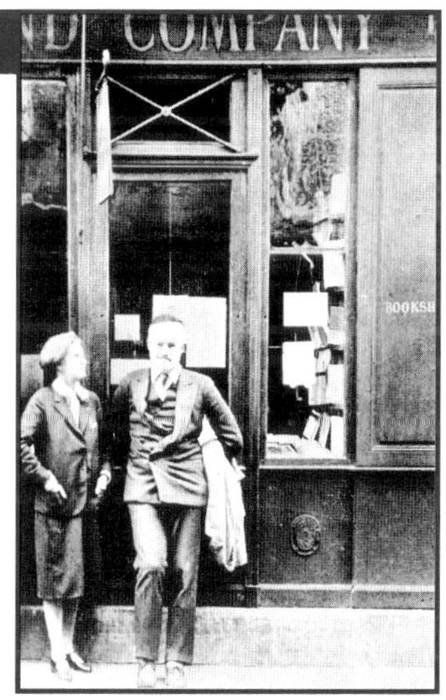

Ladies
or gentlemen
publishers
132

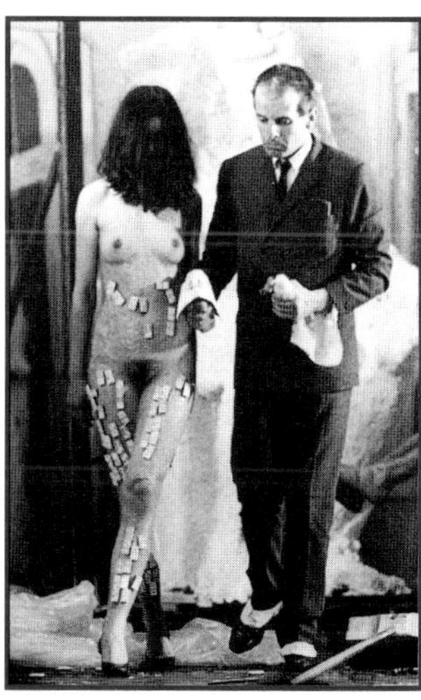

10

Le Raspail
vert et noir
142

Épilogue
148

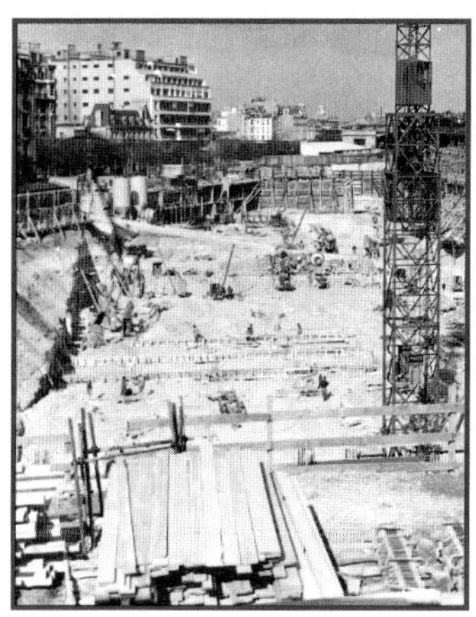

Remerciements

Je suis très reconnaissant à mon ami André Bay d'avoir mis à ma disposition la documentation qu'il avait réunie pour son ouvrage historique *Adieu Lucy, le roman de Pascin* (Albin Michel). Je remercie Josette Hayden qui m'a confié des documents précieux sur son mari, le peintre Henri Hayden.

À Caroline Tachon, la charmante libraire de la rue de l'Odéon, qui m'a aidé dans mes recherches, un grand merci, ainsi qu'à l'ami Philippe Brugnon à l'inépuisable bibliothèque. Quant à Pierre Canavaggio, toujours attentif à mon travail, il est assuré de mon amitié. Mes remerciements à Nicole Fenosa, veuve du grand sculpteur, pour les photos inédites qu'elle m'a confiées.

Je ne fais jamais appel en vain à mon ami Jacques Crépineau, historien du spectacle, à sa mémoire et à ses dossiers ; qu'il en soit ici remercié.

Je n'oublie pas ce que je dois à Catherine Aygaline, pour sa collaboration exemplaire, et à Sylvie Blanchette qui a assuré la réalisation artistique et technique de l'ouvrage.

Crédits

Albin-Guillot-Viollet : p. 98.
Archive Photos : p. 64, 88 (Michel Sima), 95h (Michel Sima), 95b (Michel Sima), 101, 110g (Michel Sima), 131, 134.
Archives IMEC : (fonds Hélion/photo Jean Blair-Hélion) p. 130 ; (fonds A. Monnier) p. 135.
Association Willy Maywald (ADAGP/Paris, 1997) : p. 72, 108, 112.
Bibliothèque historique de la Ville de Paris : (fonds Bonney) p. 29hd, 52h, 56b, 62, 79h, 79b, 80h, 80b, 81, 96, 105, 106g, 111 ; (Fonds France-Soir) p. 53, 66-67 ; (fonds Manuel) p. 13 ; (fonds Zucca) p. 113.
Bibliothèque nationale de France : p. 16, 17, 18bd, 18hg, 19, 21, 24b, 25h, 27hd, 56hd, 104d, 104g, 116.
Gilberte Brassaï/photo Brassaï : p. 128, 139.
Branger-Viollet : p. 27b.
Collection Viollet : p. 24h, 29g, 50, 56hg, 58, 60b,124b, 146h.
Y. Dalain : p. 52b, 119d, 119g, 120h, 120b, 121.
Éditions Tallandier : p. 132.
Philip Fresco : p. 142, 144, 145.
Harlingue-Viollet : p. 27hg, 31bd, 36-37, 46, 49, 51, 60h, 109, 122, 124h, 126, 127.
Keystone : p. 97, 118, 129h, 147, 148d, 151.
Kharbine-Tapabor : p. 114-115.
Lipnitzki-Viollet : p. 38.
Y. Manciet : p. 89, 146b, 150.
Ministère de la Culture-France/A. Kertész : p. 53, 61, 63, 140h, 141.
L. Monier : p. 99, 100.
ND-Viollet : p. 10-11, 12, 22-23.
Photothèque des musées de la Ville de Paris : p. 140b.
Rapho/W. Ronis : p. 91.
RMN-Picasso : 28h, 125.
Roger-Viollet : p. 20, 34, 94, 107.
Archives de la Fondation Erik Satie/photo Man Ray (ADAGP/Paris,1997) : p. 137d.
Association des Amis du musée Jean-Cocteau (ADAGP/Paris, 1997), p. 38hg, 69, 75, 76h, 76b, 77h, 77b.
Bibliothèque littéraire Jacques-Doucet/photo Jean-Loup Charmet : p. 59.
Collection J.-P. Caracalla : p. 14, 39, 42, 43, 45 (ADAGP/Paris, 1997), 68g, 92b (ADAGP/Paris, 1997), 129b.
Collection Luc Fournol : p. 48, 74, 90h, 110d.
Collection Hayden : p. 40hg, 40hd, 60c, 70.
Collection Guy Krohg : p. 83, 85, 86.
Collection privée/photo T. Bonnard : p. 90b.
Documentation du musée national d'Art moderne-centre Georges-Pompidou : p. 31hg, 32, 33, 84 (Marc Vaux), 102 (Marc Vaux).
Éditions A. Michel : p. 44 (DR), 44d (studio Harcourt).
Mercure de France : p. 30.
DR : p. 9d, 9g, 10g, 28b, 57, 65d, 65g, 71, 73, 87d, 87g, 92h,93,137d.

Conception : Sylvie Blanchette – Studio Denoël
Photogravure : Leyre, Paris

Achevé d'imprimer
en septembre 1997
sur les presses de l'Imprimerie
Mame à Tour

N° d'édition : 7762
Dépôt légal : octobre 1997
Imprimé en France